Juristische Studienhilfen

DIE SCHEMATA

2. Auflage

Band I
Technik der Fallbearbeitung

Bürgerliches Recht
Strafrecht
Öffentliches Recht

DIE SCHEMATA – Band I

Juristische Studienhilfen

Juristische Studienhilfen

DIE SCHEMATA

2. Auflage

Band I
Technik der Fallbearbeitung

Bürgerliches Recht
Strafrecht
Öffentliches Recht

Reinhard Nemitz

Rechtsanwalt, Gießen

CIP - Titelaufnahme der Deutschen Bibliothek

Nemitz, Reinhard:
Die Schemata / zsgest. von Reinhard Nemitz. – Giessen: Jur. Studienhilfen.
NE: HST
Bd. I. Technik der Fallbearbeitung – Bürgerliches Recht, Strafrecht, Öffentliches Recht. – 2. Aufl. – 1995

ISBN 3–930805–01–4

ISBN 3–930805–01–4 2. Auflage
(ISBN 3–9801630–0–8 1. Auflage)

Druck: Fuldaer Verlagsanstalt GmbH, Fulda

Vertrieb: Verlag Juristische Studienhilfen, Oertzestr. 32, 29303 Bergen

Zur Konzeption der Reihe

Band I

Technik der Fallbearbeitung

Bürgerliches Recht
Strafrecht
Öffentliches Recht

richtet sich an Studienanfänger und Fortgeschrittene und gibt eine vertiefende Einführung in die Technik der Fallbearbeitung.

Der Ansatz ist problembezogen: die Darstellung knüpft an die Schwierigkeiten an, die Studenten erfahrungsgemäß mit den Anforderungen haben, welche Dozenten und Korrektoren in den Übungen und im Examen stellen. Demgemäß werden nicht nur die Regeln der Fallbearbeitung erläutert, sondern zugleich praktische Hinweise gegeben, wie sich die Klippen, die bei der Lösung konkreter Fälle auftreten, umschiffen lassen.

Ergänzend beinhaltet der Band für die drei großen Rechtsgebiete eine Reihe grundlegender Prüfungsschemata, die bei der Einübung der Fallbearbeitungstechnik eine Hilfe sein können.

Band II

Prüfungsschemata und klausurrelevantes Wissen

Bürgerliches Recht
Strafrecht
Öffentliches Recht

richtet sich an fortgeschrittene Studenten und Examenskandidaten. Er stellt ausschließlich Prüfungsschemata der wichtigen examensrelevanten Rechtsgebiete zusammen.

Das Besondere seiner Konzeption ist, daß systematisch und übersichtlich Definitionen, Auslegungsmöglichkeiten, Fallgruppen, Normzusammenhänge und anderes klausurrelevantes Wissen in die Schemata eingearbeitet sind.

Die entsprechend erforderliche komprimierte Darstellungsweise hat zur Folge, daß die Arbeit mit Band II eine einigermaßen sichere Beherrschung der grundlegenden Regeln der Fallbearbeitung – die Gegenstand von Band I sind – voraussetzt. Auch Band II ist fallösungsorientiert aufgebaut, ohne daß die hinter dem Aufbau stehenden Regeln aber noch expliziert werden können.

Die Schemata lassen sich bei der Lösung von Fällen verwenden – als Checklisten für den Prüfungsaufbau, für die Prüfung weniger problematischer Tatbestandsmerkmale, und zum Herauskristallisieren der spezifischen Probleme des Falles. Darüber hinaus eignet sich das zusammengestellte Wissen für das wiederholende Lernen bei der Vorbereitung auf Fortgeschrittenenübungen und Staatsexamen.

Band III

Prüfungsschemata und klausurrelevantes Wissen

Zivilprozeßrecht
Strafprozeßrecht
Verwaltungsprozeßrecht

richtet sich vornehmlich an Rechtsreferendare. Er enthält eine Zusammenstellung aller wichtigen prozessualen Prüfungsschemata, in die wie in Band II Definitionen, Auslegungsmöglichkeiten, besondere Konstellationen, Normzusammenhänge und anderes wichtiges Wissen eingearbeitet sind.

Ergänzend werden systematisch Entscheidungshilfen angeboten: die jeweils bestehenden Entscheidungsmöglichkeiten aufgelistet, dazu gehörige Tenorierungsbeispiele gegeben und die Grundlagen für die zu treffenden Nebenentscheidungen – über Kosten, vorläufige Vollstreckbarkeit oder sonstige Anordnungen – benannt. Im übrigen entspricht die Konzeption der von Band II.

Vorwort zur 2. Auflage

Die Konzeption des vorliegenden Bandes hat sich bewährt. Das zeigt die Aufnahme, wie sie die 1. Auflage erfahren hat. Nach einer Reihe unveränderter Nachdrucke habe ich die Gelegenheit zu einer Überarbeitung genutzt. Erfahrungsgemäß eröffnet eine gewisse zeitliche Distanz neue Blickwinkel auf einen einmal geschriebenen Text. Der Inhalt wurde aktualisiert, soweit erforderlich, und Verbesserungen vorgenommen, die vor allem von dem Bemühen getragen sind, bei der bewußten Kurzfassung ein noch größeres Maß an Verständlichkeit der Formulierung zu erzielen.

Ein Buch der vorliegenden Art lebt in ganz besonderem Maße von dem Feedback durch seine Leser. Ich lade daher ein, zu seiner Fortentwicklung und Verbesserung auch weiterhin durch Kritik und Anregungen beizutragen. Am Schluß des Bandes findet sich ein Formblatt, mit dem sich Wünsche, Vorschläge und Stellungnahmen jeglicher Art auf einfache Weise äußern lassen.

Gießen, September 1994

Reinhard Nemitz

Inhaltsverzeichnis

Seite

Seite

D Bürgerliches Recht

E Strafrecht

Seite

F Öffentliches Recht

A Zur Arbeit mit diesem Buch

Das vorliegende Buch soll zwei Zwecke erfüllen. Es gibt eine Einführung in die Technik der Fallbearbeitung, die für Studienanfänger gedacht ist. Dargestellt werden aber nicht nur die grundlegenden Regeln und Methoden, sondern auch vertiefende Einzelheiten, die weniger in den Anfänger- als in den Fortgeschrittenenübungen und im Staatsexamen von Bedeutung sein können. Insofern soll das Buch zunächst zum Lernen, später zum Nachschlagen bei Problemen mit der Lösung konkreter Fälle dienen und möglichst viele der ausbildungs- und examensrelevanten Regeln, Ausnahmen und methodischen Einzelfragen zusammenfassen.

Diese Konzeption bedingt eine Differenzierung der Darstellung, die es dem Anfänger erschweren kann, überhaupt erst einmal 'Land zu sehen'. Das Buch erfordert die Bereitschaft, auf die Fallbearbeitungstechnik mehr als die letzten Stunden vor der ersten Klausur zu verwenden. Dafür wurde andererseits Wert darauf gelegt, die grundlegenden Regeln und ihren Sinn klar und ausführlich zu erläutern, mit Beispielen zu illustrieren und Wichtiges auch optisch hervorzuheben. Damit der Anfänger, aber auch der fortgeschrittene Student, in der Fülle ausgebreiteter Details nicht die Orientierung verliert, wurden nicht alle denkbaren Aspekte und Einzelheiten in die Darstellung einbezogen, sondern nur diejenigen, die für das Verständnis der Methodik des Vorgehens bei der Fallbearbeitung wesentlich sind.

Die Anstrengung, schon bei der Aneignung der elementaren Methoden der Fallösung einen ersten Blick auf Fallstricke und schwierige Einzelfragen zu werfen, lohnt sich. Sie ersparen sich, später den jähen Zusammenbruch einer aus allzu einfachen Strickmustern aufgebauten Regelwelt erleben zu müssen, und können Ihre methodischen Fähigkeiten schrittweise erweitern und verfeinern.

Es hätte den Rahmen des Buches gesprengt, Fälle und Musterlösungen in größerem Umfang einzubeziehen. Um die dargestellten Regeln anhand konkreter Fälle einzuüben, sollten Sie auf die zahlreich vorhandenen speziellen Fall- und Entscheidungssammlungen zurückgreifen. Zwei bis drei Fälle pro Rechtsgebiet reichen ohnehin nicht aus, die erforderliche Sicherheit im Umgang mit den grundlegenden Regeln und den rechtsgebietsspezifischen Besonderheiten zu gewinnen. Es ist daher nur zu empfehlen, die Hinweise auf ausgewählte Fall- und Entscheidungssammlungen zu nutzen, die sich jeweils am Ende der Kapitel zu den einzelnen Rechtsgebieten (D – F) finden.

B Grundlagen der Fallbearbeitung

I Einführung

(1) Den ersten Fall zu lösen bedeutet umzudenken. Zu Beginn des Studiums steht das Erarbeiten eines Grundstocks an Kenntnissen in den wichtigsten Rechtsgebieten im Vordergrund des Ausbildungsangebots wie des Interesses und der Bemühungen der Studenten. Es fällt schwer genug, sich den in Vorlesungen und Lehrbüchern vermittelten und dort nach systematischen Gesichtspunkten aufgebauten Stoff erst einmal anzueignen. Ohne ein grundlegendes Verständnis der meist vielfältigen, teilweise hochabstrakten und komplizierten Regelungen eines Rechtsgebiets und der ihnen zugrundeliegenden wirtschaftlichen, sozialen, politischen oder technischen Problem- und Interessenlagen ist an die Lösung konkreter Fälle im Grunde nicht zu denken. Um den nötigen Überblick zu bekommen, prägt man sich Tatbestände und deren Zusammenhänge ein und hat vielleicht nach einiger Zeit das Gefühl, endlich festen Boden unter den Füßen zu haben. Man geht in die erste Übung – und in der Regel erst einmal baden.

Zwar wurden schon in den Vorlesungen ständig Fälle eingestreut, meist aber nur, um einen bestimmten systematischen Gesichtspunkt an einem Beispiel zu illustrieren. Dennoch suggeriert die 'fallorientierte' Wissensvermittlung, wie sie Mode geworden ist, man könne mit dem am Beispiel gelernten Stoff auch Fälle lösen. Die Vermittlung der Technik der Fallbearbeitung hat an den wenigsten Universitäten den Stellenwert, wie ihn Studienanfänger bräuchten. Erst in den Übungen wird richtig klar, daß es da erheblich mehr gibt als den dogmatischen Stoff und seine Aneignung. Man greift zum nächstbesten empfohlenen Anleitungsbuch, geht in die schon nach wenigen Wochen angesetzte erste Klausur und lernt die Lösung von Fällen fortan nach dem Prinzip trial and error, Frustration gratis. Didaktik ist nicht die Stärke der juristischen Ausbildung.

Ich will nur ein paar Dinge herausgreifen, die Studienanfängern erfahrungsgemäß große Schwierigkeiten bereiten, weil sie allenfalls am Rande vermittelt werden.

❏ **Einen Fall zu lösen erfordert, das nach systematischen Gesichtspunk-**

ten gelernte und gespeicherte Wissen zu aktivieren und reorganisieren. Es muß gefiltert werden auf das, was für den Fall relevant ist. Aber es geht nicht allein um die Wiedergabe gelernten Wissens (was bei einem umfangreichen und komplexen Rechtsgebiet schwierig genug sein kann), sondern um seine **Anwendung auf ein praktisches Problem**. Es ist ein Gutachten zu der Frage abzugeben, wie der in dem vorgelegten Fall bestehende Streit und Interessenkonflikt **rechtlich zu entscheiden** ist.

Das erfordert, die vorhandenen Kenntnisse methodisch in einen Gedankengang umzusetzen, der eine Entscheidung zum Ergebnis hat. Wie man von einem konkreten Konflikt zu dessen korrekter rechtlicher Lösung gelangt, und wie man sein Ergebnis dann darstellt, hat seine eigenen Regeln und Tücken und will erst einmal gelernt sein.

Von Anfang an aber gilt bei der Anfertigung von Klausuren wie Hausarbeiten die eherne Regel: "Keine ungestellten Fragen beantworten". Wissen abzuspulen, das keinen Bezug zur Fragestellung des Falles hat und für seine Entscheidung nicht erforderlich ist, nutzt nichts, da sind die Korrektoren meist gnadenlos.

❑ Klausuren wie Hausarbeiten sollen die zu treffende Entscheidung nicht nur auf methodische Weise vorbereiten, sie sollen dies zudem **präzise und vollständig, dabei knapp und auf das Notwendige beschränkt** tun; die Devise lautet: "Ja nichts vergessen – nur nicht zu viel sagen".

Nur: wie dieser Balanceakt zu bewerkstelligen ist, muß man sich in der Regel selbst beibringen. Dabei ist die Technik der Fallbearbeitung eigentlich nicht so schwer, daß sie Studenten abschrecken sollte. Als Handwerkszeug für jegliche juristische Berufspraxis ist sie von elementarer Bedeutung. Als Richter, Verwaltungsjurist oder Rechtsanwalt werden Sie später zu einem wesentlichen Teil Ihrer Arbeit damit beschäftigt sein, rechtlich begründete Entscheidungen zu treffen oder herbeizuführen. Sie werden in der Lage sein müssen, die bestehenden, in aller Regel abstrakt gefaßten Rechtsvorschriften täglich neu auf immer wieder anders gelagerte Fälle anzuwenden, um die Grundlage für die von Ihnen zu treffenden Entscheidungen zu schaffen, oder um als Rechtsanwalt einschätzen zu können, wie die Aussichten sind, ein gewünschtes Urteil oder eine gewünschte Verwaltungsentscheidung zu erwirken. Damit Sie professionell arbeiten, müssen Sie bei der Fallbearbeitung präzise sein, dürfen nichts übersehen und dabei doch schnell und ökonomisch operieren.

Diese Technik zu erlernen ist jedenfalls nicht schwieriger als das zugrundezulegende systematische Wissen zu erwerben.

(2) **Das Grundprinzip der Fallbearbeitung** ist einfach. **Immer wird nach Rechtsfolgen gefragt**.

Sie werden aufgefordert, die **rechtliche Beurteilung eines konkreten Streits** abzugeben.

- Verlangt der Verkäufer zu Recht das von ihm gelieferte Fernsehgerät zurück?
- Hat sich der Autofahrer durch den Einsatz der Blinkscheinwerfer und dichtes Auffahren auf der linken Fahrspur der Autobahn strafbar gemacht?
- Durfte die Polizei den Demonstrationszug von der Fußgängerzone fernhalten?

Ihre Beurteilung soll den Streit unter Anwendung des bestehenden Systems gesetzlicher Vorschriften entscheiden, seine Entscheidung jedenfalls vorbereiten. Eine wesentliche Funktion des Rechts ist die Regelung wirtschaftlicher, sozialer und politischer Interessenkonflikte. In diesem Zusammenhang spielen Rechtsnormen unter anderem die Rolle von Entscheidungsregeln. Sie geben vor, für welche Konfliktsituationen und Interessenkonstellationen rechtlich welche Lösung gelten soll. Technisch geschieht dies, indem im Gesetz für den Fall des Vorliegens bestimmter tatsächlicher Voraussetzungen jeweils bestimmte Rechtsfolgen ausgesprochen werden. Rechtsfolgen legen fest, was in dem Fall, daß ein Konflikt zweier Bürger oder eine Auseinandersetzung zwischen einer Privatperson und einer Behörde einvernehmlich nicht beizulegen ist, mit rechtlichen Mittel durchgesetzt werden kann – durch Entscheidung einer unabhängigen Instanz und, falls das allein noch nicht hilft, notfalls im Wege der Zwangsvollstreckung. Derartige Rechtsfolgen sind etwa, um bei den Beispielen zu bleiben:

- der Anspruch auf Herausgabe einer Sache;
- die Strafbarkeit eines Verhaltens, das einen anderen gegen seinen Willen zu einer Handlung, Duldung oder Unterlassung nötigt;
- die Rechtmäßigkeit eines Verwaltungsakts, der in Rechte von Bürgern eingreift.

Rechtsfolgen sind entsprechend der Ansatzpunkt für jede Fallbearbeitung. Es ist immer zunächst zu klären, um welche gesetzlich vorgesehenen Rechtsfolgen es nach dem Sachverhalt bei dem Streit, der zu entscheiden ist, gehen kann. Anschließend ist zu prüfen, welche Vorschriften die anvisierte Rechtsfolge enthalten, welche Voraussetzungen nach dem Gesetz vorliegen müssen, damit die Rechtsfolge eintritt, und ob diese Voraussetzungen im zu entscheidenden Fall tatsächlich gegeben sind. Wenn diese Fragen beantwortet sind, steht das Ergebnis fest, die Fallfrage kann beantwortet, die Entscheidung getroffen werden.

Das Prinzip lautet also: **von der Folge zur Voraussetzung**.

Sachverhalt

↓

Rechtsfolge

↓

gesetzliche Voraussetzungen

↓

tatsächliche Voraussetzungen

Diesem Prinzip entspricht die Vorgehensweise bei der Lösung eines Falles. Sinnvollerweise vollzieht sich die Bearbeitung nacheinander in den folgenden Phasen und Schritten.

Phase 1 Arbeit am Sachverhalt	Arbeitsschritt **1**: **Erfassen des Sachverhalts** "Welches Geschehen ist rechtlich zu beurteilen?"
	Arbeitsschritt **2**: **Herausarbeiten der Fragestellung** "Welche Beurteilung ist gefragt? Um welche Rechtsfolge geht es dabei?"
Phase 2 Rechtliche Prüfung	Arbeitsschritt **3**: **Aufsuchen der anwendbaren Rechtsnormen** "Aus welchen Vorschriften kann sich die fragliche Rechtsfolge ergeben?"
	Arbeitsschritt **4**: **Subsumtion** "Welche Voraussetzungen müssen erfüllt sein, damit die gefundenen Vorschriften eingreifen? Liegen diese Voraussetzungen im zu beurteilenden Sachverhalt tatsächlich vor?"
	Arbeitsschritt **5**: **Feststellung des Ergebnisses**
Phase 3 Gutachten	Arbeitsschritt **6**: **schriftliche Ausarbeitung des Gutachtens**

Jeder Schritt baut auf dem vorhergehenden auf und ist ohne ihn sinnvoll nicht möglich. An diesen Prozeß der schrittweisen Erarbeitung und Lösung der gestellten Aufgabe knüpft die folgende Darstellung der Grundlagen der Fallbearbeitung an. Machen Sie sich beim Durcharbeiten das Grundprinzip und die aus ihm folgende Logik der Vorgehensweise immer wieder deutlich. Sie werden bemerken, daß es trotz der oben vorgenommenen klaren Abgrenzung jede Menge Zusammenhänge zwischen den einzelnen Arbeitsschritten gibt – Vorgriffe wie Rückbezüge. Der Teufel steckt auch hier im Detail. Die Fülle der im Einzelfall zu beachtenden Regeln und Ausnahmen zu begreifen und anwenden zu können, fällt aber erheblich leichter, wenn das Prinzip und seine Logik verstanden und präsent sind.

Akzeptieren Sie im übrigen, daß es erheblicher Übung anhand vieler Fälle bedarf, bis Sie in der Anwendung der dargestellten Regeln einigermaßen sicher sind. Das läßt sich angesichts der Komplexität des Lebens wie des Rechtssystems leider nicht ändern. Zu viele Regeln, zu viele Ausnahmen!

Andererseits wird es Ihnen mit der Technik der Fallbearbeitung gehen wie mit dem Schwimmen, dem Autofahren und anderen Techniken: was einmal eingeübt ist, werden Sie so leicht nicht wieder verlernen.

II Arbeit am Sachverhalt

1 Erfassen des Sachverhalts

(a) Der erste Schritt bei der juristischen Bearbeitung eines Falles besteht darin, den Sachverhalt, der ihm zugrundeliegt, sorgfältig zu erfassen.

Allzu leicht unterlaufen schon auf dieser – eigentlich unproblematischen – Ebene Fehler. Wenn Sie Tatsachen, die für die rechtliche Prüfung bedeutsam sind, übersehen oder ihre Bedeutung falsch einschätzen, bearbeiten Sie letztlich eine andere als die gestellte Aufgabe. Das wird von den Korrektoren als gravierend vermerkt und mindert die Bewertung Ihrer Arbeit erheblich.

Auch in Klausuren, in denen die Zeit immer knapp ist, lohnt daher der Versuch, den Sachverhalt von vorneherein so transparent wie möglich zu machen. Sie ersparen sich rechtliche Irrwege, die regelmäßig mehr Zeit kosten oder, wenn sie zu spät entdeckt werden, gar nicht mehr korrigiert werden können.

Da die Fallbeschreibungen meist sehr komprimiert formuliert sind, empfiehlt es sich, den Sachverhalt **mehrfach durchzulesen**. Hilfreich kann es sein, ihn jeweils unter wechselnden Perspektiven durchzugehen. Zum Beispiel:

1. Durchgang	Lesen aus dem Blickwinkel: "Worum geht es eigentlich?"
2. Durchgang	Lesen im Hinblick auf eine genauere Erfassung der Interessengegensätze der beteiligten Personen: "Aus welchem Blickwinkel sehen die Beteiligten das Geschehen?"
3. Durchgang	Kontroll–Lektüre im Hinblick auf Details, insbesondere auf leicht zu übersehende, möglicherweise aber rechtlich relevante Einzelangaben

Besonderes Augenmerk verdienen regelmäßig **Altersangaben** (Minderjährigkeit – Geschäfts- oder Prozeßfähigkeit?) sowie **Zeit- und Datumsangaben** (Fristen, Verjährung?). Auch zunächst unauffällige, in Adjektiven, Einschüben oder kleinen Nebensätzen versteckte Einzelheiten können von Bedeutung sein und werden leicht übersehen, wenn der Sachverhalt nicht genau aufgearbeitet wird.

Achten Sie auf die **umgangssprachliche Verwendung juristischer Begriffe**. Mit dem "Hausbesitzer" ist möglicherweise der Eigentümer gemeint, der gewerbliche "Autoverleih" ist in rechtlicher Hinsicht eine Vermietung. Sind Begriffe wie "Schuld", "Kauf", "Vertrag", "Eigentum" Teil dessen, was im Sachverhalt vorkommende Personen sagen oder vorbringen, ist ihr genauer Inhalt stets durch Auslegung festzustellen. Hingegen können und müssen Sie sich auf die richtige Verwendung eines Rechtsausdrucks verlassen, wenn der Aufgabensteller ihn benutzt und z.B. feststellt, eine bestimmte Person sei Eigentümer, habe einer anderen Person ein Darlehen gegeben oder eine Forderung an sie abgetreten.

Wo die Sachverhaltsschilderung **sachliche Argumente oder Rechtsansichten der beteiligten Personen** wiedergibt, sollten Sie diese mit besonderer Aufmerksamkeit unter die Lupe nehmen. Rechtsansichten werden meist gezielt in den Fall eingebaut, um den Bearbeiter auf erörterungsbedürftige Probleme hinzuweisen, ihn zu bestimmten Prüfungen zu veranlassen oder wenig bekannte Rechtsvorschriften einzuführen. Die Argumente und Ansichten der Beteiligten binden Sie bei Ihrer eigenen rechtlichen Beurteilung des Falles in keiner Weise; Sie müssen sich im Regelfall aber – und sei es ganz kurz – in dem anzufertigenden Gutachten mit ihnen auseinandersetzen.

Rechtsansichten sind noch in einer weiteren Hinsicht von Bedeutung. Sie können, manchmal sehr versteckt, Tatsachen enthalten, die rechtlich bedeutsam sind. Beispielsweise kann die Äußerung einer Rechtsansicht konkludent als Ausübung eines Gestaltungsrechts (Anfechtung wegen Irrtums, Aufrechnung mit einer Gegenforderung o.ä.) auszulegen sein.

Die Fälle, die Ihnen in Übungen oder im 1. Staatsexamen vorgelegt werden, sind vom Aufgabensteller bereits unter juristischen Gesichtspunkten aufbereitet und für Ausbildungs- oder Prüfungszwecke zugeschnitten worden. Klopfen Sie den Sachverhalt daher gründlich ab. **Grundsätzlich müssen Sie davon ausgehen, daß sämtliche mitgeteilten Tatsachen für die zu treffende Entscheidung des Falles von Bedeutung sind**. Mehr als eine Richtschnur kann dieser Hinweis aber nicht sein. Erstens lassen sich einigermaßen lebensnahe Fallbeschreibungen ohne die Hinzunahme rechtlich unbedeutender Vorgänge und Daten selten plausibel bewerkstelligen. Und zweitens kommt es auch vor, daß Aufgabensteller gezielt irreführende, unerhebliche Angaben in einen Sachverhalt einstreuen, um Ihre Fähigkeit auf die Probe zu stellen, rechtlich erhebliche von unerheblichen Tatsachen zu unterscheiden.

(b) In Fällen, bei denen **das zu beurteilende Geschehen** nicht ohne weiteres überschaubar ist, kann es nützlich sein, es **mit Hilfe optischer Gestaltungsmittel transparenter** zu machen. Sie können

- ❑ bei komplizierten Personenbeziehungen (z.B.: Dreiecksverhältnisse bei mehrfacher Weitergabe und Veräußerung eines streitigen Gegenstandes; Abstammungsverhältnisse bei erbrechtlichen Streitigkeiten) eine **Skizze** entwerfen, in der die **beteiligten Personen und ihre (Rechts-) Beziehungen** übersichtlich festgehalten werden.

  Beispiel:
  E verleiht seinen tragbaren Fernseher an seinen Freund L. Dieser gibt ihn, als ein Defekt auftritt, bei W in Reparatur. W veräußert das instandgesetzte Gerät an K. E verlangt von K, ihm das Gerät herauszugeben.

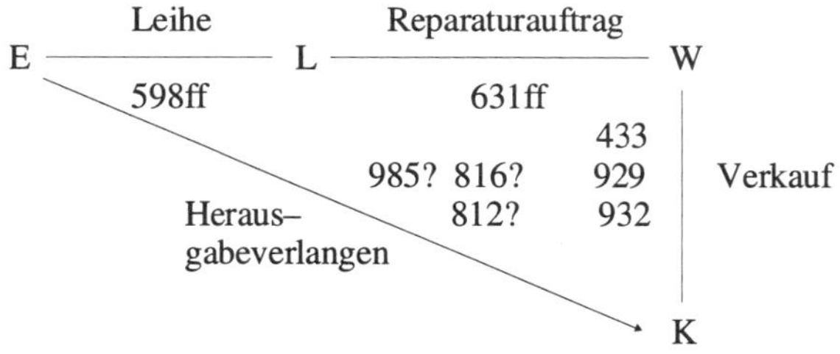

- ❑ Geht es um Vorgänge, bei denen es auf die räumlichen Verhältnisse ankommt (z.B. Verkehrsunfall, baurechtliche Nachbarklage), kann es sich empfehlen, verbale Beschreibungen in eine **Skizze der Örtlichkeiten** umzusetzen.

- ❑ Bei schwer überschaubaren Geschehensabläufen, insbesondere wenn Kalenderdaten im Sachverhalt auftauchen und eine Rolle spielen, hilft es, eine **tabellarische, zeitlich ordnete Übersicht** anzulegen.

Die rechtliche Relevanz der einzelnen Sachverhaltsumstände läßt sich allerdings erst im Zuge der rechtlichen Prüfung des Falles abschließend beurteilen. Es ist daher auf jeden Fall zu empfehlen, den Sachverhalt während der Bearbeitung immer wieder heranzuziehen und sich zu vergewissern, welche der tatsächlichen Angaben und rechtlichen Hinweise des Sachverhalts erheblich sind und ob Sie sie richtig verstanden und zugeordnet haben.

(c) Sie sollen den Fall so lösen, wie er im Sachverhalt geschildert ist. Das bedeutet, daß Sie die **Fallbeschreibung unter keinen Umständen uminterpretieren** dürfen. So etwas kann leicht unterlaufen, etwa wenn Ihnen ein ähnlicher, schon gelöster Fall oder eine Gerichtsentscheidung einfällt, die auf den ersten Blick zu passen scheint. Verständlicherweise produziert dies – insbesondere unter Zeitdruck – die Neigung, die geläufige Lösung abzuspulen. Diese funktioniert häufig aber nur, wenn Sie einzelne Sachverhaltsumstände, die nicht ganz passen, auf den eingeschlagenen Lösungsweg hin zurechtbiegen. Schon geringfügige Veränderungen im Sachverhalt können zu einer Problemverlagerung und damit zu einer anderen Lösung führen. So etwas wird "Sachverhaltsquetsche" genannt und ist ein Kardinalfehler. Gehen Sie davon aus, daß auch der Aufgabensteller die geläufigen Fallkonstellationen und Entscheidungen kennt, die zugrundeliegenden Tatsachen für den Übungsfall aber modifiziert hat – und sei es nur, um ihn zu vereinfachen. Seien Sie jedenfalls aufmerksam, wenn Sie einen geläufigen Lösungsweg einschlagen und später bei der Subsumtion bemerken, daß es irgendwo hakt; vergewissern Sie sich dann des Weges, den Sie eingeschlagen haben.

Manche der Sachverhalte, die Ihnen an der Universität vorgelegt werden, wirken konstruiert, blutleer und lebensfern. Denken Sie sich Ihren Teil, aber akzeptieren Sie die Fallbeschreibung so, wie sie mitgeteilt wird. Möglicherweise hat der Aufgabensteller einen realitätsfern wirkenden Sachverhalt bewußt so konstruiert, um Sie zu veranlassen, sich mit einem bestimmten rechtlichen Problem auseinanderzusetzen.

(d) Einer Präzisierung bedarf die Regel, den Fall unbedingt so zu lösen, wie ihn die Fallbeschreibung präsentiert, **wenn Tatsachen, auf die es rechtlich ankommt, im Sachverhalt unklar bleiben oder fehlen**. Das ergibt sich allerdings erst im Zuge der rechtlichen Prüfung.

❑ Unklare oder mehrdeutige Sachverhaltsangaben sind aus dem **Kontext**, d.h. unter Berücksichtigung der sonstigen mitgeteilten Tatsachen, auszulegen. Manchmal werden rechtlich relevante Angaben auch indirekt gemacht.

> Der Aussage "Der Realschüler ..." beispielsweise ist zu entnehmen, daß der Betreffende beschränkt geschäftsfähig im Sinne von § 106 BGB ist.

❑ Wo die Heranziehung des Kontextes allein nicht hilft, können Sie den Sachverhalt unter **ergänzender Heranziehung der "Lebenserfahrung"** auslegen. Das bedeutet, Sie legen in solchem Fall Tatsachen zugrunde, die bei dem geschilderten Geschehen und nach den Interessen der Beteiligten höchstwahrscheinlich wären oder im Normalfall vorliegen.

Kann eine beteiligte Person ihre Rechtsstellung durch Abgabe einer Erklärung verbessern, so ist davon auszugehen, daß sie es tut. Ebenso ist gegebenenfalls (als Normalfall) davon auszugehen, daß die Beteiligten voll geschäfts- oder schuldfähig und sich der Bedeutung ihrer Handlungen und Erklärungen bewußt sind. Letzteres gilt insbesondere auch in strafrechtlichen Fällen. Häufig lassen sich dem Sachverhalt Tatsachen, die einen direkten Schluß auf das Vorliegen von Vorsatz und Unrechtsbewußtsein ermöglichen, nicht entnehmen. Wenn auch die geschilderten äußeren Umstände keine Klarheit ergeben, ist vom Normalfall auszugehen. Einen Irrtum bezüglich Tatbestand oder Rechtswidrigkeit dürfen Sie nur annehmen, wenn konkrete Angaben im Sachverhalt unmißverständlich darauf hindeuten.

Im Regelfall nehmen Sie eine erforderliche ergänzende Auslegung des Sachverhalts vor, ohne es später im Gutachten zu begründen oder auch nur zu kommentieren. Nur wo man Ihr Auslegungsergebnis ohne gedanklichen Aufwand nicht nachvollziehen kann, ist es empfehlenswert, die Auslegung zu kennzeichnen und kurz zu begründen.

z.B.: "Da der Sachverhalt hierzu keine ausdrücklichen Angaben macht, ist davon auszugehen, daß .... Denn ..."

- **Wo Angaben** über Tatsachen, die für das Eingreifen einer Vorschrift vorliegen müssen, **fehlen und auch durch Auslegung nicht zu ermitteln sind, darf dies durch Unterstellungen nicht ausgeglichen werden**.

- Eine **Ausnahme** gilt **lediglich für die Einhaltung von Formvorschriften und sonstigen formellen Erfordernissen** (Zuständigkeit, Verfahrensvorschriften, Zustellungen, Fristen). Bei knapp formulierten Sachverhalten werden derartige Angaben häufig ausgespart, wenn es für die Lösung auf sie nicht ankommen soll. Diesbezüglich kann grundsätzlich unterstellt werden, daß die entsprechenden Vorschriften eingehalten wurden. Aber Vorsicht: auch auf solche Fragen kann es im Einzelfall natürlich ankommen. Dann jedoch finden sich Hinweise im Sachverhalt, die auf einen Verstoß gegen eine Formvorschrift, die Möglichkeit der Heilung eines Form- oder Verfahrensverstoßes oder das Versäumnis einer Frist hindeuten.

- Vorkommen kann auch, daß Tatsachen als zwischen den Parteien streitig und unaufklärbar geschildert werden. Das sollte Sie veranlassen, zu überprüfen, ob es Vorschriften gibt, die diesbezüglich **gesetzliche Vermutun-**

gen aufstellen (z.B. §§ 891, 1006 BGB) oder **Beweislastregelungen** (z.B. § 282 BGB) treffen. Ist das der Fall, können Sie die entsprechende Vorschrift bei der Entscheidung des Falles heranziehen.

Ist die Lücke im Sachverhalt weder durch Auslegung noch durch ausnahmsweise zulässige Unterstellung oder gesetzliche Regelungen zu schließen, bleibt als Ausweg nur, den Fall auf der Grundlage von Sachverhaltsalternativen zu lösen. Dazu sollten Sie aber nur als letztem Rettungsanker greifen (näheres siehe unten III 3 f).

2 Herausarbeiten der Fragestellung

(a) Die am Ende des Aufgabentextes stehende Fallfrage ist das Bindeglied zwischen Fall und Lösung. Sie bestimmt den Gegenstand der rechtlichen Prüfung, die Sie durchführen sollen. Die rechtlichen Probleme, die sich mit einem Fallgeschehen verknüpfen, können vielfältig und komplex sein. In dem begrenzten zeitlichen Rahmen, der Ihnen zur Bearbeitung zur Verfügung steht, lassen sich alle bedeutsamen Fragen im Regelfall gar nicht beantworten. Funktion der Fallfrage ist daher zugleich, den **Arbeitsauftrag abzugrenzen**.

Herauszufinden, was von Ihnen erwartet wird, kann dennoch schwierig sein und erhebliche Tücken beinhalten. Häufig sind die den Sachverhalt abschließenden Fragen sehr allgemein gehalten und überlassen es dem Bearbeiter, vor der rechtlichen Prüfung zunächst die Fragestellung selbst zu bestimmen.

Im Hinblick auf die spätere berufliche Praxis ist das eine sinnvolle Erweiterung der Aufgabenstellung, weil es darin übt, die rechtliche Problematik eines Geschehens zu erfassen und wesentliche von Randfragen zu unterscheiden.

Die konkrete Fragestellung aus der im Grunde nichtssagenden und überflüssigen Formel "Wie ist die Rechtslage?" herausarbeiten zu können, setzt aber eine sichere Beherrschung des anzuwendenden Rechtsgebiets voraus – wenn man einmal von ganz einfachen Fallkonstellationen absieht. Diese fehlt Studienanfängern zunächst, da im Regelfall die intensive Aneignung eines Rechtsgebiets und das Absolvieren von Übungen zum Erwerb der examensrelevanten Scheine nicht nacheinander sondern parallel verlaufen. Verständlicherweise verursacht daher das Herausfiltern der konkreten Fallfrage aus der Floskel der "Rechtslage" erhebliche Unsicherheit. Mit dieser Unsicherheit müssen Sie umzugehen lernen. Auch wenn es anfangs häufig schwer zu durchschauen scheint, was der Aufgabensteller von Ihnen erwartet: es hat, wenigstens im Kern, System, und mit Hilfe einiger grundlegender Regeln können Sie sich dagegen absichern, ganz andere Fragen zu beantworten als sie der Fall stellt und der Aufgabensteller bearbeitet haben will.

(b) Die Fragestellung zu erfassen ist in der Regel unproblematisch, wenn ausdrücklich eine **eng gefaßte und konkrete Frage** gestellt ist.

Handelt es sich um mehrere Fragen, ist meist nur zu entscheiden, ob es sinnvoll ist, sie auch in der vorgefundenen Reihenfolge zu beantworten. Die Reihenfolge gestellter Fragen sollten Sie nur dann umstellen, wenn es dafür einen zwingenden Grund gibt – z.B. weil die erste Frage ohne Beantwortung der zweiten nicht bearbeitet werden kann – oder wenn es zur Vermeidung von Wiederholungen zweckmäßig ist.

Aber Vorsicht: **auch konkret gestellte und auf den ersten Blick eindeutige Fragen können auslegungsbedürftig sein**. Wegen der ausschlaggebenden Bedeutung einer genauen Erfassung der Fragestellung für die Bearbeitung des Falles ist zu empfehlen, auch ausdrücklich beschränkte Fallfragen daraufhin zu überprüfen, wie sie genau zu verstehen sind. Orientieren Sie sich dabei an folgenden **Grundregeln:**

❑ **Nur die gestellte Frage ist zu beantworten.**

Fragen Sie sich daher nicht nur: "Was soll Gegenstand der rechtlichen Prüfung sein?". Vergewissern sie sich bewußt auch des negativen Aspekts der Fragestellung: "Wo liegen die Grenzen der Frage? Was gehört nicht mehr dazu?".

❑ **Rechtlich beantworten lassen sich nur Fragen, die sich auf in gesetzlichen Vorschriften geregelte Rechtsfolgen beziehen.**

Unproblematisch sind Fragen, die schon vom Aufgabensteller so genau gefaßt sind, daß Vorschriften zu finden sind, deren Rechtsfolgen unmittelbar der gestellten Frage entsprechen.

> "Kann A von B Zahlung des Kaufpreises von 5000 DM verlangen?" – vertraglicher Erfüllungsanspruch aus Kaufvertrag
> "Muß Y dem X das Video–Gerät herausgeben?" – Herausgabeanspruch
> "Durfte die Behörde A die Gaststättenerlaubnis versagen?" – Anspruch auf eine Gewerbeerlaubnis

Zweifel jedweder Art bezüglich der mit einer Frage angesprochenen Rechtsfolgen **lassen sich ausräumen, indem Sie sich vergegenwärtigen, daß jede**

Frage einen praktischen und einen juristischen Sinn haben muß. Sie bezieht sich auf einen konkreten Streit oder Interessengegensatz, und sie zielt auf dessen rechtliche Beurteilung oder Entscheidung ab.

- ❑ Fragen Sie zunächst nach dem **praktischen Sinn** der Frage: **welche Begehren bzw. Ziele** des Klägers oder des Beklagten, des zu beratenden Mandanten, der gegen einen Bürger einschreitenden Verwaltungsbehörde oder des von einer behördlichen Maßnahme betroffenen Bürgers spricht die Frage an? Und welche wirtschaftlichen, sozialen oder politischen **Interessen(gegensätze)** liegen den divergierenden Zielen der Beteiligten zugrunde?

- ❑ Prüfen Sie dann, welche gesetzlichen oder gewohnheitsrechtlichen **Rechtsfolgen** diesen konkreten Zielen entsprechen. Formulieren Sie, soweit erforderlich, im zweiten Schritt die wirtschaftlichen oder sonstigen Zielsetzungen so um, daß sie vorfindbaren Rechtsfolgen zugeordnet werden können. Aber Vorsicht: achten Sie darauf, daß Sie bei der Umformulierung am Inhalt der im Sachverhalt vorgefundenen konkreten Begehren und Ziele nichts ändern, sondern sie lediglich auf die rechtlich durchsetzbaren hin abklopfen und begrenzen. Sonst bearbeiten Sie eine andere Aufgabe als die gestellte. Mit der Bestimmung der in der konkreten Situation möglichen rechtlichen Zielsetzungen haben Sie zugleich den **juristischen Sinn** der Fragestellung ermittelt.

  Die Bestimmung des Sinns einer gestellten Frage kann nicht nur ergeben, daß Sie ein genauer konturiertes Verständnis Ihrer Aufgabe haben, sie kann auch dazu führen, daß Sie Unstimmigkeiten bemerken.

  Fragen beispielsweise, die Rechtsfolgen direkt ansprechen, können dennoch erfordern, diese juristisch zu präzisieren. Aufgaben wie "Kann A sich auf die Verjährung berufen?" oder "Ist die Abtretung wirksam?" lassen sich sinnvoll nicht bearbeiten, ohne zuvor geklärt zu haben, ob der Anspruch, demgegenüber Verjährung geltend gemacht wird, bzw. die abgetretene Forderung, entstanden und nicht erloschen ist. Sie sind daher mit entsprechend erweitertem Inhalt auszulegen. Juristisch sinnvoll ist eine Fragestellung allgemein gesagt nur, wenn sie eine abgeschlossene rechtliche Prüfung des zugrundeliegenden Konflikts ermöglicht.

(c) Fallfragen, die weit oder unklar gefaßt sind,

Beispiele:
"Wie ist die Rechtslage?"
"Wie haben sich die Beteiligten strafbar gemacht?"
"Wie ist über die Klage des Y zu entscheiden?"

erfordern eine Konkretisierung. Die Fallfrage ist mittels einer Auslegung des Sachverhalts **inhaltlich zu bestimmen und aufzugliedern**, sowie gegebenenfalls einzugrenzen.

❑ Bei der vor allem im Zivilrecht und im Öffentlichen Recht häufig gestellten **Frage nach der Rechtslage** kann die konkretisierende Aufgliederung (alternativ oder ergänzend) erfolgen nach

- ❑ voneinander abgegrenzten **Sachverhaltskomplexen** bzw. Handlungsabschnitten,
- ❑ beteiligten **Personen**,
- ❑ in Betracht kommenden **Ansprüchen oder sonstigen Begehren**.

Prüfen Sie zunächst, ob sich Sachverhaltskomplexe abgrenzen lassen, die in sich geschlossen sind und eine isolierte rechtliche Prüfung erlauben.

Gegebenenfalls konkretisieren Sie die Fragestellung für jeden Sachverhaltskomplex gesondert. Dabei kann als Orientierungshilfe die Formel dienen:

WER will WAS von WEM ?

Im Verwaltungsrecht lautet sie ebenso, oder leicht variiert:

WER ist daran interessiert, WAS bei WEM zu erreichen?

Aus dem Sachverhalt ist herauszuarbeiten, zwischen welchen der beteiligten Personen und/oder Institutionen akut oder potentiell welche **Interessengegensätze** bestehen und welche konkreten wirtschaftlichen oder sonstigen **Zielsetzungen** sie verfolgen bzw. in der geschilderten Situation vernünftigerweise verfolgen können.

Die so ermittelten Ansprüche oder sonstigen Begehren sind so zu formulieren, gegebenenfalls zu präzisieren, daß sie möglichen **Rechtsfolgen** entsprechen.

Je nach Sachverhalt können sich so eine ganze Reihe rechtlich zu prüfender

Fragen ergeben. Ob sie alle zu bearbeiten sind, hängt vom konkreten Fall ab. Wenn eine Vielzahl möglicher Rechtsbeziehungen in Betracht kommen, ist daher zu fragen, ob die Formulierung des Sachverhalts trotz der allgemeinen Frage nach der Rechtslage nicht einen **begrenzenden Hinweis auf die rechtlich zu prüfenden Interessen** enthält. Meist ist das der Fall. Verlangt etwa nur einer der Beteiligten eine bestimmte Leistung oder Rechtsfolge, so ist trotz der allgemeinen Fassung der Aufgabe auch nur dieses Begehren zu überprüfen. Grenzen Sie in diesem Fall aber sorgfältig ab, worauf sich die verlangte Rechtsfolge bezieht. Solche Hinweise im Sachverhalt können tückisch sein.

> Beispiel:
> Laut Sachverhalt wird A im Zuge einer Schlägerei von B schwer verletzt und liegt nach einer Operation mehrere Wochen im Krankenhaus. Da er nicht krankenversichert ist, muß er die Behandlungskosten von über 20.000 DM selbst tragen. Er verlangt Schadensersatz. Die Fallfrage lautet: "Zu Recht?".
> Hier richtet sich die Frage offensichtlich nur auf Schadensersatzansprüche. Andererseits ist die rechtliche Prüfung nicht nur auf den Ersatz der Behandlungskosten, sondern auch auf die Zahlung von Schmerzensgeld zu beziehen. Die konkretisierte Fragestellung lautet: "Hat A gegen B einen Anspruch auf Ersatz der Behandlungskosten und auf Zahlung von Schmerzensgeld?"

Wenn die festzustellenden rechtlichen Interessen vielfältig, eingrenzende Hinweise der Formulierung des Sachverhalts aber nicht zu entnehmen sind, fragen Sie, ob sich die Interessen in primäre und nachrangige unterscheiden lassen. Zu prüfen sind grundsätzlich alle Rechtsfragen, die nach der Interessenlage der Beteiligten vernünftigerweise einer Klärung bedürfen. Bei Zeitknappheit können Sie sich aber auf deutlich hervortretende Hauptinteressen beschränken.

❑ Bei **Fragen nach der Strafbarkeit** kann die Konkretisierung und Aufgliederung der Aufgabenstellung sich an

- ❑ **Sachverhaltskomplexen** und
- ❑ beteiligten **Personen**

orientieren. An die Prüfung, ob sich selbständige Sachverhaltskomplexe abgrenzen lassen, schließt sich die Frage an:

WER von den Beteiligten könnte sich WODURCH (durch welche Handlungen) strafbar gemacht haben?

Damit läßt sich die Grundlage für die Prüfung konkreter Straftatbestände und deren Konkurrenzen schaffen.

- Bei der **Frage nach der Entscheidung über eine Klage** ist der Gegenstand der rechtlichen Prüfung durch den **Klageantrag** bestimmt und begrenzt. Sie läßt sich nach dem Raster

  - **Zulässigkeit** der Klage

  - **Begründetheit** der Klage

aufgliedern.

Fehlt eine ausdrückliche Fragestellung überhaupt, ist davon auszugehen, daß nach der Rechtslage bzw. der Strafbarkeit gefragt ist.

3 Brainstorming

Sie werden es bemerkt haben: spätestens bei der Konkretisierung der Fragestellung sind Sie in die rechtliche Problematik eingetaucht. Jede Menge Fragen entstehen, Ideen und Assoziationen gehen durch den Kopf. Alles erstmal ungeordnet und vielfach verwirrend, weil Sie in diesem Stadium der Fallbearbeitung noch nicht einschätzen können, ob und an welcher Stelle der Fallösung die Einfälle Bedeutung erlangen können.

Die Verwirrung wird während der Suche nach den anwendbaren Normen häufig größer statt geringer. Sie stoßen auf Vorschriften, die Ihnen bisher nicht begegnet sind, deren genaue Bedeutung innerhalb des Normengefüges und deren Relevanz für den zu lösenden Fall zunächst nicht klar sind.

Lassen Sie sich davon nicht irritieren. Das ist völlig normal. Wenn es nicht so wäre, hätte man Ihnen den Fall nicht vorgelegt. Im Gegenteil: Machen Sie sich dieses Chaos nutzbar, es kann sich als sehr kreativ erweisen. Intuition, Erfahrung und Fingerspitzengefühl spielen bei der Lösung von Fällen eine große Rolle.

Versuchen Sie nicht zu schnell, die Disziplin formell geordneten Denkens herzustellen, die fundiertes juristisches Arbeiten letztlich immer auch erfordert. Gerade in dem frühen Stadium, in dem Sie die methodisch geleitete rechtliche Prüfung erst vorbereiten, ist es höchst produktiv, Ihr Denken in möglichst viele Richtungen offen zu halten, Einfälle ganz bewußt zunächst einmal zu sammeln, ohne sie sogleich in die Schubläden des gelernten Wissens einzusortieren. In dieser Phase sollte Ihnen kaum ein Einfall zu abwegig, zu unkonventionell oder zu unjuristisch sein, um ihn nicht erst einmal aufzugreifen.

Alle Einfälle und Gedanken bedürfen später natürlich einer kritischen Überprüfung und mögen sich teilweise dann als wenig brauchbar erweisen. Dennoch: wenn Sie allzu schnell auf die Bahn des ersten brauchbaren Gedankens einschwenken und sich in die Kommentare versenken, oder sich ohne weiteres auf die Grundlage des Ihnen vertrauten Wissens zurückziehen, riskieren Sie, sich von wichtigen Ideen abzuschneiden. In aller Regel erfordert die Lösung eines Falles ein Zusammenspiel von kreativer Phantasie und logisch–diszipliniertem Denken. Sie benötigen eine problembezogene Vorstellungskraft, um knappe, manches offenlassende Sachverhalte ergänzend auszulegen, auch die ungenannten und verborgenen juristischen Aspekte des Falles aufzuspüren oder zu streitigen Rechtsfragen eine fundiert begründete eigene Stellungnahme entwickeln zu können. All das läßt sich allein durch Gesetzeskenntnis und die Hilfestellung von Checklisten, wie sie Prüfungsschemata anbieten, nicht erreichen. Ihre Problemlösungsphantasie muß sich fallbezogen entfalten. Das läßt sich durch die Lösung möglichst vieler konkreter Fälle üben, es bedingt aber auch, sich bei jedem zu bearbeitenden Fall bewußt die Zeit für ungezielte Einfälle zu nehmen und Fragen oder Assoziationen zu sammeln, bevor sie katalogisiert und näher geprüft werden.

Wichtig ist allerdings, daß Sie bei der Vielfalt der Einfälle und der Verwirrung, die sie schaffen, die Chance nicht aus der Hand geben, den Überblick zurückzugewinnen. Deshalb: notieren Sie alles, was Ihnen in dieser Phase durch den Kopf geht. Am besten legen Sie sich einen eigenen **Merkzettel** (oder ein kleines Heft) an, auf dem Sie ungeordnet alle Einfälle festhalten.

Erfahrungsgemäß unterläßt man es, Gedanken aufzuschreiben, von denen man noch nicht weiß, ob sie verwertbar sind und wo man sie einordnen soll. Es scheint Zeit zu kosten, die man vermeintlich besser darauf verwendet, Klarheit in den Fall und die Verwirrung aus dem Kopf zu bekommen. Doch indem Sie sich diese Zeit nehmen, laufen Sie erheblich weniger Gefahr, manches wieder zu vergessen und so vielleicht wichtige Gesichtspunkte, die schon einmal erkannt waren, später bei der genauen rechtlichen Prüfung zu übersehen. Und wenn Sie alles auf den gleichen Zettel oder in ein kleines Heft schreiben, bleibt die Vielzahl von Fragen und Einfällen auch überschaubar, leicht wiederzufinden und ihre Verwertung nach Abschluß der rechtlichen Prüfung kontrollierbar.

III Rechtliche Prüfung

1 Heraussuchen der in die Prüfung einzubeziehenden Rechtsnormen

Mit der Konkretisierung der Fallfrage schaffen Sie die Voraussetzung, gezielt nach den Vorschriften suchen zu können, aus denen sich die problematischen Rechtsfolgen möglicherweise ergeben. Einige werden Ihnen zu den meisten Fällen ohne weiteres einfallen. Bei der Suche nach weiteren in Betracht kommenden Normen ist es wichtig, mit System vorzugehen.

Für die Anwendung von Rechtsvorschriften ist es elementar zu wissen, welche Normarten es gibt, in welchem Verhältnis sie zueinander stehen und welche spezifischen Funktionen die Normen im Rahmen der Fallösung haben können.

a Exkurs: Arten von Rechtsnormen und ihre Rangfolge

aa Arten von Rechtsnormen

Grundlegend sind 5 Arten von Rechtsnormen:

- ❑ **formelles Verfassungsrecht:**

  Grundgesetz und Länderverfassungen;

- ❑ **formelles Gesetz:**

  Regelung, die in dem durch die Verfassung für Gesetze vorgesehenen Verfahren, insbesondere durch Beschluß des Parlaments, zustandegekommen ist;

- ❑ **Rechtsverordnung:**

  Regelung, die von einem Exekutivorgan (Regierung oder Verwaltungsbehörde) aufgrund einer formellen gesetzlichen Ermächtigung erlassen worden ist;

- ❑ **Satzung:**

  Regelung, die von einem selbständigen Verwaltungsträger aufgrund einer ihm vom Staat verliehenen Satzungsautonomie im Bereich seiner eigenen Angelegenheiten erlassen wurde;

- **Gewohnheitsrecht:**

  Rechtssatz, der aufgrund einer langdauernden und allgemeinen Übung sowie der Überzeugung der Beteiligten gilt, damit ein rechtliches Gebot zu erfüllen.

Daneben gibt es weitere Arten von Rechtsnormen, die hier nur kurz erwähnt seien: Tarifverträge, EG-Recht, allgemeine Regeln des Völkerrechts, sowie subsidiär geltende allgemeine Rechtsgrundsätze wie den Grundsatz von Treu und Glauben (einschließlich des Verbots unzulässiger Rechtsausübung), den Grundsatz des Vertrauensschutzes und das Verbot widersprüchlichen Verhaltens.

Für diese Normen ist spezifisch, daß sie (jedenfalls grundsätzlich) allgemeinverbindliche Regelungen treffen.

Demgegenüber sind Einzelfallregelungen wie **Verträge, Verwaltungsakte und Gerichtsentscheidungen**, obwohl sich aus ihnen ebenfalls Rechtsfolgen ergeben, **keine Rechtsnormen**.

Verbindliche Geltung erlangen Verwaltungsakte, öffentlich-rechtliche Verträge und gerichtliche Entscheidungen nur aufgrund einer Ermächtigung durch Gesetz. Diese ergibt sich für Verwaltungsakte u.a. aus § 35 VwVfG, für öffentlich-rechtliche Verträge aus § 54 VwVfG und für Urteile und Beschlüsse aus den für das jeweilige Gericht geltenden Regelungen des Prozeßrechts.

Bei privatrechtlichen Verträgen ist Grundlage der rechtlichen Verbindlichkeit die Einigung der Parteien. Das ergibt sich aus Art. 2 I GG, § 305 BGB, die die Privatautonomie rechtlich anerkennen. Das BGB stellt für die Ausübung der Vertragsfreiheit bestimmte typisierte Vertragsformen bereit und regelt in begrenztem Umfang, welche Rechte und Pflichten sich aus ihnen ableiten. Diese gesetzliche Anerkennung der Privatautonomie und Ausgestaltung bestimmter Vertragstypen ist der Grund, warum es üblich ist, bei vertraglich begründeten Ansprüchen die passende gesetzliche Norm als Anspruchsgrundlage zu zitieren. Wenn einer der gesetzlich typisierten Verträge vorliegt, sind das die §§ 433, 518, 535, 607, 611, 631 BGB, um nur einige zu nennen, ansonsten § 305 BGB.

Normativen Status hat das, was man **Richterrecht** nennt, ebenfalls nicht. Die vielfache Verwendung von Generalklauseln und unbestimmten Rechtsbegriffen in Gesetzen und das Bestehen von Regelungslücken erfordern eine Rechtsfortbildung durch die Gerichte. Diese geschieht, wenn es in einem Rechtsstreit auf eine gesetzlich nicht, nicht eindeutig oder nicht konkret genug geregelte Frage ankommt. Wegen des Entscheidungszwangs, unter dem die Gerichte stehen –

es gilt ein Rechtsverweigerungsverbot, auch wenn dieses im deutschen Recht nicht ausdrücklich normiert ist – müssen alle aufgeworfenen Rechtsfragen beantwortet werden.

Die auf diese Weise im komplexen Prozeß der Rechtsprechung aufgestellten Regeln über die Auslegung und analoge Anwendung der Gesetze, die Ergänzung des Rechts bei Regelungslücken, in Ausnahmefällen auch die Fortbildung des Rechts entgegen dem Gesetzeswortlaut ("contra legem"), sind aber nicht wie Rechtsnormen verbindlich (Ausnahme: Normenkontrollentscheidungen des Bundesverfassungsgerichts oder der Oberverwaltungsgerichte, §§ 31 II BVerfGG, 47 VI VwGO). Zwar hat eine ständige höchstrichterliche Rechtsprechung für das regelbildende Gericht selbst sowie die ihm unterstehenden Instanzgerichte eine begrenzte Bindungswirkung. Eine Abweichung ist nur zulässig, wenn gewichtige Gründe, etwa neue Erkenntnisse, vorliegen. Darüber hinaus, insbesondere für Bürger und Verwaltung, haben richterrechtliche Regeln aber nur in praktischer Hinsicht einen verbindlichen Charakter: sie bestimmen die Erfolgsaussichten von Klagen mit, einfach weil mit ihrer Anwendung zu rechnen ist.

Dies gilt auch für Wissenschaft und Ausbildung. Weder die höchstrichterliche Rechtsprechung noch die Fachliteratur oder die so verbreitete wie ominöse **"h.M."** (herrschende Meinung) sind für Sie als Student verbindlich. Das heißt freilich nicht, daß Rechtsprechung oder h.M. für Ihre Arbeit weniger gewichtig seien als der Gesetzestext. Letztlich maßgebend ist nur dieser, argumentativ müssen Sie sich bei allen Zweifelsfragen aber mit der Rechtsprechung und den in der Fachliteratur veröffentlichten Auffassungen auseinandersetzen. Im Rahmen von Klausuren und Hausarbeiten wird als wesentliches Element Ihrer Leistung erwartet, daß Sie die für die Probleme Ihres Falles einschlägigen herrschenden Ansichten in Rechtsprechung und Literatur kennen, diese aber nicht als etwas Vorgegebenes und Verbindliches ansehen. Sie sollen sich vielmehr darum bemühen, in der Auseinandersetzung mit den vorfindbaren Auffassungen eine eigene, normativ begründete (d.h. an den Vorgaben des Gesetzes orientierte) Stellungnahme abzugeben. Um Mißverständnissen vorzubeugen: erwartet wird weniger die Entwicklung einer neuen Position als die methodisch sorgfältige und problemorientiert vorgenommene Begründung Ihrer Entscheidung für eine der diskutierten Auffassungen.

bb Rangfolge und Wirksamkeit

Normen können Rechtsfolgen nur herbeiführen, wenn sie **wirksam** sind.

Die oben dargestellten Normarten stehen zueinander in einem Rangverhältnis, das für die Beurteilung der Wirksamkeit einzelner Rechtsvorschriften vor allem in zweierlei Hinsicht von Bedeutung ist:

- Die Voraussetzungen, unter denen eine Rechtsnorm wirksam werden kann (z.B. Regelungsermächtigung, Zuständigkeit, Verfahren bzgl. Erlaß und Inkrafttreten), ergeben sich aus dem jeweils höherrangigen Recht.

- Bei einem inhaltlichen Widerspruch der Regelungen zweier verschiedenrangiger Normen setzt sich die höherrangige durch, mit der Folge, daß die niederrangige Vorschrift unwirksam ist.

Die maßgebliche **Rangfolge der Rechtsnormen** lautet:

Gewohnheitsrecht hat im Zweifel den Rang eines einfachen Gesetzes. Aber auch Verfassungsgewohnheitsrecht und Gewohnheitsrecht, das eine Rechtsverordnung oder Satzung ergänzt, ist denkbar.

Hinzu kommt die Rangregel des Art. 31 GG:

Bundesrecht bricht Landesrecht.

Dabei ist der jeweilige Rang der bundes- und landesrechtlichen Normen unerheblich. Eine bundesrechtliche Verordnung geht folglich selbst einem formellen Landesgesetz vor, wo ein inhaltlicher Widerspruch besteht.

Folge eines Konflikts zwischen zwei rangverschiedenen Normen ist wie gesagt grundsätzlich, daß die rangniedrigere unwirksam ist. Diese Unwirksamkeit kann bei formellen Gesetzen gemäß Art. 100 GG aber nur das Bundesverfassungsgericht feststellen (Verwerfungsmonopol des BVerfG). Und es ist möglich, daß das höherrangige Recht diese Folge der Unwirksamkeit selbst einschränkt und von Bedingungen abhängig macht (z.B. §§ 214, 215 BauGB).

Schon bei der Suche nach einschlägigen Rechtsgrundlagen ist also die Rangstufung des Normensystems und die mit ihr verbundene Problematik der Wirksamkeit im Auge zu behalten und bei Anlaß in die Prüfung einzubeziehen.

b Antwortnormen, Hilfsnormen und Gegennormen

Während die Wirksamkeit einschlägiger Rechtsnormen eher ausnahmsweise einer konkreten Prüfung bedarf, muß die Unterscheidung zwischen Antwortnorm, Hilfsnorm und Gegennorm zum elementaren Handwerkszeug jeder Fallbearbeitung gezählt werden.

Die Fragestellung des zu lösenden Falles, die Sie inzwischen so herausgearbeitet haben, daß sie unmittelbar auf das Bestehen oder Nichtbestehen einer oder mehrerer gesetzlich vorgesehener Rechtsfolgen gerichtet ist, läßt sich mit Hilfe sogenannter Antwortnormen beantworten.

Antwortnormen sind rechts- oder anspruchsbegründende Normen, also diejenigen Vorschriften, die die mit der Fallfrage angesprochene Rechtsfolge (oder ihr genaues Gegenteil) enthalten. Beachten Sie, daß der Begriff Antwortnorm keine neue Art von Rechtsnormen kennzeichnet, sondern nur die Funktion beschreibt, die eine Vorschrift innerhalb der Bearbeitung eines Falles hat.

Als Antwortnormen kommen in zivilrechtlichen Fällen in erster Linie Anspruchsgrundlagen in Betracht. In strafrechtlichen Fällen sind es die Straftatbestände und in verwaltungsrechtlichen Fällen die Regeln, aus denen sich die

Zuständigkeit und die Ermächtigung der Verwaltungsbehörde für das streitige Verwaltungshandeln ergibt.

Antwortnormen können aus einer einzigen Vorschrift bestehen (z.B. § 433 II BGB, Kaufpreisanspruch); nicht selten geben aber erst mehrere, sich ergänzende Vorschriften zusammen eine Antwort auf die gestellte Frage.

> Ein Anspruch auf Herausgabe der Bereicherung nach Verbindung, Vermischung oder Verarbeitung z.B. ergibt sich aus §§ 951, 812 BGB. Regelrechte Paragraphenketten – z.B. beim Anspruch auf Rückzahlung wegen Wandlung: §§ 346, 467, 465, 462, 459 BGB – prägen Sie sich am besten ein oder notieren sie jedenfalls als Verweisungen bei den einzelnen Paragraphen.
>
> Im Verwaltungsrecht sind die Zuständigkeit der Behörden und ihre Ermächtigung zu bestimmten Maßnahmen innerhalb des Zuständigkeitsbereiches sogar typischerweise in unterschiedlichen Vorschriften, vielfach sogar in unterschiedlichen Gesetzen geregelt.

Mit dem Finden einer oder mehrerer Antwortnormen haben Sie einen wichtigen Einstieg in die Lösung des Falles getan, mehr aber zunächst auch nicht. Wichtig ist, daß sich Ihre weitere Suche auch auf Hilfs- und Gegennormen erstreckt.

Bei der Prüfung der gefundenen Antwortnormen kann es erforderlich sein, andere Vorschriften heranzuziehen, die Tatbestandsmerkmale der Antwortnormen definieren oder auf andere Weise näher bestimmen. Diese Normen werden **Hilfsnormen** genannt.

Beispiel: § 985 BGB

Tatbestandsmerkmal:	Hilfsnormen:
Sache	§ 90 BGB (Definition)
Eigentümer	§§ 873, 929ff, 946ff BGB (Eigentumserwerb)
Besitzer	§ 854 BGB (Voraussetzungen des Besitzes)

Als Hilfsnormen fungieren weiterhin häufig die folgenden Vorschriften

- ❑ im BGB:
  - §§ 145 ff (Angebot und Annahme),
  - §§ 164 ff (Stellvertretung),
  - §§ 276–279 (Verschulden),
  - §§ 249 ff (Schaden),
  - daneben viele andere Vorschriften insbes. des Allg. Teils sowie des Allg. Schuldrechts;

- ❑ im StGB: die §§ 11, 12 und 22;

- ❑ im Verwaltungsrecht:
  - § 35 VwVfG (Verwaltungsakt),
  - § 36 VwVfG (Nebenbestimmungen zum Verwaltungsakt).

Auch gesetzliche Vermutungen (z.B. §§ 891, 1006 BGB) sind Hilfsnormen.

Bevor Sie zu dem Mittel der Auslegung greifen, überlegen Sie daher immer, ob das Gesetz nicht selbst Hilfen zur genauen Bestimmung der tatbestandlichen Voraussetzungen der gefundenen Antwortnormen bereitstellt.

Darüber hinaus erfordert jede Fallösung die sorgfältige Prüfung der Frage, ob es **Gegennormen** gibt, die das Eintreten der Rechtsfolge, wie sie in den gefundenen Antwortnormen formuliert ist, in Frage stellen können.

Sobald die in Betracht kommenden Antwortnormen gefunden sind, sollten Sie die Suche gezielt erweitern auf

- ❑ **rechtshindernde Gegennormen:**

  Normen, die die Rechtsfolgen der gefundenen Antwortnormen, also etwa das Entstehen eines zivilrechtlichen oder öffentlich–rechtlichen Anspruchs oder die Strafbarkeit einer bestimmten Handlung, von vorneherein ausschließen oder einschränken (rechts- oder anspruchshindernde Einwendungen);

  Beispiele:
  - Zivilrecht: § 986 (Recht zum Besitz) gegenüber dem Herausgabeanspruch des Eigentümers aus § 985 BGB; §§ 125, 134, 138 gegenüber vertraglichen Anspruchsgrundlagen i.V.m §§ 145 ff BGB (Nichtigkeit vertraglicher Einigungen wegen Formmangels, Gesetzesverstoß oder Sittenwidrigkeit)

– Strafrecht: Normen, die die Strafbarkeit nicht vorsätzlichen (§16 StGB), nicht rechtswidrigen (§§ 32, 34 StGB) oder nicht schuldhaften (§§ 17, 19, 35 StGB) Handelns ausschließen
– Verfassungsrecht: durch einen Gesetzesvorbehalt legitimierte Gesetze gegenüber der Geltendmachung von Grundrechtsverletzungen
– Verwaltungsrecht: § 44 VwVfG (Nichtigkeit von Verwaltungsakten)

❑ **rechtsvernichtende Gegennormen:**

Normen, die die Rechtsfolgen der gefundenen Antwortnormen nachträglich wieder zum Erlöschen bringen (rechts- oder anspruchsvernichtende Einwendungen);

Beispiele:
– Zivilrecht: § 362 BGB (Erfüllung), §§ 387 ff BGB (Aufrechnung), Kündigung eines Dauerschuldverhältnisses, § 398 BGB (Abtretung)
– Strafrecht: Strafaufhebungsgründe, insbesondere tätige Reue (z.B. § 310 StGB)
– Verwaltungsrecht: §§ 48, 49, 60, 62S2 VwVfG

❑ **rechtshemmende Gegennormen (Einreden):**

Normen, die die Durchsetzbarkeit der Rechtsfolgen der gefundenen Antwortnormen hemmen.

Beispiele:
– Zivilrecht: § 222 BGB (Verjährung), vertragliche Stundung, §§ 273, 320 BGB (Zurückbehaltungsrecht)
– Strafrecht: § 78 StGB (Verjährung)

Wenn Sie Gegennormen finden, die möglicherweise eingreifen, ist schließlich zu fragen, ob es Vorschriften gibt, die die Rechtsfolgen dieser Gegennormen ihrerseits ausschließen oder einschränken (**Gegen–Gegennormen** in Form rechts- oder anspruchserhaltender Einwendungen oder Einreden).

Beispiel: Streitig ist ein Anspruch auf Kaufpreiszahlung. Der Käufer hat wegen eines Sachmangels die Wandlung erklärt (§§ 462, 459 BGB). Ist sie wirksam (§§ 465, 467, 346 ff BGB), ist der Kaufpreisanspruch erloschen (anspruchsvernichtende Einwendung). Anspruchserhaltend kann demgegenüber als Gegen-Gegennorm die Vorschrift des § 477 BGB eingreifen. Hat der Käufer erst nach Ablauf der 6-Monatsfrist Wandlung verlangt, kann sich der Verkäufer auf Verjährung berufen.

Natürlich erfordert nicht jeder Fall, die volle Differenzierung dieses Gefüges von Normen, Gegennormen und Gegen–Gegennormen auszuschöpfen. Wichtig ist aber, daß Ihnen das Prinzip stets gegenwärtig ist:

Eine Fragestellung, die beispielsweise auf einen bestimmten zivilrechtlichen Anspruch zielt, läßt sich nicht allein mit einer Norm beantworten, die die gesuchte Rechtsfolge enthält. Die zuverlässige Feststellung, ob der Anspruch besteht oder nicht, setzt über die Prüfung der Tatbestandsmerkmale der Anspruchsgrundlage hinaus immer auch die Beantwortung der Frage voraus, ob er wegen des Eingreifens anderer Vorschriften überhaupt entstehen konnte, und ob er nicht inzwischen wieder erloschen ist. Außerdem ist stets einzubeziehen, ob ein bestehender Anspruch noch oder schon durchsetzbar ist.

Das Heraussuchen der in die Bearbeitung eines Falles einzubeziehenden Vorschriften bedeutet also die Aufstellung eines am Wechselspiel von Norm und Gegennorm orientierten Untersuchungsprogramms. Zur Verdeutlichung noch einmal ein schematisches Beispiel (Paragraphenangaben aus dem BGB):

Anspruch entstanden?	Antwortnormen hier: AnsprGrdl.	Vertrag 516
	Hilfsnormen	Angebot Annahme 145 ff
	Gegennormen	
	– rechtshindernd	125 134 518 I
	Gegen–Gegennorm	518 II
Anspruch erloschen oder übergegangen?	– rechtsvernichtend	362 387 398
Anspruch nicht durchsetzbar?	– rechtshemmend	222

c Suchstrategie

Der Schlüssel zum Finden der anzuwendenden Vorschriften liegt im Sachverhalt.

Mit der Konkretisierung der Fragestellung auf gesuchte Rechtsfolgen hin

- WER will WAS von WEM?
- WER ist daran interessiert, WAS bei WEM zu erreichen?
- WER von den Beteiligten könnte sich WODURCH strafbar gemacht haben?

haben Sie die Voraussetzungen geschaffen, um passende **Antwortnormen suchen** zu können.

Dem Sachverhalt läßt sich auch entnehmen,

❑ **WARUM** (aus welchen Interessenkonstellationen und tatsächlichen Umständen oder Gründen heraus) die schon konkretisierte Rechtsfolge geltend gemacht wird.

Von da aus ist es nur ein kurzer Weg zur Beantwortung der Frage,

❑ **WORAUS** (aus welcher Rechtsnorm) sich diese Rechtsfolge ergeben könnte.

Bei strafrechtlichen Fällen lauten die korrespondierenden Fragen:

❑ **WARUM** könnten die Beteiligten sich strafbar gemacht haben: welche strafrechtlich geschützten Rechtsgüter könnten sie verletzt haben?

❑ **WORAUS** könnte sich das ergeben: gegen welche Straftatbestände könnte ihr Verhalten verstoßen haben?

Wichtig bei dieser Suche nach dem Warum und dem Woraus ist, daß Sie **in Alternativen denken**. Beziehen Sie, sobald Sie eine Antwortnorm als Einstieg gefunden haben, immer die Frage ein, ob es nicht andere rechtliche Interpretationsmöglichkeiten gibt. So gibt es im Bürgerlichen Recht eine Vielzahl von Vertragstypen und teilweise sehr abstrakt voneinander abgegrenzten Anspruchsgrundlagen, bei denen im Einzelfall sehr zweifelhaft sein kann, welche tatsächlich eingreift. Im Strafrecht kommen häufig für einen bestimmten Handlungskomplex eine ganze Reihe von Straftatbeständen in Betracht, die nebeneinander verwirklicht sein können, sich unter Umständen aber auch ausschließen (z.B. Diebstahl und Betrug, Beihilfe und Begünstigung), und voneinander abzugrenzen sind. Und auch im Verwaltungsrecht ist es nicht selten, daß die Bestimmung der Ermächtigungsgrundlage für eine Maßnahme einigen gedanklichen Aufwands bedarf.

Stellen Sie zunächst alle Antwortnormen zusammen, die in Betracht kommen, ohne sich vorschnell auf bestimmte Anspruchsgrundlagen oder Delikte festzulegen.

Die gleiche Methode wenden Sie **für die Suche nach** einschlägigen **Gegennormen** an. Anhand des Sachverhalts fragen Sie z.B.:

- ❑ **WARUM** (aufgrund welcher Sachverhaltsumstände, aus welchen Gründen) könnte eine Rechtsfolge erloschen oder sonst weggefallen sein?

Die gefundenen Anhaltspunkte helfen Ihnen dann bei der Beantwortung der Frage:

- ❑ **WORAUS** (aus welcher Rechtsnorm) könnte sich ein solches Nichteingreifen ergeben?

Soweit Ihnen Antwortnormen bereits selbst eingefallen sind, sollten Sie unbedingt den Abschnitt des Gesetzes, in dem die Norm steht, sowie die zu ihm gehörenden allgemeinen Vorschriften auf Hilfs- und Gegennormen hin durchsehen.

Im übrigen empfiehlt sich immer ein Blick in das Inhaltsverzeichnis (d.h. in die Systematik) des einschlägigen Gesetzes. Recht gezielt läßt sich anhand der Stichworte, die der Sachverhalt und die bisherige Arbeit mit ihm ergeben haben, im Sachregister der Gesetzessammlungen – insbesondere: Schönfelder, Sartorius I und die entsprechende landesrechtliche Sammlung – suchen.

d Feststellung der Prüfungsbedürftigkeit

Bei allen Vorschriften, auf die Sie stoßen, müssen Sie naturgemäß prüfen, ob sie für Ihren Fall in Betracht kommen. Zu diesem Zweck nehmen Sie mittels eines kurzen Vergleichs von Sachverhalt, Fragestellung und Rechtsnorm eine grobe summarische Subsumtion vor.

Antwortnormen, deren Rechtsfolge der konkret gesuchten nicht entspricht, sowie Gegennormen, deren Rechtsfolge die in Betracht kommenden Antwortnormen nicht einschränken oder ausschließen kann, werden sofort wieder ad acta gelegt.

Das gleiche gilt, wenn die Rechtsfolge einer Vorschrift zwar paßt, eine oder mehrere der erforderlichen tatbestandlichen Voraussetzungen im zu bearbeitenden Fall aber offensichtlich nicht vorliegen. **Wo das Nichteingreifen einer Norm evident ist, erübrigt es sich, sie in die genaue rechtliche Prüfung einzubeziehen.**

> Mit diesem Punkt haben Anfänger vielfach Probleme. Woran erkennt man, ob man eine Norm prüfen muß oder nicht? Anhaltspunkt dafür, daß eine Prüfung überflüssig ist, ist jedenfalls, wenn eine im Rahmen der Subsumtion vorgenommene Begründung, warum die Norm nicht eingreift, banal oder unfreiwillig komisch klingen würde. Aber auch Vorschriften, deren Eingreifen sich mit nur einem Satz überzeugend verneinen läßt, brauchen nicht geprüft zu werden.

Alle anderen Normen, d.h. alle Vorschriften, deren Anwendung nach dem vorliegenden Sachverhalt ernsthaft in Betracht kommt, sind in die weitere rechtliche Prüfung einzubeziehen.

2 Festlegen der Prüfungsreihenfolge und Erarbeiten der Problemschwerpunkte

a Aufbauregeln

Die Reihenfolge der Prüfung der in Betracht kommenden Normen folgt Gesetzmäßigkeiten, die sich aus den Besonderheiten der verschiedenen Rechtsgebiete ergeben. Sie sind daher unten im einzelnen nachzulesen (für das Bürgerliche Recht: D I 2 d; für das Strafrecht: E I 2 a cc; für das Verwaltungsrecht: F I 1 b; für das Staatsrecht: F II 2). Dennoch gibt es einige grundlegende Aufbauregeln:

- ❑ **Normen oder Tatbestandsmerkmale mit logischem Vorrang** sind vorweg zu prüfen. Beispiele dafür, daß das Verhältnis verschiedener Regelungen oder Tatbestandsmerkmale eine bestimmte Prüfungsreihenfolge zwingend erfordert:
  - ❑ Die Wirksamkeit einer Norm ist, soweit sie zweifelhaft ist, vor dem Vorliegen ihrer Voraussetzungen zu prüfen.
  - ❑ Antwortnormen sind vor Gegennormen zu prüfen, rechtshindernde vor rechtsvernichtenden und -hemmenden Gegennormen.

- Die Verwirklichung des Tatbestands ist bei § 823 I BGB sowie bei strafrechtlichen Delikten vor Rechtswidrigkeit und Verschulden zu prüfen.

- **Spezielle** sind **vor allgemeineren Vorschriften** zu prüfen.

  Spezialität einer Norm im Verhältnis zu einer anderen liegt vor, wenn sie alle Tatbestandsmerkmale der anderen enthält, darüber hinaus aber weitere Merkmale aufweist, die ihren Anwendungsbereich einengen.

- **Verfahrensrechtliche** sind grundsätzlich **vor materiell–rechtlichen Fragen** zu prüfen, wenn auf beide Aspekte einzugehen ist. Das gilt für die Zulässigkeit und Begründetheit einer Klage ebenso wie für die formelle und materielle Rechtmäßigkeit von Gesetzen, Verordnungen, Satzungen und Verwaltungsakten.

  Etwas anderes gilt ausnahmsweise, wenn – aus der Perspektive des Rechtsanwalts – die Erfolgsaussichten eines noch nicht eingelegten Rechtsbehelfs zu prüfen sind. Hier ist die Reihenfolge von prozessualer und materieller Prüfung nicht zwingend. Häufig muß der Anwalt die materielle Rechtslage klären, bevor er bestimmen kann, welches der zulässige oder der beste Weg für die prozessuale Durchsetzung eines Anspruchs oder sonstigen Begehrens ist.

- (Primäre) **Ansprüche auf Erfüllung von Pflichten** sind **vor** (sekundären) **Ansprüchen aus Pflichtverletzungen** zu prüfen.

- Im übrigen, und soweit keine weiteren rechtsgebietsspezifischen Regeln eingreifen, ist die Reihenfolge nach dem Prinzip der **Zweckmäßigkeit** zu wählen. Danach sind vorrangig die Vorschriften zu prüfen, die die größte **Durchschlagskraft** haben, d.h. in zivilrechtlichen und öffentlich-rechtlichen Fällen: die Normen, deren Rechtsfolgen dem Interesse des Anspruchstellers bzw. Rechtsuchenden am nächsten kommen oder deren Voraussetzungen am leichtesten zu erfüllen sind.

Für komplexe Prüfungsabläufe und für die Zusammenstellung der bei jeder Norm zu prüfenden Tatbestandsmerkmale können und sollten Sie auf Schemata zurückgreifen. **Schemata** bieten für häufig vorkommende Tatbestände oder Prüfungsabläufe eine für den Regelfall vollständige und sinnvolle Reihenfolge an.

Das erspart Ihnen aber nicht, sich vor der konkreten Anwendung eines Schemas zu vergewissern, ob es auch im vorliegenden Fall ohne weiteres passend ist, oder ob Abwandlungen, z.B. eine Umstellung der Prüfungsreihenfolge, notwendig bzw. sinnvoll sind.

b Gliederung

Ergebnis der mit Hilfe der Aufbauregeln und Schemata vorgenommenen Ordnung der zu prüfenden Normen ist, daß Sie über eine erste Gliederung des anzufertigenden Gutachtens verfügen.

Die vorwiegend durch kreatives Assoziieren und Suchen bestimmte Phase der Arbeit ist damit abgeschlossen und die Phase der disziplinierten, methodischen Rechtsanwendung hat endgültig begonnen. Auch wenn es heißt, daß die Knochenarbeit beginnt: die weiteren Arbeitsschritte sollten Sie konsequent an der erarbeiteten Gliederung orientieren. **Alles anfallende Material und alle weiteren Einfälle sollten Sie der Gliederung zuordnen** und in Vermerken auch dort festhalten, wo ihr Platz innerhalb der Prüfungsreihenfolge ist. Sie gewährleisten dadurch, daß Ihnen kein Gedanke, kein Urteil, kein Argumentationsansatz verlorengeht, und konzentrieren durch die ständige Rückfrage nach der Erforderlichkeit, dem Ort und der Brauchbarkeit im Prüfungszusammenhang Ihre Aufmerksamkeit auf das, was für die Lösung des Falles wirklich verwertbar ist.

c Problemschwerpunkte

Jeder Fall hat seine Probleme. Zumindest jeder Fall, der Ihnen an der Universität zur Lösung vorgelegt wird, ist so zusammengestellt oder ausgesucht, daß er einen oder mehrere rechtliche Schwerpunkte enthält. Bevor Sie die genaue rechtliche Prüfung einzelner Vorschriften beginnen, sollten Sie sich einen Überblick über die Sie erwartenden Problemschwerpunkte verschaffen – schon um mit Ihrer zeitlichen Disposition nicht in Schwierigkeiten zu geraten.

Für den Aufgabensteller als Experten liegen diese Schwerpunkte meist so auf der Hand wie sie für die Studenten – jedenfalls zu Anfang – ungreifbar sind. Auch die Vertiefung in Kommentare und Lehrbücher hilft da nicht unbedingt und lenkt die Aufmerksamkeit unter Umständen nur auf Nebensächliches. Denn die Schwierigkeit ist in der Regel nicht, Probleme zu sehen, sondern bei der Vielzahl der Fragen, auf die man bei der Einarbeitung in den Fall zunächst einmal stößt, die Probleme des Falles von den eigenen zu unterscheiden.

Wie Licht in dieses Dunkel zu schaffen ist, läßt sich allgemein kaum sagen, da es ganz vom konkreten Fall abhängt, woran man die tatsächlichen Tücken und Fallstricke von den nur vermeintlichen unterscheiden kann. Dennoch zwei Hinweise:

Wenn Sie auf die oben dargestellte Weise – systematisch, aber mit offenem Blick für die möglichen Besonderheiten des zu bearbeitenden Sachverhalts – an die Lösung des Falles herangehen, dürfte Ihnen so leicht keine Norm und kein Tatbestandsmerkmal entgehen, die der Prüfung bedürfen. Auch auf eventuelle Regelungslücken stoßen Sie so. Und für die Frage, welche der Prüfungspunkte problematisch sein mögen, liegt der Schlüssel ebenfalls im Sachverhalt. Problemschwerpunkte sind häufig im Sachverhalt angedeutet, etwa durch Rechtsansichten oder sachliche Argumente und Einwendungen beteiligter Personen. Desgleichen deuten Prüfungspunkte, bei denen sich Schwierigkeiten voraussehen lassen, die Subsumtion mit eindeutig positivem oder negativem Ergebnis vornehmen zu können, auf die Notwendigkeit einer genaueren Auseinandersetzung hin. Möglicherweise sind solche neuralgischen Punkte bei erneuter kritischer Durchsicht der Fallbeschreibung und der Gliederung zu entdecken.

Vermeintliche Problemschwerpunkte entstehen aus Unzulänglichkeiten des rechtlichen Überblicks, aber auch daraus, daß der unverstellte, laienhafte Blick auf den Sachverhalt verlorengeht. In beiden Fällen verzerrt sich die Perspektive und das Gefühl für die richtigen Dimensionen geht verloren. Bevor Sie in diffizile juristische Konstruktionen einsteigen, und während Ihres Wegs in immer schwindelndere und abstraktere Höhen: vergewissern Sie sich immer wieder, ob das, womit Sie gerade beschäftigt sind, mit dem konkreten Sachverhalt noch etwas zu tun hat. Stellen Sie sich einen Augenblick neben sich und beurteilen Sie mit den Augen eines Laien, ob Ihre Problemschwerpunkte Bodenkontakt haben.

3 Prüfung der anwendbaren Normen

a Vorprüfung: Wirksamkeit und Anwendbarkeit

Ausnahmsweise kann vor der Anwendung der einzelnen Rechtsnormen zu prüfen sein, ob sie wirksam und im vorliegenden Fall anwendbar sind. Diese Vorprüfung erfolgt aber nur, wenn der Sachverhalt oder das Gesetz entsprechende Anhaltspunkte ergeben.

aa Wirksamkeit

Wenn der Sachverhalt beispielsweise Äußerungen eines Beteiligten enthält, mit denen die Verfassungsmäßigkeit eines Gesetzes in Frage gestellt wird, oder wenn er Informationen zum Normgebungsverfahren enthält, ist vorweg zu prüfen:

- ❑ Ist die Vorschrift wirksam erlassen worden, in Kraft getreten und noch gültig?
- ❑ Ist sie materiell wirksam (verfassungsmäßig, mit anderem höherrangigem Recht vereinbar)?

bb Anwendbarkeit

Wenn das Gesetz, dem eine zu prüfende Vorschrift entstammt, Regeln über ihren persönlichen, sachlichen, räumlichen oder zeitlichen Geltungsbereich enthält, vor allem aber, wenn mehrere ranggleiche Rechtsnormen miteinander konkurrieren, stellt sich das Problem der Anwendbarkeit.

Unproblematisch ist der Fall, daß ein Gesetz seinen **Geltungsbereich** selbst ausdrücklich **einschränkt**. Derartige Regelungen treffen z.B. das AGBG (§§ 23, 24) und das KSchG (§§ 1 I, 23).

Sehr viel schwieriger kann die Anwendbarkeit einer Vorschrift im Fall der Konkurrenz zu entscheiden sein. **Konkurrenz** besteht, wenn mehrere Normen vorhanden sind, die für den zu beurteilenden Sachverhalt eine Rechtsfolge vorsehen. Ein Unterfall der Konkurrenz ist die **Kollision**. Sie liegt vor, wenn die Anwendung der konkurrierenden Normen zu verschiedenen Ergebnissen führen würde, weil sie unterschiedliche, einander widersprechende Rechtsfolgen bestimmen. In diesem Fall ist nur eine Vorschrift anwendbar und die übrigen werden verdrängt.

Wenn konkurrierende Normen die gleiche Rechtsfolge auslösen, ist beides möglich. Manchmal gelten sie nebeneinander. Im Zivilrecht kommt es häufig vor, daß ein Anspruch auf mehrere Anspruchsgrundlagen zu stützen ist. Manchmal wird auch bei gleicher Rechtsfolge die eine durch die andere Norm verdrängt, z.B. wegen Spezialität.

Für die Behandlung von Konkurrenz und Kollision ranggleicher Normen gibt es **zwei grundlegende Regeln**:

- **Die speziellere Vorschrift verdrängt die allgemeinere**, d.h. sie hat Anwendungsvorrang. Dieser Grundsatz gilt ohne Ausnahme.

- **Die später erlassene verdrängt die früher in Kraft getretene Norm**. Ein Problem der Anwendbarkeit ist die Nachfolge von Rechtsvorschriften dann, wenn die jüngere die ältere nicht ausdrücklich aufhebt und nur teilweise eine abweichende Regelung trifft (ansonsten wird die ältere Vorschrift unwirksam).

  Konkurrenz und Kollision gibt es auch bei rangverschiedenen Normen. Dort bestimmen sie nicht lediglich die Anwendbarkeit einer Vorschrift, sondern u.U. auch ihre Wirksamkeit. Der Anwendungsvorrang der speziellen Vorschrift gilt auch bei Rangverschiedenheit und führt z.B. zu einem Anwendungsvorrang des einfachen Gesetzes vor der Verfassungsnorm, soweit die rangniedrigere Vorschrift die speziellere ist – ein sehr häufiger Fall.

Im übrigen gelten in den verschiedenen Rechtsgebieten teilweise sehr differenzierte Regeln, die Sie den einschlägigen Kommentaren und Lehrbüchern entnehmen können.

Wichtig ist an dieser Stelle zunächst, daß Sie sich der Problematik der Anwendbarkeit einer Norm auf den einzelnen Fall bewußt sind und sich vor ihrer Anwendung, d.h. vor der Subsumtion, gegebenenfalls fragen:

- Wird ihre Anwendbarkeit durch ausdrückliche Vorschriften ausgeschlossen?

- Wird ihre Anwendbarkeit durch eine spezielle oder jüngere Norm ausgeschlossen?

b Prüfung der tatbestandlichen Voraussetzungen: Subsumtion

Nunmehr erfolgt das Kernstück jeder juristischen Fallbearbeitung: der Sachverhalt ist unter die für prüfungsbedürftig, wirksam und anwendbar befundenen Normen zu subsumieren. **Subsumtion** ist der Vorgang, in dem festgestellt wird, ob die von einer Norm abstrakt aufgestellten Voraussetzungen für den Eintritt der vorgesehenen Rechtsfolge im vorliegenden Sachverhalt erfüllt sind.

Die Antwortnormen, deren Eingreifen Sie zu prüfen haben, sind sog. vollständige Rechtsnormen und als solche auf eine spezifische Weise aufgebaut: es wird eine (oder mehrere) Rechtsfolge formuliert, und deren Eintreten wird an das Vorliegen einer Reihe tatbestandlicher Voraussetzungen geknüpft. Auf diese

Weise wird klargestellt, für welche tatsächliche Konstellation (Tatbestand) welche Entscheidung (Rechtsfolge) gelten soll. Vollständige Rechtsnormen haben demgemäß eine WENN – DANN – Struktur:

WENN	⟶	DANN
Tatbestand	⟶	Rechtsfolge
Tatbestandsmerkmale 1 – n	⟶	Rechtsfolge

Zum Beispiel § 222 StGB:

Wer durch Fahrlässigkeit den Tod eines Menschen verursacht, wird ... bestraft.

Tbm 1	Tbm 2	Tbm 3	⟶	RF

(aa) Zunächst sind daher die Tatbestandsmerkmale von der Rechtsfolge abzugrenzen. Soweit Sie zu diesem Zweck nicht auf ein Prüfungsschema zurückgreifen können, ist sorgfältiges Lesen angebracht. Das Gesetz macht die zu treffenden Unterscheidungen nicht immer einfach.

Die Rechtsfolge steht durchaus nicht unbedingt am Schluß der Norm oder eines Satzes. Sie kann genausogut auch am Anfang stehen (z.B. bei § 823 II BGB) oder gar in der Mitte eines Satzes, umgeben von tatbestandlichen Voraussetzungen (so bei § 950 BGB).

(bb) Die Tatbestandsmerkmale sind vollständig zu bestimmen. Achten Sie darauf, daß jedes Wort eine Voraussetzung enthalten kann. Beispielsweise kann sich aus der Verwendung des Wortes "um" das Merkmal einer Absicht ergeben (vgl. § 211 II StGB), aus dem Wort "dadurch" das Erfordernis einer kausalen Verknüpfung zweier Tatbestandsmerkmale (vgl. § 113 I VwGO).

Zu berücksichtigen ist, daß Tatbestandsvoraussetzungen sowohl kumulativ als auch alternativ miteinander verknüpft sein können. Kumulative Häufung von Tatbestandsmerkmalen bedeutet, daß alle genannten Merkmale vorliegen müssen, um die Rechtsfolge zu begründen. Sie ist zu erkennen durch eine Verknüpfung mittels einem "und".

Tbm 1	+	Tbm 2	⟶	RF

Alternative Häufung bedeutet demgegenüber, daß nur eines der genannten Merkmale vorliegen muß, um die Rechtsfolge auszulösen. Zu erkennen ist sie an der Verknüpfung durch das Wort "oder".

Tbm 1 oder Tbm 2 ——› RF

Kumulative und alternative Verknüpfung können auch miteinander verbunden sein.

Zum Beispiel § 303 StGB:

Wer rechtswidrig eine fremde Sache beschädigt oder zerstört, wird ... bestraft.

Tbm 1 + Tbm 2 + (Tbm 3 oder Tbm 4) ——› RF

Häufig ist die Unterscheidung, ob Tatbestandsmerkmale alternativ oder kumulativ vorliegen müssen, nicht ganz einfach, etwa wenn mehrere Voraussetzungen durch Kommata getrennt aneinandergereiht werden, oder bei katalogartigen Tatbeständen. In diesen Fällen können Sie sich zuverlässig behelfen, indem Sie fragen, welchen Sinn es ergibt, wenn Sie an der fraglichen Stelle ein "und" bzw. ein "oder" zwischen die Tatbestandsmerkmale hineinlesen. Meist aber findet sich das klärende "und" bzw. "oder" zwischen den letzten beiden der aneinandergereihten Merkmale.

Nicht selten bestehen über den Wortlaut des Tatbestands hinaus weitere Voraussetzungen, die sich aus ergänzenden (unvollständigen) Vorschriften ergeben oder die sich als ungeschriebene Tatbestandsmerkmale aus dem Gesamtzusammenhang des Gesetzes ableiten.

Beispiele:

- Der Herausgabeanspruch aus § 985 BGB setzt auch voraus, daß kein Recht zum Besitz gemäß § 986 BGB besteht.
- Die Strafbarkeit eines Verhaltens setzt neben der Verwirklichung der Tatbestandsmerkmale eines Delikts des Besonderen Teils des StGB immer voraus, daß es vorsätzlich bzw. fahrlässig, rechtswidrig und schuldhaft begangen wurde.
- Jede Maßnahme, mit der eine Behörde in Rechte von Bürgern eingreift, muß dem Grundsatz der Verhältnismäßigkeit entsprechen.

Letztendlich gibt es Tatbestände, die so verkürzt sind, daß ihre Voraussetzungen nahezu vollständig aus ergänzenden Voraussetzungen erst ermittelt werden müssen.

Beispiel:
Die im Zivilrecht wesentliche Anspruchsgrundlage des § 433 II BGB lautet:

"Der Käufer ist verpflichtet, dem Verkäufer den vereinbarten Kaufpreis zu zahlen und die gekaufte Sache abzunehmen". Den Tatbestand bilden die Worte: " Der Käufer ...". Diese auf die Regeln des vorausgehenden § 433 I und des Allgemeinen Teils des BGB über Rechtsgeschäfte zurückgreifende Kurzfassung ist etwa wie folgt zu entfalten: "Wer sich mit einem anderen darüber einig geworden ist, daß er gegen die Zahlung eines bestimmten Entgelts an den anderen das Eigentum an einer bestimmten Sache erhalten soll, ist verpflichtet, ...".

(cc) Anschließend ist der Sachverhalt unter die Tatbestandsvoraussetzungen zu subsumieren.

Die Subsumtion wird vollzogen, indem jeweils **ein** Sachverhaltsumstand zu **einem** Tatbestandsmerkmal in Bezug gesetzt und aus diesem Vergleich die Schlußfolgerung gezogen wird, ob der konkrete Sachverhaltsumstand dem abstrakten Tatbestandsmerkmal zuzurechnen ist, weil er von ihm umfaßt wird, oder nicht. Bei positivem Ergebnis wird also festgestellt, daß der Sachverhaltsumstand ein Ausprägungsfall des abstrakter gefaßten Tatbestandsmerkmals ist. Mit Hilfe solcher Einzel–Subsumtionen für alle Tatbestandsmerkmale wird festgestellt, ob die Voraussetzungen des Eintritts der Rechtsfolge der geprüften Norm im untersuchten Fall vorliegen.

In der Sprache der Logik ausgedrückt geschieht die Subsumtion mit Hilfe sog. syllogistischer Schlüsse. Die allgemeine Struktur des syllogistischen Schlusses läßt sich am einfachsten anhand des folgenden Beispiels verdeutlichen:

Obersatz	Alle Menschen sind sterblich.
Untersatz	Sokrates ist ein Mensch.
Schlußsatz	Sokrates ist sterblich.

Einer allgemein formulierten Aussage (Obersatz) wird eine konkrete Aussage (Untersatz) zugeordnet und daraus die Schlußfolgerung gezogen, ob der allgemeine Satz auch für den konkreten Fall gilt. Dies ist der Fall, wenn der Obersatz auch den Untersatz umfaßt, sonst nicht.

Diese Denkfigur läßt sich auf die Anwendung von Rechtsnormen übertragen:

Obersatz	Wenn der Tatbestand mit den Merkmalen Tbm 1 und Tbm 2 gegeben ist, tritt die Rechtsfolge RF ein.

Untersatz	Die im Sachverhalt vorliegenden Tatsachen T 1 und T 2 sind Ausprägungen von Tbm 1 und Tbm 2.
Schlußsatz	Für den Sachverhalt gilt die Rechtsfolge RF.

Bei der Anwendung von Rechtsnormen wird aber, wie gesagt, nicht der gesamte Sachverhalt pauschal unter den gesamten Tatbestand subsumiert. Vielmehr wird nach der Feststellung der tatbestandlichen Voraussetzungen nacheinander für jedes der Tatbestandsmerkmale eine Einzel-Subsumtion vorgenommen, für die die gleiche Struktur gilt. Jedem (abstrakt formulierten) Tatbestandsmerkmal wird eine konkrete Tatsache aus dem Sachverhalt zugeordnet und daraus die Schlußfolgerung gezogen, ob es im konkreten Fall vorliegt oder nicht.

Obersatz	Tbm 1 liegt vor, wenn M 1 und M 2 gegeben sind (Definition).
Untersatz	Die im Sachverhalt vorliegende Tatsache T 1 weist die Merkmale M 1 und M 2 auf.
Schlußsatz	Im Sachverhalt liegt Tbm 1 vor.

Auf diese Weise wird Schritt für Schritt die Grundlage für die abschließende Schlußfolgerung geschaffen, ob die Rechtsfolge der geprüften Norm im konkreten Fall eingreift oder nicht.

An einem bewußt unproblematischen Beispiel läßt sich das verdeutlichen.

Fall: A hat B sein Motorrad verkauft und gegen Zahlung des Kaufpreises von 2500,– DM übergeben. B überläßt C das Rad unentgeltlich für die Zeit seiner urlaubsbedingten Abwesenheit. Nach seiner Rückkehr verlangt er es von C zurück, der es mit der Begründung für einen weiteren Monat behalten will, B habe ja noch einen PKW zur Verfügung, während sein eigener Wagen wegen eines Unfalls ausgefallen sei.

Anspruch aus § 985 BGB?

1. Es muß eine Sache vorliegen.

Obersatz	Sachen sind körperliche Gegenstände (§ 90 BGB).

Untersatz	Das Motorrad ist ein körperlicher Gegenstand.
Schlußsatz	Also ist das Motorrad eine Sache.

2. B muß Eigentümer des Motorrades sein.

Obersatz	Eigentümer ist, wer das Eigentum durch Übergabe und Einigung über den Eigentumsübergang vom bisherigen Eigentümer erwirbt (§ 929 I 1 BGB).
Untersatz	A war Eigentümer und hat das Motorrad an B mit dem Willen der Übereignung übergeben.
Schlußsatz	B ist Eigentümer des Motorrades.

3. C muß Besitzer des Motorrades sein.

Obersatz	Besitzer ist, wer die tatsächliche Gewalt über eine Sache hat (§ 854 I BGB).
Untersatz	C hat das Motorrad in seiner Gewalt.
Schlußsatz	C ist Besitzer des Motorrades.

4. C darf kein Recht zum Besitz im Sinne des § 986 BGB haben.

Obersatz 1	Ein Recht zum Besitz erwirbt, wer aufgrund eines Leihvertrages das Recht zum Gebrauch einer Sache hat (§§ 986 I 1, 598 BGB).
Untersatz 1	B hat sich mit C geeinigt, daß dieser das Motorrad unentgeltlich zum Gebrauch erhalten sollte.
Schlußsatz 1	C hat ein Recht zum Besitz aus Leihvertrag erworben.

Obersatz 2	Das Recht zum Besitz aus einem Leihvertrag erlischt, wenn die vertraglich bestimmte Leihzeit abgelaufen ist (§ 604 I BGB).
Untersatz 2	C sollte das Motorrad für die Zeit von B 's Urlaub nutzen dürfen. B ist aus seinem Urlaub zurück.
Schlußsatz 2	C 's Recht zum Besitz des Motorrades ist erloschen.

5. Ergebnis: B kann von C die Herausgabe des Motorrades verlangen.

Dem Beispiel läßt sich entnehmen, daß die Subsumtion unter ein Tatbestandsmerkmal wegen dessen abstrakter Beschreibung im Gesetz meist voraussetzt, daß der das Tatbestandsmerkmal umschreibende Begriff durch **konkretisierende Definition** genauer bestimmt und auf diese Weise inhaltlich näher an die Tatsachen des Sachverhalts herangeführt wird. Zu diesem Zweck werden, wo sie zur Verfügung stehen, **Definitionsnormen** (hier: § 90 BGB, Sache) oder andere einen Begriff näher bestimmende Normen herangezogen (hier etwa: §§ 854, 929 I 1 BGB, Erwerb von Besitz bzw. Eigentum). Ansonsten ist der Inhalt des Rechtsbegriffs durch **Auslegung** zu konkretisieren (siehe dazu unten c). Die Konkretisierung geschieht dabei nicht für den gesamten Anwendungsbereich des Begriffs, sondern **nur im Hinblick auf den Ausschnitt, dem der zu lösende Fall möglicherweise zuzurechnen ist**. Es werden, um im Beispiel zu bleiben, keine Ausführungen über alle möglichen Formen des Eigentumserwerbs gemacht, um den Begriff Eigentümer näher zu bestimmen, sondern nur die Erwerbsform herangezogen, die im Fall ernsthaft in Betracht kommt. Auf diese Weise wird jedes Tatbestandsmerkmal so weit aufbereitet, bis unmittelbar einsichtig und zweifelsfrei festgestellt werden kann, ob es im vorliegenden Sachverhalt erfüllt ist oder nicht.

Der Subsumtionsvorgang umfaßt also im Grunde genommen die folgenden Schritte:

Begriff ——› **Definition** ——› **Subsumtion** ——› **Ergebnis**

Nach positivem Verlauf der Prüfung aller Tatbestandsmerkmale ist der Eintritt der Rechtsfolge festzustellen. Da Rechtsfolgen im Gesetz ebenfalls abstrakt beschrieben werden, muß unter Umständen noch konkretisiert werden, worin sie genau besteht.

Beispiele:

- Bei Schadensersatzansprüchen ist anhand der §§ 249 ff BGB zu bestimmen, welcher Schaden ersatzfähig ist, in welcher Weise (Naturalrestitution, Geldleistung) und in welcher Höhe Ersatz zu leisten ist. Auch insoweit sind Einwendungen möglich (Mitverschulden, § 254 BGB).
- Wenn die Rechtsfolge darin besteht, daß eine Verwaltungsbehörde eine bestimmte Entscheidung nach Ermessen zu treffen hat (z.B die sog. polizeiliche Generalermächtigung, siehe Band II, Öffentliches Recht, [[3]]; daneben viele spezialgesetzliche Ermächtigungsgrundlagen, etwa: § 15 II VersG, § 45 StVO, § 15 III GaststG), so bedarf der eingeräumte Entscheidungsspielraum einer genauen Bestimmung anhand der Regeln fehlerfreier Ermessensausübung.

Die beschriebene Vorgehensweise gilt gleichermaßen für Antwortnormen wie für Hilfs- und Gegennormen. **Hilfsnormen** werden jeweils bei dem Tatbestandsmerkmal geprüft und subsumiert, für das sie benötigt werden. **Gegennormen** werden, wie dargelegt, erst im Anschluß an die Antwortnorm, auf die sie sich beziehen, geprüft und subsumiert (im Beispiel: § 986 BGB ist Gegennorm zu § 985 und entsprechend auf Erwerb und Verlust zu prüfen).

In Form eines vereinfachten Ablaufschemas sieht die Prüfung einer Norm wie in der gegenüberstehenden Graphik aus.

Dieser Ablauf ist für alle als prüfungsbedürftig in das Untersuchungsprogramm aufgenommenen Antwortnormen samt zugehöriger Gegennormen zu vollziehen.

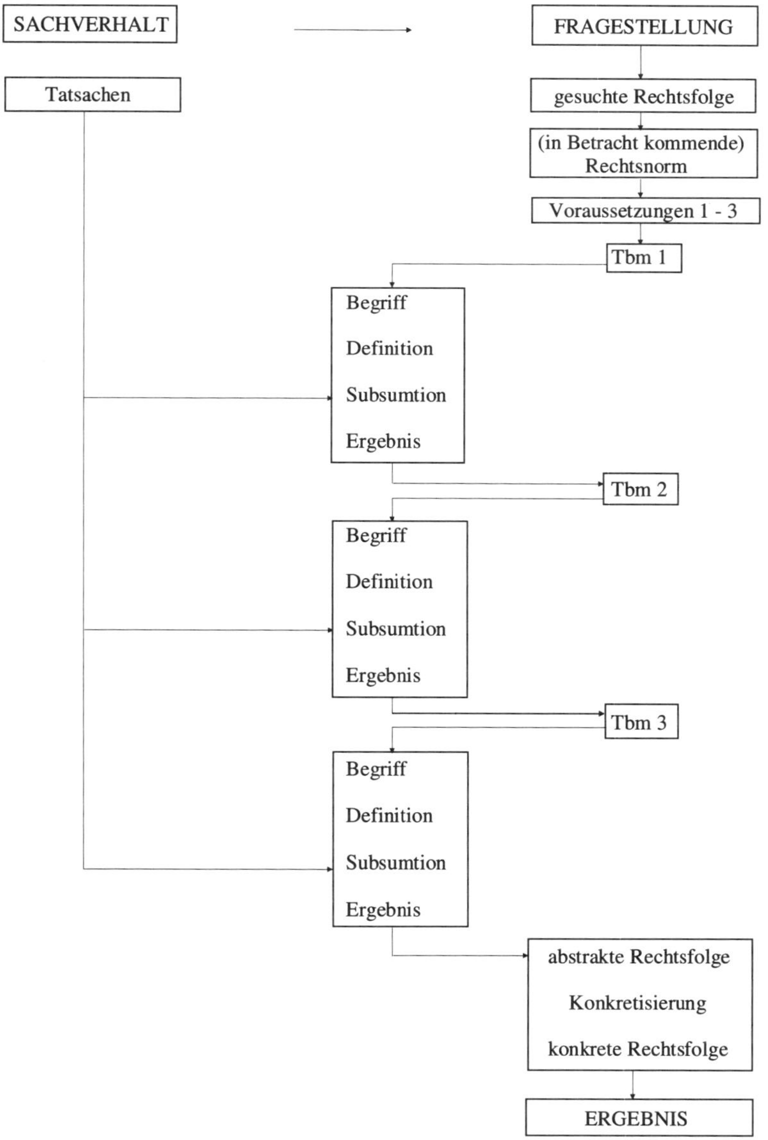
SACHVERHALT
FRAGESTELLUNG
Tatsachen
gesuchte Rechtsfolge
(in Betracht kommende) Rechtsnorm
Voraussetzungen 1 - 3
Tbm 1
Begriff
Definition
Subsumtion
Ergebnis
Tbm 2
Begriff
Definition
Subsumtion
Ergebnis
Tbm 3
Begriff
Definition
Subsumtion
Ergebnis
abstrakte Rechtsfolge
Konkretisierung
konkrete Rechtsfolge
ERGEBNIS

c Exkurs 1: Auslegung von Gesetzen

Im Gesetz verwendete Begriffe und Tatbestandsmerkmale, deren Inhalt nicht eindeutig ist und für die Definitionsnormen nicht zur Verfügung stehen, bedürfen der Auslegung. Das gleiche gilt, wenn Definitionsnormen vorhanden sind, den vorliegenden Fall aber weder eindeutig umfassen noch ausschließen.

Zahlreiche auslegungsbedürftige Rechtsbegriffe haben im Laufe der Zeit eine allgemein anerkannte feste Kontur erhalten. In diesem Fall können Sie die von Rechtsprechung und Literatur entwickelte Begriffsbestimmung kommentarlos wie eine Legaldefinition heranziehen.

Beispiele:
- Zivilrecht: die "Leistung" im Sinne des § 812 I 1 Alt. 1 BGB
- Strafrecht: die "Wegnahme" im Sinne des § 242 StGB
- Öffentliches Recht: die "öffentliche Sicherheit oder Ordnung" sowie die weiteren unbestimmten Rechtsbegriffe der polizeilichen Generalermächtigung

Werden für die Auslegung unterschiedliche Auffassungen vertreten, können Sie sich der vorfindbaren Deutungsmöglichkeiten bedienen und müssen sich im Regelfall anhand der vertretenen Argumente nur für eine von ihnen entscheiden.

Daß Sie den Inhalt einer Vorschrift ohne Vorgaben ermitteln müssen, ist eher Ausnahme als Regel. Aber auch die Entscheidung für eine von mehreren vertretenen Auslegungsalternativen setzt letztlich die Kenntnis voraus, nach welchen Kriterien und Regeln die Auslegung mehrdeutiger Rechtsbegriffe vorgenommen werden kann.

Die Auslegung von Gesetzen ist zu unterscheiden von der Auslegung von Willenserklärungen und Rechtsgeschäften (§§ 133, 157 BGB), die maßgeblich durch die Feststellung des Willens bestimmt ist, den die Parteien hatten. Die Auslegung gesetzlicher Begriffe ist demgegenüber, schon wegen der Allgemeinverbindlichkeit gesetzlicher Regelungen, stärker an objektiven Kriterien orientiert.

Auslegungskriterien sind primär:

- ❏ der Wortsinn (grammatische Auslegung),
- ❏ der Regelungszusammenhang der Vorschrift (systematische Auslegung),
- ❏ die Entstehungsgeschichte der Vorschrift und historische Bedingungen

anderer Art (historische Auslegung),

- ❏ der Regelungszweck (teleologische Auslegung).

Daneben sind hervorzuheben

- ❏ die der Regelung zugrundeliegenden allgemeinen Rechtsprinzipien und Normen mit Verfassungsrang (verfassungskonforme Auslegung).

Die einzelnen Kriterien schließen sich gegenseitig nicht aus. Vielmehr ergibt sich meist erst aus dem Zusammenspiel mehrerer Kriterien ein sinnvolles und überzeugendes Auslegungsergebnis.

aa grammatische Auslegung

Anknüpfungspunkt der Auslegung ist immer der Wortsinn der Vorschrift. Vom Wortlaut ausgehend wird unter Zugrundelegung

- ❏ des allgemeinen Sprachgebrauchs,
- ❏ der üblichen Bedeutung eines Begriffs innerhalb der rechtlichen oder einer vom Gesetz verwandten sonstigen Fachsprache sowie
- ❏ der speziellen Ausdrucksweise eines Gesetzes

auf die Bedeutung des auszulegenden Begriffs im fraglichen Zusammenhang geschlossen. Dabei verdrängen fachterminologische Bedeutungen, wo sie verwendet werden, den umgangssprachlichen Wortsinn.

Es ist allerdings regelmäßig nicht zu erwarten, daß schon auf dieser Stufe ein eindeutiger Inhalt zu ermitteln ist. Die grammatische Auslegung hat mehr die Funktion einer groben Grenzbestimmung. Mit ihrer Hilfe kann meist nur gesagt werden, was eindeutig unter den Begriff fällt, und ebenso, was eindeutig nicht mehr von ihm umfaßt wird. Aber auch mit einer solchen Aussage kann der Subsumtion im Einzelfall schon geholfen sein. Andernfalls erhält man Anhaltspunkte für eine genauere Inhalts- und Grenzbestimmung mit Hilfe der weiteren Auslegungskriterien. Der Spielraum etwa für Möglichkeiten einer weiteren oder engeren Auslegung eines Begriffs wird abgesteckt.

bb systematische Auslegung

Der zweite Schritt der Auslegung besteht darin, nach dem Zusammenhang zu fragen, in dem die auszulegende Vorschrift steht. Der Inhalt eines Begriffs kann mitbestimmt und abgegrenzt werden durch

- den Rahmen, den die **übrigen Merkmale der Norm** bilden, welcher der auszulegende Begriff zugehört;

- den Rahmen, den die **übrigen Vorschriften desselben Abschnitts oder des gesamten Gesetzes** stecken;

  Zu stellen ist insoweit die Frage, ob aus der Position der auszulegenden Norm in dem Beziehungsgefüge der sie umgebenden Vorschriften oder aus dem Inhalt von Regelungen, die mit der auszulegenden in Beziehung stehen, Schlußfolgerungen auf ihre Interpretation zu ziehen sind, ggf. welche. Von Bedeutung ist z.B., ob eine Norm im Kontext gesehen Regel- oder Ausnahmecharakter hat, ob sie im allgemeinen Teil des Gesetzes oder in einem speziellen Abschnitt steht. Die äußere Systematik des Gesetzes, ablesbar auch an den Überschriften der verschiedenen Abschnitte, kann Hinweise für die inhaltliche Abgrenzung der enthaltenen Regeln geben.

- die einschlägigen höherrangigen Normen (z.B. Grundrechte):

- sowie durch **allgemeine Regeln und Prinzipien**, die der gesamten Rechtsordnung oder dem jeweiligen Rechtsgebiet zugrunde liegen.

Aus dem Prinzip der Einheit der Rechtsordnung folgt, daß bei einer Auslegung der von ihr verwendeten Begriffe Widersprüche zu vermeiden sind.

Auch die systematische Auslegung hat in der Regel keine zwingende positive Inhaltsbestimmung zum Ergebnis, liefert häufig aber Argumente zur Stützung oder Ablehnung einer bestimmten, anders gefundenen Auslegungshypothese.

Einige **Regeln** lassen sich benennen:

- Ist der Abschnitt des Gesetzes, dem die auszulegende Vorschrift angehört, durch eine **Überschrift** eingegrenzt, so gilt diese Eingrenzung auch für die einzelne Norm.

  § 847 BGB (Schmerzensgeld) z.B. gilt infolge seines systematischen Standortes nur für Schadensersatzansprüche aus unerlaubten Handlungen, nicht aber für vertragliche Schadensersatzansprüche.

- Die Verwendung von **gleichen Begriffen und Regelungen** an verschiedenen Stellen des Gesetzes bedeutet im Zweifel, daß die Begriffe und

Regelungen übereinstimmen. Dies ist aber nicht zwingend. Abweichungen können sich aus dem jeweiligen konkreten Zusammenhang der verglichenen Vorschriften ergeben.

Der Begriff des Eigentums etwa ist bei Art. 14 GG weiter als der des BGB (und umfaßt auch bestimmte öffentlich-rechtliche Rechtspositionen).

- Die Verwendung von **abweichenden Begriffen und/oder Regelungen** an verschiedenen Stellen des Gesetzes bedeutet im Zweifel, daß die auszulegende Vorschrift auch bei ähnlicher Interessenkonstellation anders auszulegen ist. Auch dies gilt aber nur, wenn es keine entgegenstehenden Auslegungsgesichtspunkte anderer Art gibt.

§ 306 BGB beispielsweise, der die anfängliche Unmöglichkeit einer Leistung betrifft, gilt, anders als § 275, nicht für das anfängliche Unvermögen. Grund: eine Gleichstellung wie in § 275 II BGB fehlt.

cc historische Auslegung

Aus der Entstehungsgeschichte eines Gesetzes (vom Entwurf über das Beratungsverfahren bis zur schließlich mit Mehrheit verabschiedeten Fassung) sowie aus dem rechtlichen und gesellschaftlichen Umfeld eines Gesetzes zur Zeit seiner Entstehung (Welche Vorschriften löste es ab? Wie waren die wirtschaftlichen, sozialen und politischen Rahmenbedingungen, die zur Gesetzesreform führten, oder die zur Regelung einer neuen Rechtsmaterie beitrugen?) kann sich ergeben, **welchen Inhalt der Gesetzgeber** (d.h. die am Gesetzgebungsverfahren beteiligten Organe, Gruppen und Personen) **der Vorschrift hat geben wollen**. Dabei ist freilich zu beachten, daß der subjektive Wille des historischen Gesetzgebers, wo er überhaupt eindeutig festzustellen ist, für die Auslegung eines Begriffs **allein nicht maßgeblich** sein kann. Es ist möglich, daß der Gesetzgeber zur Zeit der Entstehung des Gesetzes vorhandene und der Zweckbestimmung und Interpretation einer Vorschrift zugrundegelegte Umstände nicht zutreffend oder nicht interessengerecht eingeschätzt hat. Die Veränderung der gesellschaftlichen Realität in wirtschaftlicher, technischer, sozialer und politischer Hinsicht hat er darüber hinaus naturgemäß gar nicht einbeziehen können.

Um die Fortentwicklung des Rechts als Reaktion auf die ihm zugrundeliegende und sich verändernde Wirklichkeit gewährleisten zu können, kommt der Entstehungsgeschichte eines Gesetzes daher nur insofern Bedeutung zu, als sie die

Richtigkeit einer nach den übrigen Kriterien gewonnenen Auslegung bestätigt oder verbleibende Zweifel ausräumen kann. Je älter das Gesetz ist, desto weniger Gewicht ist dem Ergebnis der historischen Auslegung dabei grundsätzlich beizumessen.

Hilfsmittel der historischen Auslegung können die dem Gesetzentwurf beigefügte Begründung sowie die in Protokollen dokumentierten Diskussionen in den parlamentarischen Fachausschüssen und im Plenum sein. Fundstellen sind

❑ beim BGB:
  - Mugdan, Die gesamten Materialien zum Bürgerlichen Gesetzbuch, 5 Bände, 1899
  - Jacobs/Schubert, Die Beratung des Bürgerlichen Gesetzbuchs in systematischer Zusammenstellung der unveröffentlichten Quellen, 1978 ff
  - Staudinger–Coing, BGB, 12. Aufl., 1980, Einleitung

❑ beim StGB:
  Schönke/Schröder–Eser, StGB, 24. Aufl., 1991, Einführung

❑ beim GG:
  - Parlamentarischer Rat, Stenografischer Bericht über die Plenarsitzungen, 1948/49
  - Wernicke/Booms (Hrsg.), Der parlamentarische Rat 1948–1949, Akten und Protokolle, 1975 ff
  - Bonner Kommentar zum Grundgesetz (Einzelhinweise vor jedem Artikel)

❑ bei anderen Gesetzen:
  - Bundestags–Drucksachen und –Plenarprotokolle
  - Bundesrats–Drucksachen und –Plenarprotokolle

dd teleologische Auslegung

Rechtsnormen haben immer eine bestimmte Funktion. Sie dienen vor allem dazu, Interessenkonflikte zu regeln. Die teleologische Auslegung geht davon aus, daß jede Norm einen Zweck verfolgt, der sich aus der zugrundeliegenden Interessenkonstellation und ihrer Bewertung durch den Gesetzgeber ergibt. Sie fragt nach dem Regelungszweck, der "ratio legis" eines Gesetzes, und versucht von diesem auf den Inhalt des auszulegenden Begriffs zu schließen.

Die teleologische Auslegung ist die **wichtigste Auslegungsmethode**, da sich der positive Inhalt einer Vorschrift bezogen auf die gegenwärtige gesellschaftliche Realität am sinnvollsten von ihrem Zweck her erschließen läßt. Allerdings ist das leichter gesagt als im Einzelfall getan.

❏ Zunächst ist der Zweck einer Norm zu bestimmen. Dieser kann im Gesetz ausdrücklich bestimmt sein (z.B. § 1 BImSchG, § 1 BNatSchG).

  Soweit dies (wie meist) nicht der Fall ist, muß die der Vorschrift bzw. dem Gesetz **zugrundeliegende Interessenkonstellation** bestimmt werden. Das Gesetz ist auf die ihm zugrundeliegende gesellschaftliche Realität zu befragen und die Interessen der von dem Gesetz betroffenen sozialen Gruppen und Individuen zu ermitteln.

  Anschließend ist festzustellen, **wie das Gesetz diese Interessen bewertet** und welches die dafür maßgeblichen Gründe sind; wie die verschiedenen, auch gegensätzlichen Interessen zum Ausgleich gebracht werden oder welchen Interessen aus welchen Gründen ein Vorrang eingeräumt wird. Anhaltspunkte dafür liefert die spezifische Verknüpfung von Tatbestandsvoraussetzungen und Rechtsfolge bei der auszulegenden wie den übrigen Normen des Regelungszusammenhangs. Auch allgemeine oder rechtsgebietsspezifische Rechtsgrundsätze (z.B. Verantwortlichkeit für schuldhaftes Verhalten, Vertrauensschutz, Verhältnismäßigkeit von Zweck und Mittel, Rechtssicherheit) sind zu berücksichtigen.

  Beispiel für eine solche Analyse:
  Bei der Frage des Eigentumserwerbs vom Nichtberechtigten (§§ 932 ff BGB) stehen sich das Erwerbsinteresse des Käufers und das Bestandsinteresse des tatsächlichen Eigentümers gegenüber. § 932 I BGB läßt sich entnehmen, daß bei Gutgläubigkeit des Käufers grundsätzlich dem Erwerbsinteresse der Vorrang gegeben wird. Dem Bestandsinteresse trägt § 935 BGB Rechnung. Gutgläubiger Erwerb ist nicht möglich, wenn die Sache dem Eigentümer abhanden gekommen ist. Beide Regelungen zusammen schaffen einen Interessenausgleich: der Eigentümer ist schutzbedürftig, wenn er die streitige Sache nicht freiwillig aus der Hand gegeben hat; bei freiwilliger Weggabe hingegen kann ihm zugemutet werden, selbst Vorkehrungen zur Sicherung der Rückgabe zu treffen.

❏ Auf dieser Grundlage ist konkretisierend zu fragen, ob der festgestellte Normzweck auch auf Interessenkonstellationen, wie sie der zu entscheidenden Fall repräsentiert, Anwendung finden kann. Definition und Auslegung sind immer fallbezogen vorzunehmen. Sind die Interessenlagen zumindest

im wesentlichen gleich, d.h. erfordern eventuell feststellbare Besonderheiten keine andere rechtliche Wertung, so hat der auszulegende Begriff einen Inhalt, der die im Sachverhalt vorliegende Interessenkonstellation mit umfaßt und bei der anschließenden Subsumtion erlaubt, das Vorliegen des fraglichen Tatbestandsmerkmals festzustellen. Andernfalls ist die gerade geprüfte Vorschrift auf den Fall nicht anwendbar.

ee verfassungskonforme Auslegung

Aus dem Geltungsvorrang höherrangigen Rechts und dem Prinzip der Einheit der Rechtsordnung folgt, daß eine Auslegung zu vermeiden ist, die die ausgelegte Norm in Widerspruch zu einer höherrangigen Vorschrift bringt und damit ihre Unwirksamkeit herbeiführen würde.

Dies gilt für die Vereinbarkeit von untergesetzlichem mit einfachem Gesetzesrecht, von Landesrecht mit Bundesrecht, ist ausbildungsrelevant vor allem aber für die Vereinbarkeit mit dem Verfassungsrecht.

Die verfassungskonforme Auslegung ist methodisch eigentlich Teil der systematischen Auslegung, soll wegen ihrer besonderen Bedeutung aber hervorgehoben werden. Relevanz erhält die verfassungskonforme Auslegung aus zwei Blickwinkeln heraus:

- Zum einen sind bei der Abwägung mehrerer Möglichkeiten der Auslegung einer Vorschrift systematisch immer auch die den jeweiligen Regelungsbereich betreffenden grundgesetzlichen Normen zu berücksichtigen.

- Zum anderen ist bei der Prüfung der Wirksamkeit einer Norm vor der Feststellung ihrer Verfassungswidrigkeit zunächst zu fragen, ob nicht eine verfassungskonforme Auslegung möglich ist. Diese darf sich allerdings nicht in Widerspruch zum Wortlaut der auszulegenden Norm setzen.

  Beispiel:
  § 14 VersG würde gegen Art. 8 GG verstoßen, wenn die Pflicht zur Anmeldung einer Versammlung 48 Stunden vor ihrem Beginn auch für Spontanversammlungen gelten würde. Daher ist § 14 VersG verfassungskonform so auszulegen, daß er Spontanversammlungen nicht erfaßt.

  Die vorstehenden Ausführungen können nicht mehr als sehr elementare

Hinweise zur Auslegung von Gesetzen geben. Wegen der Bedeutung der Auslegungsmethoden für Ausbildung wie Praxis ist es empfehlenswert, vertiefend in einer Methodenlehre nachzulesen. Genannt seien beispielhaft: Engisch, Karl, Einführung in das Juristische Denken, 8. Aufl., 1983; Larenz, Karl, Methodenlehre der Rechtswissenschaft, 6. Aufl., 1991; Pawlowski, Hans–Martin, Methodenlehre für Juristen, 2. Aufl., 1991; Zippelius, Reinhold, Juristische Methodenlehre, 5. Aufl., 1990.

d Exkurs 2: Analogie und teleologische Reduktion

aa Analogie

- ❑ Wenn Sie bei der Suche nach Rechtsnormen, die Sie der Lösung Ihres Falles insgesamt oder einer der zu beantwortenden Fragen zugrundelegen können, zu dem Ergebnis gelangen, daß es keine unmittelbar anwendbaren Vorschriften gibt;

- ❑ oder wenn Sie bei der Subsumtion, im Zuge der konkretisierenden Auslegung einer zunächst in Betracht genommenen Vorschrift feststellen müssen, daß ihre Voraussetzungen nicht vorliegen, weil die Umstände des Sachverhalts von dem Inhalt der ausgelegten Norm nicht umfaßt werden,

dann müssen Sie die Möglichkeit einer Analogie ins Auge fassen.

Grundlage der Analogie ist das Vorhandensein einer Gesetzeslücke. Ihr Anwendungsbereich beginnt also jenseits der Möglichkeiten der Auslegung.

Gesetzeslücken entstehen z.B., weil im Gesetzgebungsverfahren regelungsbedürftige Fallkonstellationen übersehen oder, etwa aus Gründen politischer Durchsetzbarkeit, bewußt ungeregelt gelassen werden. Sie können aber auch aus der Veränderung der zugrundeliegenden technischen, wirtschaftlichen oder sozialen Realität resultieren. Aktuelles Beispiele für solche Veränderungen, die rechtlichen Entscheidungsbedarf über die Grenzen der vorhandenen Gesetze hinaus herbeiführen, ist die nichteheliche Lebensgemeinschaft.

Unter bestimmten Voraussetzungen lassen sich solche Gesetzeslücken durch Analogie schließen. Der Begriff **Analogie** bezeichnet das Verfahren, bei dem ein im Gesetz nicht geregelter, aber regelungsbedürftiger Fall unter eine Rechtsnorm subsumiert wird, die für andere, ähnlich gelagerte Fälle gilt. Anders herum ausgedrückt: ein Gesetz wird entsprechend auf einen eigentlich nicht subsumierbaren, aber ähnlich gelagerten Fall angewandt.

Grundsätzlich ist die Analogie als Rechtsinstitut wegen des Entscheidungszwangs im gerichtlichen Verfahren zulässig. Eine Ausnahme gilt allerdings im Strafrecht, wo Analogien zuungunsten des Betroffenen gemäß § 1 StGB, Art. 103 II GG verboten sind.

Voraussetzungen der Analogie sind:

- ❏ Vorhandensein einer Regelungslücke

  (Fehlen einer Norm, aufgrund derer die in Betracht kommende Rechtsfolge im konkreten Fall eintritt; s.o.)

- ❏ Planwidrigkeit der Regelungslücke (Regelungsbedürftigkeit)

  Eine Regelungslücke darf nicht durch Analogie geschlossen werden, wenn sich feststellen läßt, daß sie dem Gesetzgeber bewußt war oder gar, daß sie bewußt geschaffen worden ist. Letzteres ist der Fall, wenn sich aus den vorhandenen Vorschriften ergibt, daß diese das betreffende Rechtsgebiet abschließend regeln sollen. Läßt sich umgekehrt annehmen, daß dem Gesetzgeber die Lücke nicht bewußt war, liegt im Zweifel Planwidrigkeit vor. Hat der Gesetzgeber einen Teil des Regelungsbereichs eines Gesetzes bewußt der Rechtsprechung zur Entscheidung überlassen, so steht dies der Planwidrigkeit gleich, da mit einem solchen Verhalten implizit die Regelungsbedürftigkeit anerkannt worden ist.

- ❏ Der Normzweck der entsprechend anzuwendenden Vorschrift läßt sich auf den ungeregelten Fall übertragen, weil die Interessenkonstellationen im geregelten und im ungeregelten Fall im wesentlichen gleichartig sind.

  > Es zeigt sich hier, daß die Analogie im Grunde eine Fortsetzung der Auslegung ist. Der typische Anwendungsbereich der Analogie liegt bei Fällen, wo die teleologische Auslegung wegen wesentlich gleicher Interessenlagen die Rechtfertigung einer gleichen rechtlichen Behandlung ergibt (s.o. c dd), der Wortlaut oder die systematische Stellung einer Vorschrift einer Auslegung aber entgegenstehen, die auch den zu prüfenden Fall einschließen würde.
  > Bei der Prüfung der Voraussetzungen einer Analogie sind daher die bei der Auslegung dargelegten Gesichtspunkte ebenfalls verwendbar.

  Diese Voraussetzung liegt bei gesetzlichen Ausnahme–Tatbeständen nur dann vor, wenn es sich bei dem ungeregelten Fall ebenfalls um einen Ausnahmefall handelt.

Die Analogie kann sich auf eine einzelne gesetzliche Vorschrift, die auf einen ungeregelten Fall übertragen wird, beziehen – dann spricht man von einer **Gesetzesanalogie**. Möglich ist aber auch, aus mehreren Rechtssätzen ein gemeinsames übergeordnetes Prinzip abzuleiten, das auf den ungeregelten Fall dann unmittelbar angewandt wird. In diesem Fall spricht man von **Rechtsanalogie**. Bekannte Beispiele für die Rechtsanalogie sind im Zivilrecht die Haftung aus Positiver Vertragsverletzung sowie culpa in contrahendo.

bb teleologische Reduktion

Die teleologische Reduktion ist das Gegenstück zur Analogie. Während bei der Analogie der zu entscheidende Fall zwar nicht vom Wortlaut einer Vorschrift, aber von deren Normzweck erfaßt wird, fällt bei der teleologischen Reduktion der Fall zwar unter den Wortlaut, wird jedoch durch den Zweck der Norm nicht mit umfaßt.

Durch teleologische Reduktion wird der Anwendungsbereich einer Vorschrift entgegen ihrem Wortlaut eingegrenzt. In Betracht kommt ein solches Verfahren erst dann, wenn wegen des klaren Wortlauts eine beschränkende Auslegung ausscheidet. Die Feststellung des Normzwecks geschieht ähnlich wie bei der teleologischen Auslegung. Eine Abweichung von Wortlaut und Normzweck läßt sich etwa bei einem Redaktionsversehen feststellen.

> Beispiel einer teleologischen Reduktion ist § 181 BGB, der auf die Fälle des Insichgeschäfts, das dem Vertretenen lediglich rechtliche Vorteile bringt, sowie auf die Ein-Mann-GmbH nicht angewandt wird.

e Vollständigkeit der Prüfung

Erweist sich im Rahmen der Prüfung einer bestimmten Vorschrift bei der Einzelsubsumtion, daß die tatsächlichen Voraussetzungen eines der Tatbestandsmerkmale fehlen, ist die Prüfung abzubrechen, das negative Ergebnis festzustellen und zur nächsten zu prüfenden Vorschrift überzugehen. Handelt es sich um eine Antwortnorm, erübrigt sich die Prüfung der entsprechenden Gegennormen. Umgekehrt gilt aber nicht, daß die Prüfung der weiteren in Betracht kommenden Antwortnormen abgebrochen werden kann, wenn eine der durchgeführten Prüfungen positiv verlaufen ist.

Die Prüfung der in Betracht gezogenen Vorschriften ist solange fortzuführen, bis die gestellte Fallfrage beantwortet ist. Daher ist klar, daß, um zu einem negativen Gesamtergebnis zu kommen, alle möglicherweise eingreifenden Antwortnormen durchzuprüfen sind. Bei dem anzufertigenden Gutachten muß dem Leser die Überzeugung vermittelt werden, daß alle rechtlichen Gesichtspunkte ausgeschöpft wurden.

Aber auch wenn eine der durchzuführenden Prüfungen bereits positiv verlaufen ist, ist die Arbeit fortzusetzen und sind sämtliche Normen, aus denen sich die Rechtsfolge ebenfalls ergeben könnte, noch zu prüfen. Der Grund dafür ist, daß Rechtsfolgen auch mehrfach, durch Anwendung verschiedener, sich nicht gegenseitig ausschließender Normen, begründet werden können.

Im Zivilrecht sind grundsätzlich alle Anspruchsgrundlagen zu prüfen, da nicht auszuschließen ist, daß weitere Anspruchsgrundlagen weitergehende Rechtsfolgen im Sinne der Fragestellung erbringen werden, oder daß bei anderen Anspruchsgrundlagen weniger Zweifelsfragen bezüglich der Subsumtion des Sachverhalts verbleiben. Das gleiche gilt für Einwendungen und Einreden. Beachten Sie aber, daß Vollständigkeit der Prüfung nicht unbedingt heißt, daß alle durchgeführten Prüfungen in die Darstellung des Gutachtens mit aufzunehmen sind (dazu siehe unten IV 3).

Im Strafrecht sind immer sämtliche in Betracht kommenden Straftatbestände sowie Rechtfertigungs- und Schuldausschließungsgründe zu untersuchen.

Im Verwaltungsrecht sind bezogen auf eine streitige Verwaltungshandlung oder -entscheidung sämtliche in Betracht kommenden formellen und materiellen Gründe für deren Rechtmäßigkeit bzw. Rechtswidrigkeit einzubeziehen.

Im Verfassungsrecht ist häufiger Fall die Prüfung der Rechtmäßigkeit eines Gesetzes. Sie ist auf alle möglichen formellen und materiellen Verfasssungsverstöße hin zu überprüfen.

f Abweichungen vom gewöhnlichen Prüfungsverlauf

Normalerweise verläuft die Prüfung der für die Lösung in Betracht kommenden Vorschriften **einspurig**. Jede Norm, auf die es für die Beantwortung der Fallfrage ankommt, und jedes Tatbestandsmerkmal werden nacheinander geprüft und über Vorliegen bzw. Nichtvorliegen entschieden. Auf der Grundlage dieser Entscheidung geht man zum nächsten Punkt. Durch dieses Vorgehen wird gewährleistet, daß eine eindeutige Lösung auf einem transparenten Weg zustandekommt.

Grundsätzlich ist es unzulässig, eine im Rahmen des Prüfungsverlaufs zu treffende Subsumtionsentscheidung vorläufig oder endgültig offenzulassen und zurückzustellen oder den Lösungsweg mehrspurig fortzusetzen.

Gelegentlich wird es vorkommen, daß Sie Schwierigkeiten haben, ein bestimmtes Tatbestandsmerkmal zu prüfen – weil Sie einer Subsumtion vorgreifen würden, die erst an späterer Stelle ihres Prüfungsverlaufs vorgesehen ist und dort eigentlich auch besser hinpaßt, oder weil Sie andernfalls die Prüfung des aktuellen Merkmals bis zur Prüfung der anderen Vorschrift zurückstellen müßten. Eine solche Situation sollte Sie veranlassen, Ihre Prüfungsreihenfolge noch einmal zu überdenken und gegebenenfalls umzustellen. Das Zurückstellen von Prüfungspunkten ist nur in ganz wenigen und seltenen Ausnahmefällen richtig und sinnvoll, z.B. wenn einmal unausweichlich schon im Rahmen der Zulässigkeitsprüfung auf die materielle Begründetheit einer Klage eingegangen werden muß.

Wenn hingegen der Sachverhalt lückenhaft ist oder bestimmte seiner Umstände streitig sind, kann es **ausnahmsweise** notwendig werden, den Lösungsweg **mehrspurig** fortzusetzen oder einzelne Prüfungspunkte auch ganz offenzulassen. Sie sollten mit dem Einsatz dieser Auswege generell aber sehr vorsichtig sein. Bevor Sie sich auf einen Weg begeben, der leicht zu Glatteis werden kann,

❑ überlegen Sie vorweg,
- ob Sie die Lücken im Sachverhalt nicht durch Auslegung oder eine Unterstellung schließen können (siehe oben II 1 (d)),
- oder ob Sie die offene oder streitige Tatsache nicht durch Umstellung der Prüfungsreihenfolge umgehen können.

Wenn nach dem offenen ein anderes Tatbestandsmerkmal zu prüfen ist, das aber zu verneinen ist, so kann dessen Prüfung vorgezogen und die Prüfung der Norm danach abgebrochen werden. Das geht natürlich nicht, wenn beide Merkmale in einem Verhältnis logischen Vorrangs stehen. Andernfalls haben Sie die Klippe der Sachverhaltslücke umschifft.

❑ Wenn zwar feststeht, daß das Prüfungsergebnis insgesamt negativ sein wird, eine Umstellung der Prüfungsreihenfolge aber nicht möglich ist, z.B. weil bei einer unerlaubten Handlung die Rechtswidrigkeit nicht vor der Rechtsverletzung geprüft werden kann, die Sachverhaltslücke sich aber auf die Rechtsverletzung bezieht, dann muß und kann die Prüfung des fraglichen Tatbestandsmerkmals unterbleiben und sein Vorliegen **offenbleiben**. Im Ergebnis kommt es unter diesen Voraussetzungen auf das Vorliegen der offenen Tatsache nicht an.

Dies ist im Gutachten entsprechend zu formulieren: Sie prüfen den Tatbestand soweit an, wie es möglich ist, und fahren z.B. fort: "Ob ... läßt sich nach dem Sachverhalt nicht feststellen, kann aber auch offen/dahingestellt bleiben. Jedenfalls liegt ... nicht vor. (...) Damit besteht ein Anspruch ... nicht."

Nicht zulässig ist das Offenlassen bei Sachentscheidungsvoraussetzungen im Verhältnis zur Begründetheit einer Klage. Denn auf die Sache selbst darf nur eingegangen werden, wenn die Zulässigkeit einer Klage positiv festgestellt ist. Nicht zulässig ist es auch im Strafrecht bei der Feststellung des objektiven und subjektiven Tatbestands eines Delikts im Verhältnis zu Rechtswidrigkeit und Schuld.

Im übrigen ist noch einmal vor dem Gebrauch des Offenlassens zu warnen: es ist ein Instrument nur für den Notfall!

❑ Wenn es auf die offene oder streitige Tatsache ankommt, weil ein negatives Prüfungsergebnis nicht ohnehin feststeht, bleibt nur ein **mehrspuriger Lösungsweg**. Das bedeutet, daß die Prüfung auf der Grundlage zweier oder mehrerer Entscheidungsmöglichkeiten für die unklare Tatsache fortgesetzt wird. Häufig wird dann festzustellen sein, daß die alternativ eingeschlagenen Lösungswege trotz der unterschiedlichen Ausgangspunkte wegen anderer Umstände **zum gleichen Ergebnis** kommen. Damit ist klar, daß es auf die offene/streitige Tatsache im Ergebnis nicht ankommt.

Dies ist im Gutachten entsprechend festzustellen; z.B.: "Weiterhin ist erforderlich, daß ... . Ob das der Fall ist, läßt sich nach dem Sachverhalt nicht feststellen. ... . Zu prüfen ist, ob es für das Ergebnis darauf ankommt.
1. Wenn ...(Fortsetzung der Prüfung auf der Grundlage der ersten Möglichkeit für die unklare Tatsache)... . Ergebnis: ... .
2. Wenn ...(Fortsetzung auf der Grundlage der zweiten Tatsachenalternative)... . Ergebnis: ... ebenfalls ... .
Schlußfolgerung: ..."

Wenn der mehrspurige Lösungsweg dagegen **zu verschiedenen Ergebnissen** führt, läßt sich Ihre Fragestellung nur mit einem alternativen Ergebnis beantworten.

Sie bauen im Gutachten den obigen Gedankengang auf und schließen ab: "... . Es ergibt sich demgemäß: unter der Vorausetzung, daß ..., kann A beanspruchen, ... Andernfalls liegt ein Anspruch nicht vor."

In der Praxis wird in solchen Situationen eine Beweisaufnahme durchgeführt bzw., wenn diese nicht möglich ist oder zu keinem klärenden Ergebnis geführt hat, auf der Grundlage einer **Beweislastregel** entschieden. Wenn sich dem

Sachverhalt entnehmen läßt, daß eine Beweisaufnahme nicht möglich wäre, ist im Zivil- und im Verwaltungsrecht eine Beweislastentscheidung (z.B. gemäß § 282 BGB) gegen diejenige Partei zu treffen, die die Beweislast zu tragen hat. Im Strafrecht sind etwaig vorhandene Auffangtatbestände oder eine Wahlfeststellung zu erörtern.

g Lösungsskizze

Das schriftliche Gutachten bereiten Sie sinnvollerweise dadurch vor, daß Sie die mit der Festlegung der Prüfungsreihenfolge erstellte vorläufige Gliederung während der Subsumtion Schritt für Schritt zu einer Lösungsskizze ausbauen. Die Lösungsskizze enthält Gedankengang und Ergebnisse der Subsumtion in Stichworten.

Bei den problematischen Tatbeständen werden die Tatbestandsmerkmale in der gewählten Prüfungsreihenfolge notiert und die dazugehörigen Definitionen, Auslegungsargumente, Sachverhaltsumstände und Subsumtionsergebnisse knapp skizziert. Bei unproblematischen Tatbestandsmerkmalen reicht es aus, das Subsumtionsergebnis durch ein (+) oder (–) zu kennzeichnen.

Auf die gleiche Weise können Sie verfahren, wenn eine Vorschrift insgesamt keine Subsumtionsprobleme macht. Hier genügt es, das (+) oder (–) durch die entscheidenden Argumente für das Eingreifen oder Nichteingreifen zu ergänzen.

Je unproblematischer eine Vorschrift oder ein Tatbestandsmerkmal ist, desto knapper wird es behandelt. Auf diese Weise erhalten Sie eine übersichtliche und die Problemschwerpunkte hervorhebende Darstellung des Lösungswegs. Die Anfertigung des schriftlichen Gutachtens wird dadurch sehr erleichtert. Sie übersehen ohne weiteres, wo Sie sich kurz fassen können und worauf bei der Niederschrift Gewicht zu legen ist, und haben weniger Schwierigkeiten, die immer knappe Zeit einzuteilen.

h Nochmalige Überprüfung der Lösung

Nach Abschluß der Subsumtion steht die zu treffende Entscheidung fest und Sie können das Gesamtergebnis, die Antwort auf die Fallfrage, formulieren. Bevor Sie das Gutachten niederschreiben, sollten Sie sich der Richtigkeit und Vollständigkeit Ihrer Lösung aber noch einmal vergewissern. In diesem Stadium lassen sich übersehene Gesichtspunkte und Fehler leichter in die Lösung einbauen bzw. korrigieren.

Deshalb:

- ❑ Gehen Sie den **Sachverhalt** noch einmal sorgfältig auf die Frage hin durch, wieweit Sie ihn **ausgeschöpft** haben. Eine Lösung, bei der viele Sachverhaltsangaben nicht verwertet werden, sollte nachdenklich stimmen. Überprüfen Sie in diesem Fall, ob es nicht einen Lösungsweg gibt, der den Sachverhalt stärker ausschöpft.

- ❑ Sehen Sie den **Merkzettel**, auf dem Sie Ihre spontanen Einfälle gesammelt haben, noch einmal daraufhin durch, ob Sie alle Gesichtspunkte und Argumente, die sich als relevant erwiesen und deshalb nicht wieder durchgestrichen wurden, verwertet haben.

- ❑ Überdenken Sie Ihr **Ergebnis** noch einmal unter dem Gesichtspunkt, ob es Ihnen auch unabhängig von der formalen rechtlichen Prüfung "gerecht", jedenfalls **interessengerecht und den Umständen des zu entscheidenden Falls angemessen** erscheint. Wenn Sie den Fall ohne das juristische Rüstzeug anders entschieden hätten oder jedenfalls Vorbehalte gegenüber dem gefundenen Ergebnis verspüren, sollten Sie den Lösungsweg noch einmal nachgehen und sich fragen, ob die Vorbehalte auch in rechtlicher Hinsicht Zweifel an Ihrer Lösung begründen können.

Zur "Richtigkeit" der gefundenen Lösung ist noch eine weitere Bemerkung angebracht. Selbstverständlich sollten Ihnen bei dem Bemühen, einen vorgelegten Fall zu lösen, Fehler weder bei der Erfassung des Sachverhalts und dem Herausarbeiten der Fragestellung noch bei der Anwendung der einschlägigen rechtlichen Vorschriften unterlaufen. Wenn Sie Sachverhaltsumstände übersehen oder bei der rechtlichen Prüfung einen Begriff mit anderem Inhalt zugrundelegen, als er ihn nach allgemeiner Auffassung hat, dann wird das Ergebnis, zu dem Sie gelangen, entweder falsch sein oder jedenfalls auf einem falschen Gedankengang beruhen. Das gleiche gilt, um ein weiteres Beispiel zu geben, wenn Sie aus § 459 I BGB einen Schadensersatzanspruch herleiten oder die Strafbarkeit der versuchten einfachen Körperverletzung feststellen würden.

Das insoweit zwangsläufige Bemühen um ein methodisch korrektes Vorgehen und richtige Anwendung der rechtlichen Vorschriften darf aber nicht zu dem Irrtum verleiten, es gäbe in jedem Fall die eine, ausschließlich richtige Lösung. Folge dessen wäre nur, daß Ihr Kopf für die eigentlich fallentscheidende Denkarbeit blockiert wird. In aller Regel werden Ihnen Fälle vorgelegt, die

Zweifelsfragen beinhalten und deren zentrale Problemstellungen sich auf verschiedene Weise beantworten lassen; beispielsweise weil es für einen entscheidungsrelevanten Begriff verschiedene Auslegungsvarianten gibt, die in Rechtsprechung und Literatur vertreten werden, ohne daß der Meinungsstreit schon ausgetragen wäre.

Soweit dies der Fall ist, können Sie mit guten Gründen zu verschiedenen Ergebnissen kommen. Ihre Aufgabe kann dann nicht darin bestehen, das ausschließlich richtige, sondern ein vertretbares Ergebnis zu finden. Generell ist die Methodik des Vorgehens und eine fundierte Argumentation auf dem Weg zur schließlich getroffenen Entscheidung für die Bewertung Ihrer Arbeit zumindest ebenso wichtig wie das eigentliche Ergebnis.

Dies zu wissen entlastet nicht von dem Erfordernis, sich auf examensrelevante Klausuren und Hausarbeiten gut vorzubereiten. Aber es kann dazu beitragen, daß Sie in der Prüfungssituation selbst bei aller Hektik, die wohl insgesamt nur schwer vermeidbar ist, einen klaren Kopf behalten. Die Erkenntnis, daß es meist mehrere vertretbare Lösungen gibt, sollte helfen, die notwendige Entscheidung für ein bestimmtes Ergebnis nach einer Vergewisserung des Lösungswegs und einem nochmaligen Überprüfen der Argumente für die zentralen Weichenstellungen so rechtzeitig zu treffen, daß das anzufertigende Gutachten auch noch vollständig schriftlich fixiert werden kann.

IV Anfertigung des Gutachtens

Die Form, in der Sie Fallbearbeitungen schriftlich niederzulegen haben, wechselt im Laufe der Ausbildung. An der Universität und im 1. Staatsexamen wird in aller Regel die Anfertigung eines Gutachtens verlangt. In der anschließenden Referendarausbildung steht demgegenüber die Anfertigung von Urteilen und anderen Formen rechtlicher Entscheidungen im Vordergrund.

Die Art und Weise, in der in einem juristischen Gutachten die gestellte Frage beantwortet, d.h. die Lösung des Falles dargestellt wird, unterscheidet sich diametral von der Darstellungsweise in einem gerichtlichen Urteil. Gutachten und Urteil haben unterschiedliche Funktionen. Die Arbeitsform des Gutachtens soll in der Praxis die Entscheidung über einen Fall vorbereiten. Das bedingt, von der Fragestellung, die der Sachverhalt enthält, auszugehen und durch schrittweise rechtliche Prüfung einen Entscheidungsvorschlag zu entwickeln. Demgegenüber hat das Urteil die Funktion, ein schon gefundenes Ergebnis, die Entscheidung, bekanntzugeben und zu begründen. Das gleiche gilt für gerichtliche Beschlüsse sowie für Verwaltungsakte und Widerspruchsbescheide. Das Urteil geht daher umgekehrt vom Gesamtergebnis der rechtlichen Prüfung aus und stellt anschließend die die Entscheidung begründenden Gedankengänge dar. Den Betroffenen interessiert primär die Entscheidung, und erst in zweiter Linie deren Begründung. Gutachten und Urteil unterscheiden sich also nicht im Inhalt, wohl aber im Aufbau des Gedankengangs und als Folge dessen auch in den sprachlichen Formen.

1 Kleiner Exkurs: Aufbau und sprachliche Form beim Urteil ("Urteilsstil")

Der Gedankengang beim Urteil kommt, da er das Ergebnis der rechtlichen Prüfung voranstellt, mit **drei Schritten** aus:

1 Mitteilung des die Fragestellung beantwortenden Ergebnisses (Rechtsfolge)

2 Benennung der Rechtsnorm, aus der die Rechtsfolge abgeleitet wird, und ihrer Voraussetzungen

3 Subsumtion

Die Schritte 2 und 3 enthalten die Begründung für die Entscheidung in 1.

Folge dieses Aufbaus ist, daß das Urteil durchweg bestimmte Feststellungen trifft. Im Urteil gibt es daher keinen Konjunktiv.

Ergebnis und Begründung(en) werden beim Urteil typischerweise durch das Wort "denn" verbunden. In den Begründungszusammenhang des Urteils, daran läßt sich die Richtigkeit des gedanklichen Aufbaus kontrollieren, darf kein "also" oder "folglich" hineinzulesen sein. Jeder neue Satz muß sich grundsätzlich mit "denn" beginnen lassen – auch wenn man die häufige Verwendung dieses Wortes aus sprachlichen Gründen tunlichst vermeidet.

2 Aufbau und sprachliche Form des Gutachtens ("Gutachtenstil")

Der Aufbau des Gutachtens folgt grundsätzlich dem Vorgehen der rechtlichen Prüfung bei der vorausgegangenen Lösung des Falles. Das ist auch nicht weiter erstaunlich, denn das Gutachten ist ja nichts anderes als die für einen Leser oder Zuhörer aufbereitete Form der Darstellung Ihres Wegs zu der zu treffenden Entscheidung. Der Gedankengang besteht entsprechend aus **vier Schritten** (vgl. oben S. 7, Schritte 2 – 5).

Die vier Schritte im Vergleich:

	Rechtliche Prüfung	**Gutachten**
1	Fragestellung	Hypothese (mögliche Antwort auf die Fragestellung)
2	Untersuchungsprogramm	Untersuchungsprogramm
3	Subsumtion	Subsumtion
4	Feststellung des Ergebnisses	Feststellung des Ergebnisses

Besonders ist also zunächst nur, daß die Darstellung jeweils explizit mit einer Hypothese beginnt, die eine Antwort auf die zu untersuchende Fragestellung als mögliches Ergebnis voranstellt.

❑ Hypothese

Die vorangestellte Hypothese ist bis zur Feststellung des Ergebnisses im 4. Schritt nur ein **mögliches Ergebnis**. Dies muß durch eine entsprechende sprachliche Formulierung zum Ausdruck gebracht werden. Typischerweise geschieht das durch Verwendung des Konjunktivs, d.h. durch Verwendung des Wortes "... könnte ...".

"B könnte gegen C einen Anspruch auf Herausgabe des Motorrades haben." (als Beispiel wird im folgenden der Fall aus Kap. III 3 b (S. 41) wieder aufgenommen)

Der hypothetische Charakter der Aussage kann aber auch durch Verwendung des Indikativs deutlich gemacht werden: "... kann ...", "In Betracht kommt ...", "Möglicherweise ...", "Fraglich ist, ob ...", etc.

❑ Untersuchungsprogramm

Als nächster Schritt wird das Untersuchungsprogramm vorgestellt, das aus den anwendbaren Rechtsnormen und deren Voraussetzungen besteht.

"Als Anspruchsgrundlage kommt § 985 BGB in Betracht. Dann müßte B Eigentümer und C Besitzer des Motorrades sein, ohne daß C ein Recht zum Besitz gemäß § 986 BGB hat."

Die **anzuwendende Vorschrift** wird grundsätzlich nur benannt, nicht im Wortlaut wiedergegeben. Sie steht im Gesetz und kann vom Leser nachgeschlagen werden. Die Vorschrift ist aber so genau wie möglich zu bezeichnen. Da § 812 BGB mehrere Anspruchsgrundlagen enthält, nennen Sie als Grundlage für einen Anspruch aus Leistungskondiktion: § 812 I 1 Alt. 1 BGB. Das ist die übliche Kurzfassung für: § 812 Absatz 1 Satz 1 Alternative 1 BGB. Bei Paragraphenketten wird die Vorschrift, die die fragliche Rechtsfolge enthält, an den Anfang gestellt – z.B. bei einem Anspruch auf Rückgewähr wegen Wandlung eines Kaufvertrags: §§ 346 S. 1, 467, 465, 462, 459 I BGB.

Meist ergeben sich die Voraussetzungen, die vorliegen müssen, damit die gesuchte Rechtfolge eintritt, nicht unmittelbar aus dem Gesetz, etwa weil mehrere Normen ineinandergreifen oder weil eine Auslegung erforderlich ist. In diesem Fall werden im Anschluß an die Benennung der zu prüfenden Vorschrift die **zu erfüllenden Voraussetzungen** dargelegt sowie gegebenenfalls definiert und ausgelegt.

❑ Subsumtion

Anschließend wird das Vorliegen der aufgezeigten Voraussetzungen im Sachverhalt geprüft.

❑ Feststellung des Ergebnisses

Der 4. Schritt zieht die Schlußfolgerung aus der Überprüfung der Hypothese. Die Feststellung des Ergebnisses ist dementsprechend so zu formulieren, daß das Wort "also" hineingelesen werden kann. Tatsächlich können natürlich, schon um sprachliche Eintönigkeit zu vermeiden, auch sinngleiche Worte (z.B. "folglich", "somit", "demnach", "demgemäß") oder Formulierungen ("aus diesem Grunde") verwendet werden.

Diese 4 Schritte stellen die **grundlegende Figur** für den Aufbau des Gedankengangs im Gutachten dar. Sie sind aber **kein Muster oder Aufbauschema** für das Gutachten selbst:

- ❑ Zum einen erfordert die Lösung eines Falles, auch des einfachsten, mehr als die genannten 4 Denkschritte. Immer sind mehrere Voraussetzungen, meist mehrere Normen, häufig ineinander verschachtelt, zu prüfen. Dann sind eine ganze Reihe von einzelnen rechtlichen Prüfungen vorzunehmen und im Gutachten entsprechend viele Teil–Gutachten zu formulieren, die jeweils mit einer Hypothese beginnen und mit der Feststellung des Teil–Ergebnisses enden.

  Die Struktur des Gutachtens sieht also so aus, daß es mit einer **Gesamt–Hypothese** beginnt, sich dann in eine Vielzahl von **Teil–Gutachten** verzweigt, die in der Feststellung des **Gesamt–Ergebnisses** wieder zusammenlaufen. Die Reihenfolge der Darstellung entspricht dabei der, in der sich die vorangegangene rechtliche Prüfung vollzogen hat.

- ❑ Weiterhin ist es im Sinne einer zweckmäßigen und leicht lesbaren sprachlichen Darstellung nicht sinnvoll, die 4 Schritte des Gutachtenaufbaus immer zu trennen.

  - ❑ So bietet es sich meist an, **Schritt 1 und 2 zusammenzuziehen**.

    "B könnte gegen C einen Anspruch auf Herausgabe aus § 985 BGB haben."

  - ❑ Bei vielen, insbesondere komplizierten Tatbeständen ist es unzweckmäßig, der Subsumtion die Formulierung aller zu erfüllenden Voraussetzungen samt dazugehöriger Definitionen und Ausführungen zur Auslegung insgesamt voranzustellen. Die Darstellung würde unübersichtlich und schlecht lesbar. Statt dessen werden nach Benennung der zu prüfenden Norm Schritt für Schritt die einzelnen Voraussetzungen jeweils kurz benannt, gegebenenfalls definiert und ausgelegt, und dann gleich die Subsumtion vorgenommen. **Schritt 2 und 3** werden also **zusammengezogen** und in einzelne Teilschritte, die jeweils eine der Tatbestandsvoraussetzungen zum Gegenstand haben, aufgegliedert.

- ❑ Schließlich ist es unzweckmäßig, den Gutachtenaufbau auch **bei unproble-**

matischen Punkten einzuhalten. Alle Tatbestandsmerkmale, die unproblematisch vorliegen, jedoch nicht unerwähnt bleiben können, werden im kürzeren Urteilsstil dargestellt. Jede Fallösung verwendet grundsätzlich den Gutachtenaufbau, ist bei unproblematischen Punkten aber mit Urteilsstil durchsetzt. Bei der Formulierung des Gutachtens müssen Sie die Wahl des jeweiligen gedanklichen Aufbaus daher anfangs sorgfältig bedenken.

Beachten Sie aber, daß die Verkürzung der Darstellung durch die Verwendung des Urteilsstils nicht soweit gehen darf, daß Sie das Vorliegen eines Tatbestandsmerkmals schlicht feststellen. Grundsätzlich ist jedes Subsumtionsergebnis, zumindest ganz knapp, zu begründen. Nur bei Selbstverständlichkeiten, etwa wenn eine Begründung banal klingen würde und daher überflüssig erscheint, reicht es aus, das Ergebnis festzustellen und die gesetzliche Vorschrift anzugeben, aus der es sich ergibt.

Abschließend sollen die genannten Grundsätze noch einmal anhand einer Prüfung des Herausgabeanspruchs gemäß § 985 BGB in dem oben (III 3 b, S. 41) verwendeten Beispiel veranschaulicht werden.

GUTACHTEN	ERLÄUTERUNG
B könnte gegen C einen Anspruch auf Herausgabe des Motorrades aus § 985 BGB haben.	Schritte 1 und 2 (Hypothese und Benennung der Antwortnorm)
Ein Motorrad ist gemäß § 90 BGB eine Sache.	Erste Voraussetzung (Schritte 2 und 3): Urteilsstil, da unproblematisch
B müßte Eigentümer des Rades sein. Das Eigentum kann er von A gemäß § 929 I 1 BGB durch Übergabe und Einigung über den Eigentumsübergang erworben haben. A besaß ursprünglich das Eigentum an dem Motorrad. Er hat es B in Vollzug eines zuvor zwischen ihnen geschlossenen Kaufvertrags, daher mit dem Willen zur Übereignung, übergeben. B ist Eigentümer des Rades.	Zweite Voraussetzung (Schritte 2 und 3): Gutachtenstil
C ist gemäß § 854 I BGB Besitzer des Motorrades, da er es nach wie vor in seiner Gewalt hat.	Dritte Voraussetzung (Schritte 2 und 3): wieder Urteilsstil
Dem Anspruch könnte § 986 I 1 BGB entgegenstehen. Dann müßte C ein Recht zum Besitz des Motorrades haben.	Gegennorm (rechtshindernde Einwendung): Beginn eines Teil–Gutachtens mit Schritt 1 und 2
Das Recht zum Besitz könnte sich aus einem Leihvertrag ergeben, § 598 BGB. B hat C das Rad einvernehmlich zum unentgeltlichen Gebrauch überlassen. Ein Leihvertrag besteht.	Erste Voraussetzung (Schritte 2 und 3): Gutachtenstil
Das sich aus dem Leihvertrag ergebende Recht zum Besitz darf nicht weggefallen sein. C könnte gemäß § 604 I BGB infolge Ablaufs der Leihzeit zur Rückgabe verpflichtet sein. B und C haben vereinbart, daß C das Rad nur bis zur Rückkehr von B aus dem Urlaub nutzen können	Zweite Voraussetzung (Schritte 2 und 3): Gutachtenstil

soll. Diese Zeit ist abgelaufen, C zur Rückgabe danach verpflichtet.	
C hat demgemäß kein Recht zum Besitz des Motorrades mehr.	Ergebnis Teil–Gutachten (Schritt 4)
Er muß es an B herausgeben.	Ergebnis Gesamt–Gutachten (Schritt 4)
URTEIL	ERLÄUTERUNG
B kann von C die Herausgabe des Motorrades gemäß § 985 BGB verlangen .	Gesamt–Ergebnis und Benennung der Antwortnorm (Schritte 1 und 2)
Ein Motorrad ist gemäß § 90 BGB eine Sache im Sinne des § 985 BGB.	Erste Voraussetzung (Schritte 2 und 3)
B ist Eigentümer des Motorrades. Er hat das Eigentum von A, der es ursprünglich besaß, durch Einigung und Übergabe erworben, § 929 I 1 BGB. A hat das Motorrad in Vollziehung eines zuvor zwischen ihnen geschlossenen Kaufvertrags, d.h. mit dem Willen zur Übereignung, an B übergeben.	Zweite Voraussetzung (Schritte 2 und 3)
C ist gemäß § 854 I BGB Besitzer. Er hat das Motorrad noch in seiner Gewalt.	Dritte Voraussetzung (Schritte 2 und 3)
C hat auch kein Recht zum Besitz im Sinne des § 986 BGB.	Teil–Ergebnis und Benennung Gegennorm (Schritte 1 und 2)
Infolge eines mit B geschlossenen Leihvertrags besaß C zwar bis zur Rückkehr von B aus dessen Urlaub ein Recht zum Besitz (§ 598 BGB). B hatte C das Rad nach ihrer Vereinbarung für die Zeit seines Urlaubs unentgeltlich zum Gebrauch überlassen.	Erste Voraussetzung (Schritte 2 und 3)
Das Besitzrecht ist aber wieder entfallen. Da B aus dem Urlaub zurückgekehrt ist, ist C gemäß § 604 I BGB zur Rückgabe des Motorrades verpflichtet.	Zweite Voraussetzung (Schritte 2 und 3)

3 Vollständigkeit und Notwendigkeitsmaxime

Die Perspektive, aus der Korrektoren Ihre Gutachten lesen, ist gnadenlos. Wird einerseits erwartet, daß die Fallösung vollständig ist, so können Sie andererseits sicher sein, daß zugleich unter dem Blickwinkel gelesen wird: "**Was überflüssig ist, ist falsch**". Gefragt ist die Beherrschung von Gratwanderungen.

Neben dem Grundsatz vollständiger Prüfung (siehe oben III 3 e) gilt das Notwendigkeitsprinzip. Was aber ist notwendig?

Notwendig sind alle Ausführungen, die zu einer vollständigen, schlüssigen, am Gesetz orientierten Beantwortung der Fragestellung eines Falles gehören. Alles andere ist überflüssig.

Damit ist freilich wenig mehr Klarheit gewonnen. Letztlich läßt sich aber auch nur am konkreten Fall bestimmen, was zu seiner Lösung erforderlich ist. Mit der Zeit und zunehmender Beherrschung des Normensystems wie der Technik der Fallbearbeitung steigt auch das Gespür für den schmalen Weg zwischen Unvollständigkeit und Überflüssigkeit. Je aufmerksamer und methodischer Sie auf dem gezeigten Weg an die Lösung Ihrer Fälle herangehen:

- sich zunächst fragen, welche Art von Antwort Sachverhalt und Aufgabensteller von Ihnen erwarten,
- dann die Rechtsgrundlagen zusammenstellen, aus denen sich die angesprochenen Rechtsfolgen ergeben können,
- und diese anschließend systematisch durchprüfen,

desto sicherer können Sie sein, daß Sie nicht gegen die Maxime der Notwendigkeit verstoßen.

Alle Gedanken und Ausführungen, die für eine vollständige Beantwortung der Fragestellung erforderlich sind, sind grundsätzlich notwendig. Seien Sie bei der Überprüfung, was in diesem Sinne erforderlich ist, aber selbstkritisch. So schwer es fallen mag, vieles von dem, was Sie sich im Rahmen der intensiven Einarbeitung in die mit dem Fall verbundenen Rechtsprobleme an Wissen angeeignet haben, wegzulassen oder zu streichen, weil sich letztlich herausstellt, daß es keinen direkten Fallbezug hat – tun Sie es trotzdem. Die Versuchung ist groß, manches nur deshalb zu behandeln, weil sich dadurch mehr von Ihrem Wissen demonstrieren läßt, und tückisch, weil Sie ihr erliegen, ohne es zu merken. Aber Sie handeln sich damit nur die lässig hingeworfene Randbemerkung ein: "überflüssig!".

Einige weitere Hinweise lassen sich geben.

- ❏ Darzustellen ist der grundlegende, das Ergebnis **tragende Gedankengang**:
  - ❏ Prüfung aller Rechtsnormen, die eingreifen (Antwort-, Hilfs- und Gegennormen); bei Rechtsnormen, die nicht eingreifen, wenn das Vorliegen ihrer Voraussetzungen ernsthaft in Betracht kommt.
  - ❏ Setzen Sie Schwerpunkte: fassen Sie weniger problematische oder nebensächliche Prüfungspunkte knapp (deshalb bei diesen Punkten der Urteilsstil), um Raum und Aufmerksamkeit des Lesers für schwierige Subsumtionen oder die fallentscheidenden rechtlichen Streitfragen zu gewinnen.
  - ❏ Lassen Sie einzelne Prüfungspunkte bei der Darstellung im Gutachten ganz weg, wenn sie mangels entsprechender Anhaltspunkte im Sachverhalt für die zu treffende Entscheidung offenkundig keine Rolle spielen; sie lenken vom wesentlichen, an den Problemen des Falles orientierten und auf das Ergebnis hinführenden Gedankengang ab, geben Ihren Ausführungen leicht das Anzeichen schematischen Vorgehens. Dies gilt beispielsweise für Zulässigkeitsvoraussetzungen einer Klage, sofern sich aus dem Sachverhalt Anhaltspunkte für konkrete Bedenken an ihrem Vorliegen nach sorgfältiger Prüfung nicht ergeben haben. Abschließend läßt sich generell allerdings nicht aufzählen, welche Prüfungspunkte Sie bei offensichtlicher Irrelevanz für das Ergebnis im Gutachten gar nicht erwähnen müssen. Es handelt sich hierbei um keine Frage, die sich systematisierend beantworten ließe, sondern ist zum einen fallabhängig, zum anderen natürlich gebunden auch an das, was den Korrektoren im konkreten Fall rechtlich zu prüfen unabdingbar erscheint. Nur Dingen, die der Korrektor lesen kann, sieht er an, daß sie bedacht wurden. Anfangs ist daher zu raten, mit dem Weglassen von Prüfungspunkten im Gutachten im Zweifel vorsichtig umzugehen. Mit der Zeit, und wenn Sie über einen Grundstock an Fallbearbeitungserfahrung und Fingerspitzengefühl verfügen, können Sie dann zu souveräneren Darstellungsweisen übergehen. Problematisch und riskant ist das Weglassen von Prüfungspunkten jedenfalls dort, wo es um den Kernbestand der im Gesetz formulierten und der ungeschriebenen Tatbestandsmerkmale eingreifender Normen geht.
    - Im Zivilrecht: Tatbestandsmerkmale der Anspruchsgrundlagen und Gegennormen

- Im Strafrecht: objektive und subjektive Tatbestandsmerkmale, Rechtswidrigkeit und Schuld (jeweils einschl. besonderer Voraussetzungen der einschlägigen Verwirklichungsform)
- Im Verwaltungsrecht: Zuständigkeits- sowie Voraussetzungen der einschlägigen Ermächtigungsgrundlagen

Bezüglich dieser Punkte empfiehlt es sich, auch wenn sie nach dem Sachverhalt offenkundig vorliegen, zum Nachweis der Vollständigkeit Ihrer rechtlichen Prüfung im Zweifel eine kurze Feststellung zu treffen.

❑ Bei der Prüfung von Tatbeständen, bei denen einige Merkmale vorliegen, eines hingegen nicht, so daß die **Prüfung negativ** ausgeht, stellt sich die Frage, ob die positiv verlaufenen Schritte im Gutachten überhaupt darzustellen sind. Das Ergebnis hängt von ihnen nicht ab, von daher könnte man sie als überflüssig betrachten. Hier ist zu berücksichtigen, daß Aufgabe des Gutachtens ist, dem Leser einen schlüssigen und nachvollziehbaren Weg zur Lösung aufzuzeigen. Dazu gehört auch, daß transparent wird, an welchem Punkt des Weges eine Prüfung abgebrochen wird. Überlegungen sind daher bereits dann notwendig, wenn sie sich aus der Fragestellung und dem daran anschließenden Untersuchungsprogramm (der Prüfungsreihenfolge) rechtfertigen. Prüfungsverläufe mit negativem Ergebnis sind folglich in der als sinnvoll gewählten Reihenfolge bis zu dem Punkt darzustellen, an dem das Nichtvorliegen eines Merkmals festgestellt wird. Danach wird die Prüfung abgebrochen.

Eine Hilfsbegründung, d.h. die Darlegung des Nichtvorliegens noch eines weiteren Tatbestandsmerkmals, ist nur dann notwendig und zulässig, wenn das Ergebnis dadurch an Überzeugungskraft gewinnt. Das ist der Fall, wenn die Begründung bzgl. des ersten verneinten Tatbestandsmerkmals nicht unproblematisch ist, das Nichtvorliegen des weiteren Merkmals dagegen knapp und sicher darzulegen ist (Faustformel: schwaches Haupt- und starkes Hilfsargument).

❑ **Rechtsfragen** – welche Voraussetzungen eine Norm hat, wie diese auszulegen sind, und ob die Norm eingreift – **bedürfen immer der Entscheidung**, so schwierig sie auch zu treffen sein mag.

Dies gilt grundsätzlich auch für die Behandlung rechtlicher Streitfragen im Gutachten. Es gibt nur wenige Ausnahmen.
Eine Ausnahme gilt für Streitfragen, auf die es im Ergebnis nicht ankommt. Jedenfalls wenn der Fall eine Reihe weiterer gewichtiger und für das Ergebnis relevanter Probleme oder Streitfragen enthält, reicht es im Interesse einer richtigen Schwerpunktsetzung aus, einen Meinungsstreit, bei dem die diver-

gierenden Auffassungen im konkreten Fall zum gleichen Ergebnis führen, knapp zu skizzieren und seine Unerheblichkeit für die Entscheidung des Falles festzustellen.
Auch Streitfragen, bei denen es nur um die dogmatische Begründung eines allgemein anerkannten Rechtsgrundsatzes oder -instituts geht, bedürfen keiner Entscheidung im Gutachten.
Eine weitere Ausnahme gilt für Streitfragen, bei denen eine Klärung im Rahmen einer Fallbearbeitung nicht zu erwarten ist, weil es um ungelöste Grundsatzfragen geht – z.B. Handlungsbegriff und Deliktsaufbau im Strafrecht, oder die Abgrenzung des Öffentlichen vom Privatrecht.
Vielmehr können Sie sich im Strafrecht für einen der hauptsächlich vertretenen Ansätze – etwa den finalen oder den kausalen Deliktsaufbau – entscheiden und ihn dem Gutachten kommentarlos zugrundelegen (siehe dazu unten E I 2 a cc (4)).
Die verschiedenen "Theorien" zur Abgrenzung von Öffentlichem und Privatrecht (Subordinationstheorie, modifizierte Subjektstheorie etc.) sind ein Beispiel für Denkansätze, die nach dem gegenwärtigen Stand der Diskussion weniger in einem alternativen als in einem komplementären Verhältnis stehen. Sie haben mehr den Status sich ergänzender Abgrenzungskriterien als den vollständiger Theorien und sind entspechend anzuwenden.

❑ Immer hart am Fall bleiben: **Rechtsbegriffe** sind zum Zweck der Subsumtion nur in der Richtung und **nur so weit** durch Definition oder Auslegung zu **konkretisieren, wie es der Fall erfordert**. Das gleiche gilt für Streitfragen. Diese sind nicht insgesamt, sondern nur so weit darzustellen und zu entscheiden, wie es die Lösung des Falls bedingt.

❑ **Ausführungen zur Methode und zum Aufbau** der Fallösung sind **unzulässig**. Es wird erwartet, daß Ihr Gedankengang "sich selbst erklärt". Wo immer Sie daher die Versuchung oder die Notwendigkeit verspüren, eine Anmerkung zur Vorgehensweise zu machen: unterlassen Sie es und überprüfen Sie stattdessen noch einmal die Folgerichtigkeit Ihres Aufbaus.

4 Hilfsgutachten

Wenn Sie im Gutachten die mit dem Fall gestellte Frage beantwortet haben, dabei aber **wesentliche Teile des Sachverhalts unausgeschöpft** bleiben, wird ein Hilfsgutachten erforderlich.

Der Hauptfall ist, daß sich eine Klage als unzulässig erweist, so daß das Gutachten zur Frage der Begründetheit gar nicht mehr gelangt. Um den Sachverhalt ausschöpfen und auch die materiell–rechtliche Problematik des Falles bearbeiten zu können, bleibt nur, ein hilfsweises Gutach... gebliebenen rechtlichen Fragen anzufügen.

> Das Hilfsgutachten wird dadurch eingeleitet, daß das Tatbestandsmerkm..., wegen dessen Fehlen die Prüfung zunächst beendet worden ist, unterstellt wird. Auf der Grundlage dieser Unterstellung wird die Prüfung dann fortgesetzt und die Begründetheit der Klage untersucht.

Erforderlich kann ein Hilfsgutachten aber auch werden, wenn die Lösung einer rein materiell–rechtlichen Fragestellung einen großen Teil des Sachverhalts unausgeschöpft läßt.

Bevor Sie zu einem Hilfsgutachten greifen, sollten Sie aber den Lösungsweg noch einmal überdenken. Es kommt nicht häufig vor, daß Sachverhalte bewußt so angelegt werden, daß ein Hilfsgutachten erforderlich wird.

5 Sprachstil

Ein paar Bemerkungen zur sprachlichen Darstellung. Die Sprache, in der Juristen Texte verfassen, berührt Laien, die sie zu lesen bekommen, in der Regel seltsam. "Behördensprache" ist noch ein zurückhaltendes Wort für die Verschrobenheit und Unverständlichkeit, die selbst viele Urteile und Bescheide, d.h. Texte, die ausdrücklich für Laien bestimmt sind, kennzeichnet.

Auch Sie werden der Juristensprache aller Voraussicht nach nicht entgehen. Es ist kaum möglich, sich tagaus tagein mit einer Fachsprache zu beschäftigen, ohne daß ihre unangenehmen Seiten abfärben. Ohnehin steckt das hochdifferenzierte und abstrakte System der Rechtsnormen, das den Texten, die Sie zu verfassen haben, zugrundeliegt, einer verständlichen, anschaulichen, sprachlich anspruchsvollen und lebendigen Ausdrucksweise Grenzen. Das ist auch diesem Buch abzulesen.

Dennoch lassen sich mit ein wenig sprachlicher Sensibilität auch juristische Texte so schreiben, daß sie ohne Überwindungskraft gelesen werden können. Das erfordert einige Übung, die Mühe lohnt aber. Nicht zuletzt Ihre Korrektoren werden es Ihnen danken.

Um gut lesbar zu sein, sollen Rechtsgutachten klar, verständlich und anschaulich geschrieben sein, dabei aber knapp, sachlich und rechtlich präzise bleiben. Der Ratschläge, was alles man meiden soll, gibt es viele. Für die sprachliche Gestaltung haben sich insbesondere folgende Hinweise als nützlich erwiesen:

…h gebaute und kurze Sätze.

…nachtelsätze dienen nicht eben der Klarheit und …d lassen sich mit ein wenig Mühe entzerren.

…öglichst im **Aktiv**, nicht im Passiv.

…**Handlungen durch Verben** aus, und vermeiden Sie die …eihung von Substantiven.

❑ **Beginn…** Sie einen Satz gleich **mit der wesentlichen Aussage**, statt sie umständlich einzuleiten oder in einem Nebensatz zu verstecken.

❑ Gebrauchen Sie ein **Fremdwort** nur, wo es keinen gleichwertigen deutschen Ausdruck gibt, oder wo das Fremdwort so verbreitet ist, daß es zum allgemeinen Sprachgebrauch gehört und jedermann verständlich ist.

❑ Verwenden Sie **Fachbegriffe**, wo es geboten ist. Nutzen Sie aber jede Gelegenheit, anstelle eines abstrakten Begriffs einen konkreten, anschaulichen Ausdruck zu wählen (z.B. "das gelieferte Armband" statt der "Leistung" bei § 812 BGB)

❑ **Vermeiden Sie stereotype Wiederholungen** von Begriffen oder Wendungen.

Nicht jeder 3. Satz des Gutachtens muß mit "Es ist zu prüfen ..." anfangen. Variationsmöglichkeiten für die Formulierung der Arbeitshypothese sind oben angedeutet (IV 2); es kann auch "gefragt", "untersucht", "analysiert" werden, um den häufigen Gebrauch des Konjunktivs zu umgehen.

❑ **Unterlassen Sie inhaltsleere, nur scheinbar bekräftigende Ausdrücke** wie "zweifellos", "offensichtlich", "eindeutig", "natürlich", "keinesfalls" oder "abwegig". Sie unterstreichen in der Regel nur, daß der Verfasser Zweifel an der Überzeugungskraft seiner Argumente hat und dies zu überdecken versucht, und verführen zum Verzicht auf eine erforderliche Begründung.

Versuchen Sie, sich für den Sinn dieser Regeln ein wenig zu sensibilisieren. Es wird Ihnen helfen, der Gewöhnung an den Behördenstil Widerstand entgegenzusetzen und Ihren Texten jedenfalls ein Stück Lebendigkeit zu erhalten.

C Hausarbeit und Klausur

I Hausarbeit

Die Hausarbeit unterscheidet sich von der Klausur darin, daß Sie mehr Zeit für die Bearbeitung des Falles haben und Rechtsprechung wie Fachliteratur verwerten können. Dafür enthält der Sachverhalt mehr oder schwierigere rechtliche Probleme. Die für die Hausarbeit spezifische Schwierigkeit liegt darin, in der gegebenen Zeit Kommentare, Gerichtsentscheidungen und sonstige Quellen zur Lösung der Probleme des Falles effektiv zu nutzen und sie auf geeignete Weise im Gutachten auszuwerten.

Zunächst einige Hinweise zu den bei der Anfertigung der Hausarbeit zu beachtenden Formalia.

1 Äußere Gestaltung der Hausarbeit, Formalia

Die im folgenden dargestellten Regeln für die formale Gestaltung der Hausarbeit sind weit verbreitet, werden jedoch nicht überall einheitlich gehandhabt. Wer sichergehen will, erkundige sich vor Ort, wie die Praxis dort ist. Vielfach werden entsprechende Merkblätter herausgegeben.

a Formatierung

Die Arbeit wird auf einseitig zu beschreibenden DIN A4–Blättern angefertigt und geheftet oder gebunden. Maschinenschrift ist nicht verbindlich, erhöht aber die Lesbarkeit und ist jedenfalls zu empfehlen. Die Seiten werden fortlaufend numeriert. Für die Korrektur ist links ein breiter Rand (1/3 der Seite) frei zu lassen. Bei Verwendung einer Schreibmaschine oder eines Computers wird der Text mit 1 1/2–fachem Zeilenabstand geschrieben.

Fußnoten können mit 1–fachem Zeilenabstand geschrieben werden und heben sich dann optisch gut vom Text ab.

b Anordnung

Die Hausarbeit enthält neben dem eigentlichen Gutachten folgende Teile, die in der genannten Reihenfolge angeordnet werden:

1. Titelblatt
2. Abschrift oder Kopie des Aufgabentextes
3. Gliederung
4. Literaturverzeichnis
5. Abkürzungsverzeichnis
6. Gutachten

Üblicherweise werden die Teile 2 – 5 mit römischen (I, II, III, ...), das Gutachten dagegen mit arabischen Ziffern (1, 2, 3, ...) numeriert.

c Titelblatt

Das Titelblatt gestalten Sie etwa wie folgt:

Name
Anschrift
(Semesterzahl)

Übungen im ... für ...

Prof. ...

... Hausarbeit

...semester 19..

d Gliederung

Die Gliederung soll ermöglichen, einen schnellen Überblick über den Aufbau des Gutachtens und die Struktur des Gedankengangs zu gewinnen, sowie dabei die Schwerpunkte der Arbeit kenntlich machen.

Um übersichtlich zu sein, muß die Gliederung knapp formuliert werden. Verwenden Sie keine vollständigen Sätze sondern Stichworte, und vermeiden Sie direkte Fragen.

Die Ausdifferenzierung der Gliederungspunkte kann unterschiedlich weit gehen. Jedenfalls müssen alle geprüften Tatbestände wiedergegeben werden. Wo eine umfangreichere Prüfung erfolgt, empfiehlt es sich, weiter aufzugliedern (Tatbestandsmerkmale; Einzelelemente der formellen oder materiellen Rechtmäßigkeit eines Verwaltungsakts o.ä.). Bei Problemschwerpunkten ist möglicherweise eine noch weitergehende Differenzierung sinnvoll.

Für die Kennzeichnung der Gliederungspunkte stehen zwei formale Systeme zur Verfügung:

- ❑ das alpha–numerische System:

  Teil 1 A I 1 a aa (1) (a) (aa)

- ❑ das Dezimalsystem:

  1 1.1 1.1.1 1.1.1.1

Achten Sie darauf, einen Punkt nur dann weiter zu unterteilen, wenn sich mindestens zwei eigenständige Gesichtspunkte ergeben. Es ergibt keinen Sinn, einen Abschnitt A zu benennen, wenn B nicht folgt.

Bei jedem Gliederungspunkt ist die Zahl der Seite anzugeben, auf der im laufenden Text die dazugehörige Darstellung beginnt. Im Text selbst erscheinen die wichtigsten Gliederungspunkte als Zwischenüberschriften. Bei kurzen Abschnitten auf niedriger Gliederungsstufe oder bei zusammenhängenden Teilen, etwa der Darstellung einer streitigen Rechtsfrage, würden Zwischenüberschriften den Lesefluß hemmen. In diesem Fall stellen Sie den entsprechenden Abschnitten nur die in der Gliederung zugeordneten Buchstaben oder Ziffern voran.

e Literaturverzeichnis

In das Literaturverzeichnis werden sämtliche Kommentare, Lehrbücher, Handbücher, Monographien und Zeitschriftenaufsätze aufgenommen, die Sie für das Gutachten benutzt haben. Nicht verwertete Literatur darf nicht aufgelistet werden. Jede im Literaturverzeichnis enthaltene Schrift muß also mindestens einmal im Text zitiert und mit einer Fußnote belegt worden sein.

Gerichtsentscheidungen werden nicht in das Literaturverzeichnis aufgenommen, wohl aber kommentierende Anmerkungen zu Entscheidungen, die in Zeitschriften oder Entscheidungssammlungen veröffentlicht werden.

Die Schriften sollten alphabetisch nach ihren Verfassern geordnet werden. Die teilweise noch gebräuchliche Gliederung des Literaturverzeichnisses nach Kommentaren, Lehrbüchern, Monographien und Zeitschriftenaufsätzen erschwert eine schnelle Orientierung, insbesondere, wenn ein Text abgekürzt zitiert wird.

Sind mehrere Schriften eines Verfassers in das Verzeichnis aufzunehmen, werden diese nach ihren Erscheinungsdaten geordnet.

Anzugeben ist jeweils

❑ **bei Kommentaren:**

Name der/des Verfasser/s bzw. Herausgeber/s (grundsätzlich mit Name und Vorname, aber ohne Titel o.ä.; ggf. die übliche Namensbezeichnung des Kommentars), Titel, ggf. Band, Auflage, Erscheinungsort und -jahr (der Erscheinungsort wird häufig auch weggelassen, weil er wenig zur Auffindbarkeit des Werks beiträgt)

Beispiele:
- Palandt, Bürgerliches Gesetzbuch, 53. Aufl., München 1994
  (zitiert als: Palandt–Bearbeiter)
- Schönke/Schröder, Strafgesetzbuch, Kommentar, 24. Aufl., München 1991
  (zitiert als: Schönke/Schröder–Bearbeiter)
- Dietel, Alfred/Gintzel, Kurt, Demonstrations- und Versammlungsfreiheit, Kommentar zum Gesetz über Versammlungen und Aufzüge vom 24. Juli 1953, 9. Aufl., Köln u.a., 1989

❑ **bei Lehrbüchern und Monographien:**

Verfasser (grundsätzlich mit Name und Vorname, aber ohne Titel o.ä.; ggf. bei Standardwerken die übliche Namensbezeichnung), Titel, ggf. Band, Auflage, Erscheinungsort und -jahr

Beispiele:
- Medicus, Dieter, Bürgerliches Recht, 16. Aufl., Köln u.a. 1993
- Wessels, Johannes, Strafrecht, Besonderer Teil, Bd. 1, Straftaten gegen

Persönlichkeits- und Gemeinschaftswerte, 17. Aufl., Heidelberg 1993; Bd. 2, Straftaten gegen Vermögenswerte, 16. Aufl., Heidelberg 1993 (zitiert als: Wessels, Strafrecht BT–1 bzw. BT–2)
– Drews/Wacke/Vogel/Martens, Gefahrenabwehr, Allgemeines Polizeirecht (Ordnungsrecht) des Bundes und der Länder, 9. Aufl., Köln u.a. 1986

❑ **bei Dissertationen:**

Verfasser (mit Vorname), Titel, Bezeichnung als Dissertation (Diss.), Ort und Jahr der Promotion

Beispiel:
Bennemann, Jürgen, Fiktionen und Beweislastregelungen in Allgemeinen Geschäftsbedingungen, Diss., Gießen 1987

❑ **bei Zeitschriftenaufsätzen:**

Verfasser (mit Vorname), Titel des Aufsatzes, Fundstelle, d.h.: Titel der Zeitschrift, Erscheinungsjahr (soweit sich dieses nicht mit dem Kalenderjahr deckt: Jahrgangs-Nr., Jahr), Seitenzahl, auf der der Aufsatz beginnt

Beispiel:
Pfarr, Heide/Fuchsloch, Christine, Verfassungsrechtliche Beurteilung von Frauenquoten, in: NJW 1988, 2201

❑ **bei Beiträgen in Sammelwerken (z.B. Festschriften):**

Verfasser (mit Vorname), Titel des Beitrags, Herausgeber und Titel des Gesamtwerks, Erscheinungsort und -jahr, Seitenzahl, auf der der Beitrag beginnt

Beispiel:
Seiter, Hugo, Der Warnstreik im System des Arbeitskampfrechts, in: Gamillscheg, Franz/Hueck, Götz/Wiedemann, Herbert (Hrsg.), 25 Jahre Bundesarbeitsgericht, München 1979, 583

❑ **bei Anmerkungen zu Gerichtsentscheidungen:**

Verfasser (mit Vorname), Kennzeichnung als Anmerkung, Kennzeichnung der Entscheidung, die kommentiert wird (mit Datum und Aktenzeichen), Fundstelle der Anmerkung

Beispiel:
Konzen, Horst, Anmerkung zu BAG Urteil v. 24.4.1988 – 1 AZR 399/86 –, in: JZ 1989, 750

Die Angaben in Klammern (zitiert als: ...) werden bei Kommentaren gemacht, die mehrere Bearbeiter haben, um jedem Zitat den jeweiligen Bearbeiter zuordnen zu können. Und sie werden bei Autoren verwendet, von denen mehrere Schriften zitiert werden, um bei der im Text üblicherweise eingesetzten abgekürzten Zitierweise (siehe dazu unten 2 c) jedes Zitat einwandfrei dem zugehörigen Werk zuordnen zu können.

f Abkürzungsverzeichnis

In das Abkürzungsverzeichnis werden die im Text verwendeten Abkürzungen aufgenommen. Überflüssig ist es aber, Abkürzungen zu erläutern, die als bekannt vorausgesetzt werden können. Dies gilt für gängige Abkürzungen aus der Umgangssprache (z.B., d.h., bzw., s.o., etc.), aber auch für allgemein gebräuchliche Abkürzungen der juristischen Fachsprache (z.B.: BGB, StGB, VwGO, BGH, BVerfG, NJW).

Für die Wahl der Abkürzung eines Begriffs können Sie sich an dem Verzeichnis eines Kommentars oder Lehrbuchs des jeweiligen Fachgebiets sowie an der sehr umfangreichen Zusammenstellung bei

> Kirchner, Hildebert, Abkürzungsverzeichnis der Rechtssprache, 3. Aufl., Berlin 1983

orientieren.

Auf das Verzeichnis von Kirchner können Sie auch verweisen, wenn Sie sich bezüglich der als bekannt vorausgesetzten Abkürzungen absichern wollen.

> z.B.: "Bei den übrigen Abkürzungen wird Kirchner, ... gefolgt."

g Erklärung

Der Arbeit ist – soweit gefordert – ein gesondertes Blatt beizufügen, das folgende unterschriebene Erklärung enthält:

> "Hiermit versichere ich, die vorliegende Hausarbeit ohne fremde Hilfe angefertigt und mich anderer als der angegebenen Hilfsmittel nicht bedient zu haben."

Ansonsten ist das Gutachten am Schluß eigenhändig zu unterschreiben.

2 Auswertung von Rechtsprechung und Literatur

In der Hausarbeit wird erwartet, daß Sie sich bei den rechtlichen Problemen, die sich im Rahmen der Lösung des Falles stellen, mit den Auffassungen auseinandersetzen, die in Rechtsprechung und Fachliteratur dazu vertreten werden, und sie in Ihre Fallösung einbeziehen.

a Suchstrategie

Verlieren Sie sich und Ihre Zeit nicht in dickbändigen Kommentaren. Zu Rechtsprechung und Literatur sollten Sie möglichst erst dann greifen, wenn Sie die auf den Fall anzuwendenden Rechtsnormen herausgefunden und anhand des Gesetzestextes, Ihres präsenten Wissens sowie der einschlägigen Prüfungsschemata versucht haben, den Fall – quasi unter Klausurbedingungen, nur ohne die mit dieser verbundene zeitliche Begrenzung – zu lösen. Erst dann haben Sie herauskristallisiert, welche Fragen – beispielsweise bezüglich der Anwendbarkeit konkurrierender Normen, der Auslegung bestimmter Tatbestandsmerkmale oder der Zuordnung zu Fallgruppen im Rahmen von Generalklauseln und unbestimmten Rechtsbegriffen – der zu bearbeitende Fall konkret aufwirft. **Nur** für solche **Zweifelsfragen** ist es erforderlich, die Auffassungen in der Literatur und die dazu ergangenen Entscheidungen der Rechtsprechung heranzuziehen.

Ratsam erscheint mir zudem, daß Sie **gezielt** arbeiten, jeweils nur eine einzelne Frage angehen, nachschlagen, aufarbeiten und anschließend sofort das Ergebnis – und sei es nur ein vorläufiges – schriftlich festhalten. Wenn Sie zwischen mehreren Fragen hin- und herpendeln, zunächst Kommentierungen, Urteile und Aufsätze nur lesen, auf ihre Relevanz hin überdenken und kopieren, werden Sie erleben, daß Sie viele Überlegungen zweimal machen müssen. Gedanken und Argumente, die Ihnen beim Lesen durch den Kopf gehen, sind nur noch teilweise präsent, wenn Sie sich schließlich an die systematische Verwertung der gesammelten Quellen setzen. Ebenso ärgerlich ist es, Stapel von Kopien durchgehen zu müssen, weil man zwar das Argument, aber nicht mehr seinen Urheber und/oder die Fundstelle in Erinnerung hat.

Das Auffinden von Literaturmeinungen und Gerichtsentscheidungen geschieht am schnellsten und effektivsten in einer Art Schneeballsystem. Als **Einstieg** in die Suche bieten sich **Kommentare oder Standard–Lehrbücher**, in speziellen Rechtsgebieten auch Handbücher, an. Kommentare haben den Vorteil, daß sie in der Regel mehr an Detailinformationen und Fallkonstellationen enthalten, für Anfänger aber auch den gravierenden Nachteil, daß sie nach Normen und nicht systematisch aufgebaut sind. Bei der Arbeit mit einem Kommentar laufen Sie ohne das entsprechende Vorwissen Gefahr, die Querverbindungen zwischen den kommentierten Vorschriften nicht genügend im Blickfeld zu haben. Lehrbücher hingegen sind systematisch aufgebaut, gehen regelmäßig aber weniger ins Detail.

Wenn das zu klärende Problem bei einer bestimmten Gesetzesvorschrift liegt, ist es naheliegend, zu einem Kommentar zu greifen. Liegt es dagegen eher bei einem Rechtsinstitut, z.B. der Positiven Vertragsverletzung, der Konkurrenzlehre im Strafrecht oder dem Begriff des subjektiven öffentlichen Rechts, setzen Sie lieber zunächst bei einem Lehrbuch an. Im Zweifelsfall ist es empfehlenswert, sich auf beides, Kommentar und Lehrbuch, zu stützen. Wenn Sie das zu lösende Problem noch keinem Paragraphen zuordnen können, suchen Sie mit Hilfe von Stichwörtern im Sachregister, das Kommentaren wie Lehrbüchern angefügt ist, nach Fundstellen. Als Anfänger sollten Sie zunächst einen Kurzkommentar bzw. ein Kurzlehrbuch nehmen, sich einen ersten Überblick verschaffen und gegebenenfalls dann für bestimmte Fragen zu einem Großkommentar oder ähnlichem übergehen. Bei den teilweise sehr umfangreichen und detaillierten Darstellungen laufen Sie ansonsten Gefahr, sich in den Tiefen theoretischer Ausführungen oder seitenweisen Auflistungen und Stellungnahmen zu unzähligen Einzelfallkonstellationen zu verirren und unnötig Zeit zu verlieren.

Auf jeden Fall ist es ratsam, die jeweils neueste Auflage zu verwenden. Das ist in den juristischen Seminaren allerdings meist ein großes Problem. Suchen Sie gegebenenfalls nach Ausweichmöglichkeiten. Die zentrale Universitätsbibliothek ist häufig mit juristischer Standardliteratur und Entscheidungssammlungen gut ausgestattet, aber wesentlich weniger frequentiert. Zu denken ist auch an Lehrstuhl-, Instituts-, Gerichts-, oder soweit vorhanden Parlamentsbibliotheken.

Welches die jeweils neueste Auflage ist, können Sie der Karlsruher Juristischen Bibliographie oder dem Verzeichnis Lieferbarer Bücher (VLB) entnehmen, die in jedem juristischen Seminar zu finden sind.

Alle Kommentare und Lehrbücher enthalten weiterführende Hinweise. Sie verweisen bei streitigen Rechtsfragen auch auf andere Äußerungen zu der jeweiligen Frage in Rechtsprechung und Literatur, die ihrerseits wiederum Fundstellen ausweisen. Auf diese Weise gelangen Sie in der Regel sehr schnell zu einer Vielzahl von Quellen und sind in der Lage, auch Gerichtsentscheidungen, Aufsätze und Monographien in die Aufarbeitung des Problems und die

Erarbeitung Ihrer eigenen Stellungnahme einzubeziehen.

Im übrigen lassen sich verbleibende Lücken ausfüllen, indem Sie in den systematischen Registern von **Bibliographien und Fundheften** suchen.

Die wichtigsten:
- Karlsruher Juristische Bibliographie (erscheint monatlich)
- NJW–Fundhefte (für Zivilrecht, Öffentliches Recht, Steuerrecht, Arbeits- und Sozialrecht; erscheinen jährlich)

Rechtsprechung jüngeren Datums finden Sie anhand der systematischen Register der einschlägigen **Fachzeitschriften** sowie derjenigen Kommentare, die in jährlichem Rhythmus neu erscheinen (z.B. der Palandt).

Bei Hausarbeiten mit aktuellen Themen empfiehlt es sich, die im noch laufenden Jahr erschienenen Zeitschriftenhefte, für die Register noch nicht verfügbar sind, systematisch auf entsprechende Aufsätze oder Entscheidungen durchzusehen.

Schließlich lassen sich Entscheidungen, aber auch Zeitschriftenaufsätze, durch einen Rückgriff auf **Datenbanken** finden. In Betracht kommt insoweit zum einen JURIS (Rechtsprechung des Bundesverfassungsgerichts und der Gerichtshöfe des Bundes, darüber hinaus in Fachzeitschriften und Sammlungen veröffentlichte Entscheidungen aller Gerichte ab 1976; zentrale Online–Datenbank, die von externen Terminals mit Zugangsberechtigung aus im Wege der Datenfernübertragung genutzt werden kann; stets aktuell). Zum anderen gibt es zwischenzeitlich eine schnell breiter werdende Palette von auf CD–ROM gespeicherten Datenbanken (Offline–Datenbanken, nutzbar auf jedem Personal Computer mit CD–ROM–Laufwerk; periodische Ergänzung und Aktualisierung).

Beispiele für CD–ROM–Datenbanken, die auch für Studenten von Interesse sein können:
- NJW–Leitsatzkartei–CD–ROM (Rechtsprechung von BVerfG, BGH, BVerwG, BSG, BAG, daneben in Fachzeitschriften erschienene Entscheidungen von Ober- und Instanzgerichten sowie Aufsätze)
- JURIS–Data–Discs, hier insbesondere: Nr. 2 (Rechtsprechung des BGH); Nr. 3 (Rechtsprechung der Sozialgerichtsbarkeit); Nr. 4 (Rechtsprechung der Arbeitsgerichtsbarkeit)
- BGH–DAT Zivilsachen, Datenbank der Rechtsprechung des Bundesgerichtshofes
- BGH–DAT Strafsachen, Datenbank der Rechtsprechung des Bundesgerichtshofes
- BGHR Zivilsachen, Systematische Sammlung der Entscheidungen des Bundesgerichtshofes in Zivilsachen

- BGHR Strafsachen, Systematische Sammlung der Entscheidungen des Bundesgerichtshofes in Strafsachen

Soweit sie verfügbar sind, läßt sich mit Datenbanken insbesondere Rechtsprechung komfortabel suchen und verläßlich finden. Allerdings ist dieser Weg für Studenten auch heute noch entweder zu kostspielig oder mit einem erheblichen Maß an Findigkeit verbunden, wo und wie Zugang zu einschlägigen Datenbanken zu erhalten ist.

b Darstellung von Streitfragen und Problemerörterungen

Die gedankliche Arbeit der Auseinandersetzung mit den in Rechtsprechung und Literatur vertretenen Auffassungen zu Streitfragen und der Entwicklung Ihrer eigenen Stellungnahme kann Ihnen niemand abnehmen. Für die anschließende Darstellung von Meinungsstreit und eigener Stellungnahme lassen sich aber einige Hinweise geben.

Noch einmal sei betont, daß auch Streitfragen und Ansichten nur soweit zu erörtern sind, wie sie Bezug zum konkreten Fall haben, und daß von Ihnen weniger eine neue Auffassung als eine methodisch sorgfältig begründete Entscheidung für eine der vorgefundenen Positionen erwartet wird.

Bei den **Hauptproblemen** muß ein genauer Überblick über den Meinungsstand gegeben werden. Einzubeziehen sind alle Auffassungen, die in der Diskussion eine größere Rolle spielen. Unökonomisch, unübersichtlich und wenig souverän wirkt es, wenn die Auffassungen von Gerichten und einzelnen Autoren einfach aneinandergereiht werden. Grenzen Sie die verschiedenen Meinungen statt dessen nach sachlichen Kriterien voneinander ab, kennzeichnen Sie sie im Text entsprechend und bezeichnen Sie ihre Vertreter nur im Rahmen der Belege in den Fußnoten. Wo es viele divergierende Stellungnahmen gibt, empfiehlt es sich schon wegen der Übersichtlichkeit, verwandte Meinungen, auf deren Nuancierungen es für den zu lösenden Fall nicht ankommt, in Gruppen zusammenzufassen und die Unterschiede soweit erforderlich nur in den Fußnoten knapp anzudeuten. Gruppierungsmöglichkeiten lassen sich im Regelfall der Literatur entnehmen. Auf diese Weise gelingt es meist, die zu erörternden Auffassungen auf zwei bis drei zu reduzieren (z.B.: die h.M. und ein bis zwei a.M.).

Bei **Randproblemen** hingegen reicht es aus, wenn Sie die Auffassung, für die Sie sich entschieden haben, darstellen und kurz die wichtigsten Gründe angeben, die für diese Ansicht sprechen, bzw. die die Hauptargumente der Gegenmeinungen entkräften.

Für den **Aufbau** der Auseinandersetzung mit rechtlichen Streitfragen und der Begründung Ihrer Entscheidung lassen sich unterschiedliche Modelle zugrundelegen.

❑ **Modell 1**

stellt die zu diskutierenden Auffassungen und ihre Begründungen gegenüber und schließt daran die eigene Stellungnahme an.

- ❑ Einleitung

  z.B. "Die Frage, ob ..., ist umstritten."

- ❑ Meinung

  z.B.: "Der überwiegende Teil des Schrifttums steht auf dem Standpunkt, ..."

- ❑ Gegenmeinung

  z.B.: "Nach herrschender Auffassung in der Rechtsprechung, der ein Teil der Literatur folgt, ..."

- ❑ eigene Stellungnahme und deren Begründung

  z.B. "Vorzuziehen ist ..., weil ..."

- ❑ Anwendung auf den Fall

  z.B. "Daraus ergibt sich für den vorliegenden Fall, ..."

Dieser Aufbau ist problematisch, wenn Sie keine zusätzlichen eigenen Argumente für Ihre Stellungnahme haben. In diesem Fall müssen Sie nach einer Begründung suchen, die störende Wiederholungen vermeidet.

❑ **Modell 2**

verbindet die Darstellung der vorhandenen Meinungen sogleich mit der eigenen Argumentation:

- ❑ Einleitung

- Meinung 1 und Stellungnahme

  z.B.: "Nach Auffassung ... . Diese Argumentation vermag jedoch nicht zu überzeugen. Ihr steht entgegen, ..."

- Meinung 2 und Stellungnahme

  z.B.: "Demgegenüber ist nach Auffassung .... Diese Ansicht hat den Nachteil, ... Dennoch ist ihr der Verzug zu geben. ..."

- Anwendung auf den Fall

Oder auch umgekehrt (insbesondere, wenn nur eine knapp gefaßte Darstellung erfolgen soll):

- Einleitung
- "Nach Meinung der ... . Dieser Ansicht ist zu folgen. Für sie spricht ..."
- "Wenn demgegenüber geltend gemacht wird, ..., so wird übersehen, ..."
- Anwendung auf den Fall

Dieser Aufbau hat den nicht zu unterschätzenden Vorteil, daß Sie sich für die Formulierung Ihrer Bedenken gegenüber den einzelnen Meinungen jeweils die Argumente der Gegenauffassungen nutzbar machen können.

- **Modell 3**

gliedert demgegenüber nach sachlichen Gesichtspunkten und bezieht die vertretenen Auffassungen dabei jeweils ein; z.B. bei einem Auslegungsproblem:

- "Umstritten ist, wie ... auszulegen ist." (Anschließen kann sich eine kurze Vorstellung der verschiedenen diskutierten Meinungen)
- "Der Wortlaut legt nahe, ... Diese Auffassung wird von ... vertreten. Jedoch ist dieses Verständnis nicht zwingend. ..."
- "Aus der systematischen Stellung der Vorschrift im Gesetz ergibt sich das von den Vertretern der ... als ausschlaggebend angesehene Argument, ..."
- "Auf die Entstehung der Vorschrift stützt sich ..."

- "Maßgeblich muß dementsprechend Sinn und Zweck der Vorschrift sein. Der Zweck des .... Dies führt zu der Auffassung, ... Hierfür spricht im übrigen auch, ..."

- "Im vorliegenden Fall bedeutet dies, ..."

Dieser Aufbau ist schwieriger, da er sich in der Regel stärker von der Vorformulierung der verschiedenen Auffassungen und ihrer Argumente in Kommentaren und Lehrbüchern lösen muß. Er läßt aber eine größere juristische Souveränität erkennen und kann wegen des methodisch orientierten Vorgehens die Überzeugungskraft Ihrer Ausführungen unterstützen.

c Zitieren und Belegen

Wenn Sie Auffassungen wiedergeben, die von bestimmten Autoren oder in der Rechtsprechung zu streitigen Fragen vertreten werden, oder wenn Sie einzelne Argumente aus einer anderen Schrift übernehmen, tun Sie dies nicht durch wörtliches Zitat, sondern fassen die übernommene Auffassung oder Argumentation knapp zusammen und geben sie **in indirekter Rede** wieder. Wörtliche Zitate werden in juristischen Arbeiten nur verwendet, wenn es unmittelbar auf die Formulierung ankommt (und dann wie üblich durch Anführungszeichen kenntlich gemacht).

Jedes – wörtliche oder indirekte – Zitat muß durch Angabe der entsprechenden Fundstelle **in einer Fußnote belegt** werden.

Darüber hinaus dienen Belege dazu, eigene Gedankengänge durch gleichgerichtete Überlegungen anderer Autoren zu untermauern. Untermauern Sie aber nur, was tatsächlich problematisch ist. Es zeugt nicht gerade von einem sicheren Verhältnis zu Ihren Gedankengängen, wenn jeder Halbsatz von einem Nachweis begleitet wird.

In Hausarbeiten ist es üblich, die Belege in Fußnoten am unteren Seitenende unterzubringen. Das Zitat bzw. die durch gleichlautende Äußerungen zu fundierende Textstelle wird mit einer Ziffer – in der Regel eine hochgestellte Zahl mit einer Klammer: [1)] – markiert, mit der auch die zugehörige Fußnote gekennzeichnet wird. Beachten Sie aber, daß Fußnoten bei Fallösungen nur die Funktion des Nachweises haben. Was in anderen wissenschaftlichen Bereichen durchaus üblich ist, in Fußnoten auch Erläuterungen zu geben, die vom eigentlichen Gedankengang ein wenig abführen oder ihn aus anderer Perspektive beleuchten, ist in juristischen Hausarbeiten verpönt.

Da Sie ein Literaturverzeichnis vorangeschickt haben, können Sie die darin enthaltenen Quellen abgekürzt belegen (soweit erforderlich geben Sie im Literaturverzeichnis den Hinweis: "zitiert als ..."; siehe oben 1 e). Im einzelnen werden Fundstellen abgekürzt folgendermaßen nachgewiesen:

- ❑ **Kommentare:**

  Name (ggf. mit Bearbeiter, wie im Literaturverzeichnis angegeben), Paragraph bzw. Artikel, Anmerkung bzw. Randnummer

  Beispiele:
  - Palandt–Putzo, Einf v § 631, Anm. 4 a
  - Schönke/Schröder–Cramer, § 267, Rdnr. 2

- ❑ **Lehrbücher, Monographien und Dissertationen:**

  Verfasser, ggf. zusätzliches Kennwort (wie im Literaturverzeichnis angegeben), Seitenzahl oder (soweit vorhanden) Randnummer

  Beispiele:
  - Wessels, Strafrecht BT–1, 107
  - Drews/Wacke/Vogel/Martens, 311

- ❑ **Zeitschriftenaufsätze:**

  Verfasser, Titel der Zeitschrift, Jahrgang, Seitenzahlen (bei Aufsätzen ist es üblich, zunächst die Seite anzugeben, auf der der Aufsatz beginnt, dann die Seite, auf der sich die Fundstelle befindet)

  Beispiel:
  Pfarr/Fuchsloch, NJW 1988, 2201/2205, oder: 2201(2205)

- ❑ **Rechtsprechung**

  ist grundsätzlich durch Angabe des entscheidenden Gerichts, der Art der Entscheidung (Urt. oder Beschl.) und des Verkündungsdatums, des Aktenzeichens sowie der Fundstelle zu zitieren. Weit verbreitet ist es aber, nur das entscheidende Gericht und die Fundstelle anzugeben.

  Soweit es möglich ist, belegen Sie Entscheidungen anhand der amtlichen Entscheidungssammlungen. Dabei geben Sie an: Bandzahl, Seitenzahl Beginn/Seitenzahl Fundstelle

  Beispiele:
  - BGH, Urt. v. 4.11.1987 – VIII ZR 314/86 –, BGHZ 102, 135/145, oder:

135(145)
- BGH, BGHZ 102, 135/145 (abgekürzt)

Bei anderen Entscheidungssammlungen können Sie entsprechend wie folgt zitieren.

Beispiele:
- BAG, Urt. v. 14.10.1986 – 3 AZR 66/83–, AP Nr. 11 zu Art. 119 EWG–Vertrag, 366R/367
- BAG, AP Nr. 11 zu Art. 119 EWG–Vertrag, 366R/367, oder: 366R(367)

Bei in Zeitschriften veröffentlichten Entscheidungen wird das entscheidende Gericht angegeben und die Fundstelle dann wie bei Zeitschriftenaufsätzen gekennzeichnet.

Beispiel:
BGH, JZ 1989, 496/499, oder: 496(499)

In manchen Bereichen hat es sich eingebürgert, Gerichtsentscheidungen durch ein zusätzliches Schlagwort zu kennzeichnen, etwa bei grundlegenden Entscheidungen des Bundesverfassungsgerichts oder im Wettbewerbsrecht. Diese Schlagwörter werden dann mit angegeben.

z.B.
- BVerfG, BVerfGE 30, 173/191 "Mephisto-Beschluß"
- BGH, NJW–RR 1986, 395/396 "Verkaufsfahrt"

Wenn sich die Fundstelle auch auf eine Folgeseite bezieht, wird dies mit einem "f" unmittelbar nach der Seitenzahl der Fundstelle gekennzeichnet, bei mehreren Folgeseiten mit "ff".

Wird unmittelbar nacheinander aus derselben Quelle zitiert, reicht es aus, wenn Sie auf den vorausgehenden Beleg Bezug nehmen.

Beispiel:
1.) BGH, JZ 1989, 496/499f
2.) BGH, a.a.O., 497
3.) Ebda.

Grundsätzlich sind Äußerungen immer nach dem Original zu zitieren. Sekundärzitate (Wiedergabe anhand der Wiedergabe in einem anderen Werk) sind nur erlaubt, wenn die Original–Quelle nicht zugänglich ist. Kenntlich gemacht werden sie durch die Anmerkung: "zitiert nach ..."

Beachten sollten Sie, daß nicht alles, was veröffentlicht ist, auch zitierfähig ist.

Anleitungsbücher, Fallsammlungen, Repetitorien und ähnliches eignen sich grundsätzlich nicht zum Zitieren und Belegen. Eine Ausnahme bildet allerdings der "Medicus" (Medicus, Bürgerliches Recht, s.o. 1 e).

Fußnoten, die nur die Fundstelle für eine im Text wiedergegebene Aussage bezeichnen, enthalten nur die entsprechenden, oben aufgezeigten Angaben. Im übrigen müssen die Belege erkennen lassen, in welchem Verhältnis sie zur Textaussage stehen. Möglich ist dies durch kurze erläuternde Angaben wie: "ebenso ...", "a.A. ...", "anders ...", "zusammenfassend ... ". Vorsichtig umzugehen ist aber mit dem Wort "vgl.", da ihm das Verhältnis, in dem Text und aufgeführte Literaturstellen stehen, nicht eindeutig zu entnehmen ist.

Für den Beleg einer h.M. reicht die Angabe nur einer Fundstelle nicht aus. Möglich ist die Verbindung einer höchstrichterlichen Entscheidung mit 2 bis 3 führenden Kommentaren, gegebenenfalls mit dem Hinweis auf dort vorfindbare weitere Nachweise ("m.w.N."). Eine ständige Rechtsprechung belegen Sie durch die Angabe der ersten bzw. einer Leitentscheidung sowie der zuletzt ergangenen Entscheidung ("grundlegend ...; zuletzt ..."). Wenn die jüngste Entscheidung weitere Nachweise enthält, reicht es auch zu zitieren: "ständige Rspr., zuletzt ..., m.w.N.".

Auffassungen, die älteren Auflagen eines Werks entnommen werden und in der aktuellen nicht mehr vertreten werden, müssen entsprechend kenntlich gemacht werden.

Enthält eine Fußnote mehrere Belege, so werden diese jeweils durch ein Semikolon getrennt und geordnet. Üblich ist es, Gerichtsentscheidungen, Kommentare und sonstige Literatur zu gruppieren. Urteile lassen sich nach der hierarchischen Stellung der Gerichte und bei Entscheidungen des gleichen Gerichts chronologisch ordnen. Bei Literaturquellen bietet sich eine alphabetische Reihenfolge an.

Die Belege werden – entweder seitenweise oder fortlaufend für die ganze Arbeit – durchnumeriert. Seitenweise Numerierung hat den Nachteil, daß Sie schon beim Schreiben des Textes für die Numerierung jedesmal erneut abschätzen müssen, wieviel Text und wieviel Fußnoten auf eine Seite passen – und den Vorteil, daß auch in einer späten Phase des Schreibens ohne großen Aufwand noch Fußnoten eingeschoben werden können. Textverarbeitungsprogramme gegenwärtigen Standards übernehmen die Plazierung der Fußnoten weitgehend selbsttätig und können entsprechend wichtige Zeit sparen helfen.

3 Exkurs: Fundstellen für Gesetze, Gerichtsentscheidungen und Literatur

a Gesetze und andere Rechtsnormen

aa Amtliche Fundstellen

Da alle Rechtsnormen verkündet werden müssen, gibt es spezielle Verkündungsorgane.

(1) Bundesrecht

Bundesgesetze werden im Bundesgesetzblatt verkündet (Art. 82 I GG), Rechtsverordnungen gemäß dem Gesetz über die Verkündung von Rechtsverordnungen (Sartorius I Nr. 70) im Bundesgesetzblatt (BGBl) oder im Bundesanzeiger. Auf eine Veröffentlichung im Bundesanzeiger wird im Bundesgesetzblatt hingewiesen.

Das Bundesgesetzblatt erscheint in drei Teilen:

- BGBl I: hier werden Gesetze und Rechtsverordnungen verkündet, soweit sie nicht Teil II vorbehalten sind (Bundesrecht ohne Völkerrecht)

  (Zitierweise: BGBl I, 1988, 100)

- BGBl II enthält völkerrechtliche Vereinbarungen, die Verträge mit der früheren DDR sowie die zu deren Inkraftsetzen erlassenen Vorschriften

- BGBl III veröffentlicht die aufgrund der Rechtsbereinigung als (fort)geltendes Bundesrecht festgestellten Rechtsvorschriften (geordnet nach Sachgebieten; Stand: 31. 12. 1963)

Die systematische Suche nach einem Gesetz, das im Bundesgesetzblatt verkündet wurde, wird erleichtert durch die jährlich erscheinenden Beilagen:

- Fundstellennachweis A

  Bundesrecht (ohne völkerrechtliche Vereinbarungen und Verträge mit der früheren DDR), Beilage zum BGBl I

❑ Fundstellennachweis B

Völkerrechtliche Vereinbarungen und Verträge mit der früheren DDR, Beilage zum BGBl II

Verwaltungsvorschriften, die von Bundesbehörden erlassen worden sind, finden sich in Ministerialblättern, z.B. dem Gemeinsamen Ministerialblatt (GMBl), dem Bundessteuerblatt oder dem Verkehrsblatt.

(2) Landesrecht

findet sich zunächst in dem BGBl entsprechenden Gesetzesblättern. Sie heißen überwiegend "Gesetz- und Verordnungsblatt", können aber auch anders bezeichnet sein, in Baden–Württemberg und Bremen beispielsweise "Gesetzblatt", im Saarland "Amtsblatt". Auch in den Ländern gibt es darüber hinaus Staatsanzeiger und Ministerialblätter.

Die Suche nach landesrechtlichen Gesetzen und Verordnungen wird erleichtert durch Sammlungen des bereinigten Landesrechts, die nach systematischen Gesichtspunkten aufgebaut sind und die jeweils aktuell gültige Fassung der Gesetze und Verordnungen enthalten.

Beispiele:
- Hessischer Minister der Justiz (Hrsg.), Gesetz- und Verordnungsblatt für das Land Hessen, Teil II, Sammlung des bereinigten Hessischen Landesrechts, Losebl.-Ausg., 114. Erg.-Lfg. (Stand: 7.2.1994)
- Landesregierung Rheinland–Pfalz (Hrsg.), Sammlung des bereinigten Landesrechts Rheinland–Pfalz, Losebl.-Ausg., 24. Erg.-Lfg. (Stand: 1.4.1994)
- Regierung des Saarlandes (Hrsg.), Amtsblatt des Saarlandes (Sonderband), Sammlung des bereinigten saarländischen Landesrechts, Losebl.-Ausg.

Rechts- und Verwaltungsvorschriften auf Landesebene lassen sich darüber hinaus anhand von (i.d.R. jährlich erscheinenden) Gültigkeitsverzeichnissen suchen.

Beispiele:
- Amtliches Verzeichnis hessischer Verwaltungsvorschriften, Gültigkeitsverzeichnis, Beilage zum Staatsanzeiger
- Ministerium der Justiz, Verzeichnis rheinland–pfälzischer Rechts- und Verwaltungsvorschriften

bb Nichtamtliche Fundstellen

Die wichtigsten können im Grunde als bekannt vorausgesetzt werden; der Vollständigkeit halber seien hier aufgeführt:

- viele Gesetze sind relativ preisgünstig in Form der Textausgaben des Deutschen Taschenbuchverlags (dtv) erhältlich
- Schönfelder, Deutsche Gesetze, Losebl.-Textausg., 82. Aufl., 1. Erg.-Lfg. (Stand: 20.2.1994)

  (Bundesrecht, vorwiegend Privat-, Straf- und Prozeßrecht)
- Sartorius I, Verfassungs- und Verwaltungsgesetze der Bundesrepublik Deutschland, Losebl.-Textausg., 59. Aufl., 46. Erg.-Lfg. (Stand: 1.12.1993)

  (öffentlich–rechtliches Bundesrecht, ohne Steuer- und Sozialversicherungsrecht)
- Sartorius II, Internationale Verträge, Europarecht, Losebl.-Textausg., 8. Aufl., 3. Erg.-Lfg. (Stand: 15.11.1993)
- Nipperdey I, Arbeitsrecht, Losebl.-Textsammlung, 19. Aufl., 4. Erg.-Lfg. (Stand: 1.1.1994/15.12.1993)
- Wirtschaftsgesetze, Losebl.-Textsammlung, 15. Aufl., 4. Erg.-Lfg. (Stand: 1.12.1993)
- Steuergesetze I, Losebl.-Textsammlung, 43. Aufl., 3. Erg.-Lfg. (Stand: 1.1.1994)
- Aichberger, Sozialgesetzbuch, Reichsversicherungsordnung, Losebl.-Textausg., 35. Aufl., 43. Erg.-Lfg. (Stand: Februar 1994)
- für das Landesrecht gibt es entsprechende Sammlungen, z.B.:

Baden–Württemberg	Dürig, Gesetze des Landes Baden-Württemberg, Losebl.-Textsammlung, 65. Erg.-Lfg. (Stand: 1.2. 1994)
Bayern	Ziegler/Tremel, Verwaltungsgesetze des Freistaates Bayern, Losebl.-

	Textsammlung, 28. Aufl., 2. Erg.-Lfg. (Stand: 1.1.1994)
Berlin	Driehaus, Verfassungs- und Verwaltungsgesetze Berlins, Losebl.-Textausgabe, 6. Erg.-Lfg. (Stand: September 1993)
Bremen	Schefold, Dian (Hrsg.), Sammlung des bremischen Rechts (Kurzausgabe), 5. Aufl., 1992
Hamburg	Senat (Hrsg.), Gesetze und Verordnungen der Freien und Hansestadt Hamburg, Losebl.-Textausg., 81. Erg.-Lfg. (Stand: 1.4.1994)
Hessen	Fuhr/Pfeil, Hessische Verfassungs- und Verwaltungsgesetze, Losebl.-Textsammlung, 52. Erg.-Lfg. (Stand: 1.3.1994)
	Dörrschmidt/Oetzel/Slapnicar, Vorschriftensammlung für die Verwaltung in Hessen, Losebl.-Ausg., 22. Erg.-Lfg. (Stand: August 1993)
	v. Zezschwitz, Friedrich (Hrsg.), Ausgewählte Landesgesetze von Hessen, 10. Aufl., 1992
Niedersachsen	März, Niedersächsiche Gesetze, Losebl.-Textsammlung, 8. Aufl., 4. Erg.-Lfg. (Stand: Dezember 1993)
Nordrhein–Westfalen	von Hippel/Rehborn, Gesetze des Landes Nordrhein–Westfalen, Losebl.-Textsammlung, 20. Aufl., 3. Erg.- Lfg. (Stand: 1.1.1994)
Rheinland–Pfalz	Rumetsch, Landesrecht in Rheinland–Pfalz, Losebl.-Ausg., 4 Bde., 4. Aufl.
Saarland	Hümmerich/Kopp, Saarländische Gesetze, Losebl.-Textsammlung, 1. Aufl., 10. Erg.-Lfg. (Stand: 1.8.1993)

Schleswig–Holstein	v. Mutius, Albert (Hrsg.), Verfassungs- und Verwaltungsrecht in Schleswig–Holstein,10. Aufl., 1993

Für die neuen Bundesländer sind derzeit verfügbar:

- ❑ Schönfelder II, Zivil-, Wirtschafts- und Justizgesetze, Ergänzungsband für die neuen Bundesländer, Losebl.-Textausg., 4. Aufl. (Stand: August 1993)

- ❑ Sartorius III, Verwaltungsgesetze, Ergänzungsband für die neuen Bundesländer, 1. Aufl., 7. Erg.-Lfg., (Stand: September 1993)

- ❑ Landesrechtssammlungen:

Brandenburg	Gesetze des Landes Brandenburg, Losebl.-Textausg., 6. Erg.-Lfg. (Stand: September 1993)
Mecklenburg–Vorp.	Gesetze des Landes Mecklenburg–Vorpommern, Losebl.-Textausg., 10. Erg.-Lfg. (Stand: 1.10. 1993)
Sachsen	Gesetze des Freistaates Sachsen, Losebl.-Textausg., 10. Erg.-Lfg. (Stand: 1.10.1993)
Sachsen–Anhalt	Gesetze des Landes Sachsen–Anhalt, Losebl.-Textausg., 10. Erg.-Lfg. (Stand: 1.10.1993)
Thüringen	Gesetze des Landes Thüringen, Losebl.-Textausg., 10. Erg.-Lfg. (Stand: 1.10.1993)

Die Gesetzessammlungen enthalten am Schluß jeweils ein Sachregister, mit dem sich anhand von Stichworten einschlägige Gesetze suchen lassen. Soweit diese Möglichkeit nicht ausreicht, kann man auf spezielle Fundstellen–Nachweise zurückgreifen:

- ❑ Schlegelberger/Friedrich, Das Recht der Gegenwart, 25. Aufl., 1994

- ❑ Sommer/Oehmann, Gesetz–Weiser, Fundstellen–ABC, 6. Aufl.

b Rechtsprechung

wird in amtlichen Sammlungen und in Fachzeitschriften veröffentlicht.

aa Amtliche Entscheidungssammlungen

Zu nennen sind insbesondere:

- BGHZ: Entscheidungen des Bundesgerichtshofs in Zivilsachen
- RGZ: Entscheidungen des Reichsgerichts in Zivilsachen
- OLGZ: Entscheidungen der Oberlandesgerichte in Zivilsachen
- BAGE: Entscheidungen des Bundesarbeitsgerichts
- BGHSt: Entscheidungen des Bundesgerichtshofs in Strafsachen
- RGSt: Entscheidungen des Reichsgerichts in Strafsachen
- OLGSt: Entscheidungen der Oberlandesgerichte in Strafsachen
- BVerwGE: Entscheidungen des Bundesverwaltungsgerichts
- BSGE: Entscheidungen des Bundessozialgerichts
- BFHE: Entscheidungen des Bundesfinanzhofs
- BVerfGE: Entscheidungen des Bundesverfassungsgerichts

bb Ergänzende Entscheidungssammlungen

Von den weiteren Sammlungen seien hier nur einige wichtige herausgegriffen:

- NJW–Rechtsprechungs–Report Zivilrecht (NJW–RR)
- Lindenmaier/Möhring, Nachschlagewerk des BGH
- BGHR Zivilsachen, Systematische Sammlung der Entscheidungen des Bundesgerichtshofes in Zivilsachen
- Hueck/Nipperdey/Dietz, Nachschlagewerk des Bundesarbeitsgerichts, Arbeitsrechtliche Praxis (AP)

- BGHR Strafsachen, Systematische Sammlung der Entscheidungen des Bundesgerichtshofes in Strafsachen

- NVwZ–Rechtsprechungs–Report Verwaltungsrecht (NVwZ–RR)

- Sammel- und Nachschlagewerk der Rechtsprechung des Bundesverwaltungsgerichts (Buchholz)

- Sozialrecht , Entscheidungssammlung, bearb. von Richtern des Bundessozialgerichts (SozR)

- Bundesverfassungsgericht (Hrsg.), Nachschlagewerk der Rechtsprechung des Bundesverfassungsgerichts

cc Fachzeitschriften

Die in Fachzeitschriften veröffentlichten Entscheidungen decken sich teilweise mit den in die Entscheidungssammlungen aufgenommenen, gehen zahlenmäßig aber weit über diese hinaus.

Von Bedeutung für die gezielte Suche nach Entscheidungen sind insbesondere folgende Zeitschriften:

- allgemein und Zivilrecht:
  - Neue Juristische Wochenschrift (NJW)
  - Monatsschrift für Deutsches Recht (MDR)
  - Juristische Rundschau (JR)
  - Juristenzeitung (JZ)

- Arbeitsrecht:
  - Neue Zeitschrift für Arbeits- und Sozialrecht (NZA)
  - Der Betrieb (DB)
  - Betriebsberater (BB)

- Strafrecht:
  - Neue Zeitschrift für Strafrecht (NStZ)
  - Der Strafverteidiger (StV)

- Verwaltungsrecht:
  - Neue Zeitschrift für Verwaltungsrecht (NVwZ)
  - Deutsches Verwaltungsblatt (DVBl)
  - Die Öffentliche Verwaltung (DÖV)

c Fachliteratur

Will man sich nicht nur auf das verlassen, was Kommentaren, Lehrbüchern und Handbüchern an Literaturnachweisen zu entnehmen ist, so läßt sich systematisch suchen mit:

- ❏ Karlsruher Juristische Bibliographie

  vollständiger Nachweis aller Bücher und Aufsätze, allerdings ohne Zeitschriftenaufsätze, seit 1965; monatlich, daher sehr aktuell

- ❏ NJW–Fundhefte

  gegliedert nach Sachgebieten (Zivilrecht, Öffentliches Recht, Steuerrecht, Arbeits- und Sozialrecht); jährlich

II Klausur

In der Klausur sind Sie allein auf das Gesetz, Ihr Wissen und die Beherrschung der Fallbearbeitungstechnik angewiesen. Das **Hauptproblem** ist erfahrungsgemäß die **Zeitnot**. Klausuren, wie sie in der Juristenausbildung geschrieben werden, sind mehr eine Übung in Streßbewältigung und Frustrationstoleranz als sinnvolle Kontrolle des angeeigneten inhaltlichen und methodischen Wissens. Sehr viele Fälle sind selbst bei gründlicher Vorbereitung und frühzeitigem Erlernen der Technik der Fallbearbeitung in der zur Verfügung gestellten Zeit nicht zu lösen, ohne in erhebliche Schwierigkeiten zu geraten. Da verbinden sich Umfang und Schwierigkeitsgrad des zu beherrschenden Stoffgebiets mit der Tatsache, daß das zur richtig gewichteten Lösung einzelner Fälle erforderliche Fingerspitzengefühl erst mit der Zeit und viel Übung erworben werden kann, häufig zu Lasten der Studenten.

Aber das zu wissen erspart nicht, die Klausuren so zu schreiben, wie sie gestellt werden. Ich kann daher nur einige Empfehlungen geben, wie Sie insbesondere mit dem Problem der Zeitnot umgehen können.

(1) Zunächst aber wieder einige Hinweise zu den bei der Anfertigung von Klausuren zu beachtenden **Formalia**.

- ❏ Üblicherweise oben links auf der ersten Seite oder auf einem eigenen Deckblatt werden Name, Vorname, Anschrift sowie Semesterzahl angegeben. Darüber hinaus wird vermerkt, um welche Arbeit in welcher Lehrveranstaltung es sich handelt. Orientieren Sie sich an dem für die Hausarbeit angegebenen Muster (siehe oben C I 1 c). Die Seiten werden einseitig beschrieben (was auch für nachträgliche Einschübe oder Korrekturen von Vorteil sein kann) und fortlaufend numeriert. Links wird ein breiter Rand (1/3 bis 1/2 der Seite) für die Korrektur gelassen. Am Ende wird die Klausur unterschrieben.

- ❑ Anders als bei der Hausarbeit ist es nicht erforderlich, der Klausur ein Inhaltsverzeichnis voranzustellen. Das Gutachten selbst wird aber nach den gleichen Gesichtspunkten gegliedert wie eine Hausarbeit. Der Gedankengang wird durch eine Kennzeichnung der Abschnitte und wichtigen Schritte mittels Buchstaben und Ziffern transparent gemacht. Wichtige Abschnitte können Sie darüber hinaus durch Zwischenüberschriften hervorheben.

- ❑ Zitieren Sie nicht in Klausuren. Im Regelfall ist genaues Zitieren ohne Rückgriff auf den Wortlaut nicht möglich. Und selbst wenn Sie einmal in der Lage sein sollten, zuverlässig auf ein bestimmtes Urteil des BGH verweisen zu können, riskieren Sie, daß der Korrektor vermutet, Sie wollten mit solchen Angaben nur besonders beeindrucken. Den gleichen Zweck, vielleicht effektiver, erfüllt es, wenn Sie die zu treffende Aussage allgemeiner zuordnen, etwa: "Nach der neueren Rechtsprechung des BGH ...".

- ❑ Achten Sie im übrigen jedenfalls darauf, wenigstens einigermaßen leserlich zu schreiben. Daß Sie schnell schreiben müssen und daher weniger gut lesbar, wissen die Korrektoren und berücksichtigen es. Aber auch ein Leser, der Verständnis dafür hat, daß das Bemühen um eine deutliche Schrift Zeit kostet, die für die Erarbeitung der Lösung fehlt, wird ungehalten, wenn er ständig Schwierigkeiten hat, nur die Worte zu entziffern. Das schlägt sich, und sei es unbewußt, in der Note nieder. Andererseits nutzt es ebensowenig, ein gut lesbares aber unvollständiges Gutachten abzugeben. Trainieren Sie gegebenenfalls schnell zu schreiben, dabei aber ein Minimum an Lesbarkeit zu bewahren.

(2) Die Bearbeitung des Falles erfolgt sinnvollerweise auch bei der Klausur in den oben dargestellten Phasen und Arbeitsschritten. Besondere Probleme bereitet dabei die **Einteilung der Zeit**.

❑ Arbeit am Sachverhalt

Der Blick auf das viel zu schnelle Ende der Bearbeitungszeit verführt dazu, schon am Anfang Flüchtigkeitsfehler zu machen. Wenn Sie den Sachverhalt schnell und hektisch lesen, ist vorherzusehen, daß für die Lösung erhebliche Umstände übersehen werden. Das gleiche gilt für das Herausarbeiten der Fragestellung.

Beginnen Sie die Arbeit am Fall so ruhig wie möglich. Sachverhalt und Fragestellung müssen Sie beherrschen, sonst lösen Sie eine andere Aufgabe als die, die gestellt ist. Intuitiv wird häufig schon bei der Beschäftigung mit dem Sachverhalt der Blick auf die rechtliche Problematik geöffnet. Hier Zeit zu sparen zahlt sich nicht aus.

❑ Rechtliche Prüfung

Wie schnell Sie die anwendbaren Vorschriften auffinden, und wie sicher und präzise Sie sie durchprüfen, hängt im wesentlichen von dem Wissen ab, das Sie in die Klausur mitbringen. Hier läßt sich viel Zeit verlieren, durch eine geeignete Vorbereitung aber auch gewinnen.

Aus zeitökonomischen Gründen ist dringend zu empfehlen, rechtliche Prüfung und Niederschrift nicht zu vermischen. Schreiben Sie das Gutachten wenn es irgend geht erst, wenn Sie den Lösungsweg vollständig durchdacht haben und das Ergebnis klar ist – und nicht ohne zuvor eine Lösungsskizze anzufertigen. Erfahrungsgemäß nutzen Sie die zur Verfügung stehende Zeit dann am besten. Die Skizze kann knapp sein, muß aber alle Tatbestände, Reihenfolge und Ergebnis Ihrer Prüfung, bei den problematischen Punkten auch die wesentlichen rechtlichen Argumente und Subsumtionstatsachen enthalten.

Auch das kostet Zeit, lohnt sich aber allemal. Sofort nach einer im Kopf vorgenommenen überschlägigen Festlegung der Prüfungsreihenfolge und Subsumtion mit der Niederschrift des Gutachtens zu beginnen, bedeutet nur, daß Sie die erforderlichen Pausen für das genaue Durchdenken während des Schreibens einlegen müssen. Häufig aber führt es in den Abgrund, mindestens zu einem mißglückten Aufbau. Irrwege oder Fehlbeurteilungen lassen sich nur schwer noch korrigieren, wenn sie eine halbe Stunde vor dem Abgabetermin entdeckt werden.

Und selbst wenn es gelingt, intuitiv den richtigen Lösungsweg zu finden: es bringt Ihnen nicht die mögliche Punktzahl, wenn Sie alle im Zuge der Subsumtion zu beachtenden Merkmale schematisch abhandeln, ohne die problematischen von den weniger problematischen abzuheben und Offensichtliches oder Dinge, zu denen der Sachverhalt Konkretes nicht hergibt, ganz wegzulassen. Das Bemühen um eine klare, geschlossene und gewichtende Konzeption und der Mut zur Lücke an der richtigen Stelle sind für die Bewertung von Klausuren nicht zu unterschätzende Gesichtspunkte, weil sie Souveränität im Umgang mit der rechtlichen Materie zeigen. Schwerpunkte und Lücken gezielt setzen zu können, setzt aber einen genauen Überblick über den Fall voraus, den Sie sich mit Hilfe einer Lösungsskizze gut verschaffen können.

Schließlich riskieren Sie, in der Hektik vor dem Abgabetermin Probleme zu übersehen, die Ihnen vor Beginn der Niederschrift oder zwischendrin durch den Kopf gegangen sind, wenn Sie vorher keine Lösungsskizze anfertigen.

❑ Schriftliches Gutachten

Wenn Sie das Gutachten vollständig zu Ende bringen wollen, müssen Sie rechtzeitig mit der Niederschrift beginnen. Das ist so trivial wie im Einzelfall schwer umzusetzen. Das Schreiben nimmt Zeit in Anspruch, die der gedanklichen Durchdringung des Falles fehlt. Das Gutachten ist zwangsläufig um so schlechter, je weniger intensiv und ruhig die rechtliche Prüfung vorgenommen werden konnte. Ich kann dennoch nur empfehlen, schon vor Beginn der Bearbeitung des Falles einen Zeitpunkt festzusetzen, an dem Sie mit dem Schreiben des Gutachtens beginnen, und ihn nur zu verschieben, wenn es dringend erforderlich ist. Klausuren schreiben ist Krisen–Management und zwingt meist zu suboptimalen Entscheidungen. Sie können den Fall noch so gut erfaßt, durchdacht und gelöst haben: was nicht zu Papier gebracht ist, zählt nicht. Darüber hinaus hilft es bei der Einteilung der für die Arbeit am Sachverhalt und die rechtliche Prüfung zur Verfügung stehenden Zeit. Es klingt paradox, aber klare zeitliche Grenzen können auch helfen, Entscheidungen, die einem schwerfallen, nicht weiter hinauszuzögern, sondern unter den gegebenen Umständen einfach zu treffen und die damit gegebene Argumentationslinie dann konsequent zu verfolgen.

Als Regel hat sich bewährt, spätestens nach der Hälfte der Bearbeitungszeit mit dem Schreiben zu beginnen. Auch das Ausformulieren braucht seine Zeit, und vor kleineren Überraschungen ist man selbst bei sorgfältiger Vorarbeit nicht sicher. Im Einzelfall kann es sinnvoll sein, schon früher mit der Niederschrift zu beginnen, z.B. bei strafrechtlichen Klausuren, die die Prüfung einer Vielzahl von Tatbeständen bedingen, so daß allein die zu bewältigende Schreibarbeit erheblich ist. Oder auch später, etwa wenn es (wie in manchen zivilrechtlichen Fällen) besonders schwer ist, die richtige Konstruktion der Lösung zu finden, während ihre Darstellung weniger schwierig und umfangreich ist. Wieviel Zeit Sie für Formulieren und Schreiben benötigen, müssen Sie letztlich selbst herausfinden. Ein Patentrezept gibt es nicht.

Wenn Sie bei Herannahen des Abgabezeitpunkts bemerken, daß Sie das Gutachten nicht zu Ende ausformulieren können, versuchen Sie die fehlenden Gesichtspunkte wenigstens in Stichworten noch zu Papier zu bringen. Wenn es gelingt, die rechtliche Prüfung in Grundzügen zu vervollständigen und das Gesamtergebnis zu formulieren, ist die Arbeit immerhin abgerundet – wenn auch mit Schlagseite. Das ist psychologisch besser, als wenn ein Ergebnis gar nicht erkennbar oder jedenfall nicht nachvollziehbar ist. Vielleicht haben Sie Glück und treffen auf einen Korrektor, der bereit ist, auch auf die richtigen Stichworte rettende Punkte zu geben.

D Bürgerliches Recht

I Besonderheiten und Probleme der Bearbeitung zivilrechtlicher Fälle

Dieser Abschnitt knüpft an die Darstellung der allgemeinen Grundlagen der Fallbearbeitung in Teil B an. Dargestellt werden nur die Besonderheiten, die sich bei der Bearbeitung zivilrechtlicher Fälle ergeben können. Für eine erste Aneignung der Technik zivilrechtlicher Fallösung sind beide Abschnitte daher im Zusammenhang zu lesen.

Für die weitere Einübung anhand der Lösung konkreter Fälle kann Teil D auch gesondert genutzt werden. Er bietet konkrete Hilfestellung im Umgang mit Fallfragevarianten, bei der Suche nach Anspruchsgrundlagen und beim Aufbau von Prüfung und Gutachten. Fragen, die allgemeine Grundlagen betreffen, können dann gegebenenfalls durch Heranziehen der entsprechenden Kapitel in Teil B geklärt werden.

1 Sachverhalt und Fragestellung

Zivilrechtliche Fälle weisen eine spezifische Konfliktkonstellation auf. Der Zivilrichter hat es (im Regelfall) mit formell gleichberechtigten Bürgern zu tun, die miteinander in Konflikt geraten sind und voneinander etwas wollen: Zahlung eines Kaufpreises, Rückzahlung eines Darlehens, Herausgabe einer Sache, Zahlung von Schadensersatz, Unterlassung eines störenden Verhaltens, Duldung der Zwangsvollstreckung etc..

Der Hintergrund dieser Konflikte kann ganz verschieden sein: vertragliche Beziehungen, familiäre Bindungen, oder auch nur einmalige Ereignisse wie z.B. ein Unfall.

Soweit eine einvernehmliche Einigung nicht möglich ist, sind diese Konflikte im Rechtsstaat nur mittels gerichtlicher Hilfe lösbar. Zumindest eine der Konfliktparteien wendet sich an das Gericht mit dem Antrag, rechtsverbindlich festzustellen, daß sie berechtigt ist, von der anderen Partei eine bestimmte Handlung oder ein Unterlassen zu fordern. Nur auf der Grundlage einer solchen Entscheidung ist die geltend gemachte Forderung zwangsweise, im Wege der Vollstreckung, durchzusetzen.

Nach § 194 I BGB wird das Recht, von einem anderen ein Tun oder Unterlassen zu verlangen, als Anspruch bezeichnet. Typisch für zivilrechtliche Fälle ist es, daß Ansprüche geltend gemacht werden.

Diese **spezifische Konstellation – Konflikt zweier Bürger um einen Anspruch, der nur mittels gerichtlicher Entscheidung durchzusetzen ist** – kennzeichnet das bürgerliche Recht und prägt entsprechend auch die Bearbeitung zivilrechtlicher Fälle.

Neben der Entscheidung über Klagen, die auf die Durchsetzung von Ansprüchen gerichtet sind (Leistungsklagen), hat der Zivilrichter allerdings auch andere Entscheidungen zu treffen, insbesondere Rechtsverhältnisse zu klären (Feststellungsklagen) oder auch über bestimmte Rechtswirkungen zu befinden, die nur ein Gericht herbeiführen kann (Gestaltungsklagen – z.B. Ehescheidung). Solche Fallkonstellationen stehen aber weder im Mittelpunkt der richterlichen Tätigkeit noch der zivilrechtlichen Ausbildung an der Universität.

Die zentrale Bedeutung der Anspruchskonstellation macht sich schon beim Herausarbeiten der Fallfrage bemerkbar. Es sind einige typische **Varianten der Fragestellung** zu unterscheiden:

❑ Unproblematisch ist es, wenn die Fallfrage ausdrücklich auf ein ganz **bestimmtes, eingegrenztes Verlangen** gerichtet ist. Soweit schon nach der Berechtigung z.B. eines Herausgabeverlangens gefragt wird, können Sie sich unmittelbar auf die Suche nach Anspruchsgrundlagen begeben, deren Rechtsfolge Herausgabe sein kann. Wenn die Rechtsfolge, um die es geht, nicht ganz klar ist, klären Sie sie entsprechend der Vorgehensweise oben (B II 2 (b)) ab.

❑ Wenn die Fragestellung allgemeiner lautet: **"Was kann A von B verlangen?"**, stellen Sie wie oben beschrieben zunächst fest, welche wirtschaftlichen Ziele A aufgrund der im Sachverhalt geschilderten Lage gegenüber B verfolgen kann, konkretisieren diese zu Ansprüchen, für die das Bürgerliche Recht entsprechende Rechtsfolgen vorsieht und begeben sich dann auf die Suche nach den passenden Anspruchsgrundlagen.

❑ Bei der noch allgemeineren **Frage nach der Rechtslage** setzt die Konkretisierung der Fragestellung entsprechend eine bzw. zwei Stufen früher ein.

❑ **Anspruchsteller und Anspruchsgegner**

Regelmäßig beginnen Sie mit der Beantwortung der Frage, welche der im Sachverhalt genannten Personen von welcher anderen überhaupt etwas verlangen kann. Damit gliedern Sie den Sachverhalt in Zwei–Personen–Verhältnisse auf.

Nur wenn der Sachverhalt mehrere Sachverhaltskomplexe enthält, die voneinander unabhängig sind und eine gesonderte rechtliche Prüfung erlauben bzw. erfordern, trennen Sie diese vorweg voneinander und gliedern jeden Komplex anschließend in Zwei–Personen–Verhältnisse auf.

- **Anspruchsziele**

  Nach der Zerlegung in Zwei–Personen–Verhältnisse sind dann für jedes die möglichen Anspruchsziele zu bestimmen und gegebenenfalls auf die vernünftigerweise primär zu verfolgenden zu begrenzen (siehe oben B II 2 (c)).

- Anders liegt die Problemlage, wenn sich die Fallfrage auf die **dingliche Rechtslage** richtet, z.B. darauf, wer Eigentümer eines umstrittenen Grundstücks oder wer Erbe des Vermögens eines Verstorbenen ist. Meist spielt die dingliche Rechtslage nur als Vorfrage der Entscheidung über einen geltend gemachten Anspruch eine Rolle (so etwa beim Herausgabeanspruch des Eigentümers nach § 985 BGB). Wenn sich die Fragestellung aber explizit darauf beschränkt, wer Inhaber einer bestimmten dinglichen Rechtsstellung ist, hat sich auch die Antwort darauf zu beschränken und daran anzusetzen, welche der beteiligten Personen aufgrund welchen Geschehensablaufs z.B. das fragliche Eigentum erworben bzw. wieder verloren haben könnte. Allgemein gesagt: aufgrund welchen Geschehens hat sich die fragliche Rechtsstellung in welche Richtung zugunsten bzw. zu Lasten welcher der beteiligten Personen verändert? In Betracht kommen insbesondere Erwerb und Verlust eines dinglichen Rechts.

- Die Fragestellung: **"Was kann A unternehmen?"** oder **"Was ist A zu raten?"** kann je nach Sachverhalt sehr verschiedenes beinhalten. Anzusetzen ist auch hier mit der Frage nach den möglichen wirtschaftlichen Zielen des Angesprochenen. Daraus kann sich ergeben, daß lediglich die Geltendmachung von Ansprüchen oder Einwendungen gemeint ist, weil nach dem Sachverhalt anderes nicht in Betracht kommt.

  Solche Fallfragen können sich aber auch auf die Ausübung von Gestaltungsrechten (z.B. Anfechtung, Rücktritt, Kündigung) richten. In diesem Fall geht es darum, zu bestimmen, welche von zwei Rechtslagen für den mit der Fragestellung Angesprochenen die günstigere ist. Die Fallfrage ist folglich dahingehend zu konkretisieren, wie die Rechtslage ohne Ausübung von Gestaltungsrechten ist, wogegen sich Gestaltungsrechte richten könnten und ob ihre Ausübung zweckmäßig ist (insbesondere welche Ansprüche sich daraus ergeben).

Schließlich können sich solche Fragestellungen auch auf die Möglichkeiten prozessualer Durchsetzung von Ansprüchen richten, bis hin zur Frage vorläufigen Rechtsschutzes durch Erwirkung eines Arrests oder einer einstweiligen Verfügung (§§ 916 ff ZPO).

- ❑ **Prozeßrechtliche Fragen** sind im Zivilrecht erheblich seltener als im Verwaltungsrecht Gegenstand der Fälle, die Sie an der Universität zu bearbeiten haben. Wenn sich aus dem Sachverhalt ergibt, daß Klage erhoben ist und die Fallfrage lautet: **"Wie wird das Gericht entscheiden?"** oder ähnlich, muß sich die rechtliche Prüfung grundsätzlich auf Zulässigkeit und Begründetheit dieser Klage beziehen. Auf Fragen der Zulässigkeit ist aber nur insoweit einzugehen, wie der Sachverhalt konkrete prozeßrechtlich relevante Umstände mitteilt. Meist sind diese in zivilrechtlichen Fällen spärlich. Fehlen sie überhaupt, beschränkt sich die Prüfung auch bei einer Fragestellung, die eine Klage zum Gegenstand hat, auf die materiell-rechtlichen Ansprüche.

2 Normsuche und Festlegung der Prüfungsreihenfolge

a Normsuche

Die Suche nach Rechtsnormen, die der Prüfung zugrundezulegen sind, muß sich an Sachverhaltskonstellation und Fragestellung orientieren.

Wo es um einseitig oder wechselseitig geltend gemachte Ansprüche geht, ist für die Prüfung der sogenannte Anspruchsaufbau zu wählen. Der Anspruchsaufbau ist nichts anderes als die Konkretisierung des Gefüges von Antwort- und Gegennormen für das Gebiet des Bürgerlichen Rechts – dort, wo es um die Entscheidung über Ansprüche geht. Er bedeutet, daß die rechtliche Prüfung und damit auch die Suche nach anwendbaren Rechtsnormen anzusetzen hat an

❑ **Anspruchsgrundlagen**,

d.h. an Vorschriften, deren Rechtsfolge der geltend gemachte Anspruch ist.

Welche Rechtsnormen Anspruchsgrundlagen darstellen, läßt sich im Zweifel danach entscheiden, ob die ausgesprochene Rechtsfolge die Voraussetzungen des § 194 I BGB erfüllt.

Im übrigen können Sie sich für das Herantasten an die zu prüfenden Normen zunächst an den Vorschriften orientieren, die Ihnen als typische Anspruchsgrundlagen für das konkrete Verlangen, um das es in der Fallfrage geht, bekannt sind. Bei einem Herausgabeverlangen sind das etwa die §§ 985, 1007, 861, 667, 681 S. 2 BGB.

Anschließend sollten Sie aber anhand des Sachverhalts überprüfen, welche speziellen Rechtsinstitute möglicherweise vorliegen, z.B. Mietverhältnis oder Erbfolge, und den entsprechenden Gesetzesabschnitt auf andere Normen mit passender Rechtsfolge hin absuchen. Im genannten Beispiel sind dies die §§ 556 bzw. 2018 BGB.

Einen Überblick über wichtige Anspruchsgrundlagen des BGB gibt das folgende Kapitel b.

Nach Auffinden der passenden Anspruchsgrundlagen beziehen Sie wie oben beschrieben nach dem Sachverhalt in Betracht kommende Gegennormen mit ein. Diese Gegennormen werden im Bürgerlichen Recht Einwendungen und Einreden genannt. Sie suchen also nach

❑ **anspruchshindernden Einwendungen**,

❑ **anspruchsvernichtenden Einwendungen,**

sowie nach

❑ **anspruchshemmenden Einreden**.

Einen Überblick über die wichtigsten Einwendungen und Einreden können Sie sich unten in Kapitel c verschaffen.

Auch hier empfiehlt es sich, ergänzend die Abschnitte des Gesetzes, die die in Betracht kommenden Rechtsinstitute und Anspruchsgrundlagen regeln, auf spezielle Einwendungen und Einreden zu überprüfen.

Bei Fragen nach der dinglichen Rechtslage sind anstelle von Anspruchsgrundlagen Normen zu suchen, deren Rechtsfolge eine Änderung des zu untersuchenden Rechts in der fraglichen Richtung darstellt; insbesondere also gesetzliche Tatbestände, die den Erwerb oder Verlust von Eigentum oder beschränkten dinglichen Rechten (Besitz, Pfandrechte an beweglichen Sachen, Grundpfandrechte etc.) regeln.

b Wichtige Anspruchsgrundlagen des BGB

Für die Normsuche am hilfreichsten ist eine Ordnung der Anspruchsgrundlagen nach den Anspruchsinhalten. Nach diesem Kriterium ist daher die folgende Übersicht zusammengestellt. Sie konzentriert sich auf die wichtigsten schuld- und sachenrechtlichen Ansprüche.

(–› Kap. II bedeutet: das entsprechende Prüfungsschema findet sich unten in II)

Ansprüche auf Erfüllung vertraglicher Verpflichtungen

- Kaufvertrag:
  - Übergabe und Übereignung der verkauften Sache, 433 I 1
  - Zahlung des Kaufpreises und Abnahme der gekauften Sache, 433 II
- Mietvertrag, Pachtvertrag:
  - Gewährung des Gebrauchs bzw. der Nutzung, 535 S. 1, 581 I 1
  - Zahlung des Miet- bzw. Pachtzinses, 535 S. 2, 581 I 2
- Darlehensvertrag:
  - Gewährung des vereinbarten Darlehens, lt. Darlehensvertrag (610)
  - Rückzahlung/-gewährung und ggf. Zahlung von Zinsen, 607 I
- Dienstvertrag:
  - Leistung der vereinbarten Dienste, 611 I
  - Zahlung von Vergütung, 611 I, 612
- Werkvertrag:
  - Herstellung des vereinbarten Werks, 631 I
  - Abnahme des Werks, 640, und Zahlung von Vergütung, 631 I, 632
- Reisevertrag:
  - Erbringung einer Gesamtheit von Reiseleistungen, 651a I 1
  - Zahlung des vereinbarten Reisepreises, 651a I 2
- Maklervertrag:
  - Nachweis von Vertragsabschlußgelegenheiten, 652 I
  - Zahlung des Maklerlohns, 652 I, 653
- Verwahrungsvertrag:
  - Aufbewahrung, 688

  - Vergütung, 688, 689
- Schenkungsvertrag: unentgeltliche Zuwendung, 516 I
- Leihvertrag: unentgeltlicher Gebrauch, 598
- Auftrag: unentgeltliche Besorgung eines Geschäfts, 662
- Bürgschaftsvertrag: Zahlung der Bürgschaftssumme, 765 I
- Vergleich (779): Erbringung der vergleichsweise vereinbarten Leistung
- abstraktes Schuldversprechen oder -anerkenntnis (780,781): Erbringung der versprochenen bzw. anerkannten Leistung
- atypischer Vertrag: lt. vertraglicher Vereinbarung i.V.m. 241, 305
- Anspruch auf Erfüllung der vereinbarten Leistung gegenüber dem Vertreter ohne Vertretungsmacht, 179 I

Ansprüche auf Herausgabe

- **vertragliche bzw. vertragsähnliche** Herausgabeansprüche
  - zur Rückabwicklung von Verträgen
    - bei Beendigung durch Zeitablauf oder Kündigung
      - nach Beendigung eines Mietverhältnisses, 556 I, III (581 II, 589 I, 596) (-> Kap. II)
      - im Leihverhältnis, 604 I, III
      - im Verwahrungsverhältnis, 695
    - bei Rücktritt, Wandlung oder Widerruf eines Vertrages (siehe unter: sonstige Ausgleichsansprüche)
  - bei Tätigwerden in fremden Angelegenheiten
    - Herausgabe des im Rahmen der Geschäftsbesorgung Erlangten beim Auftrag oder der entgeltlichen Geschäftsbesorgung, 667, 675 (-> Kap. II)
    - Herausgabe des im Rahmen der Geschäftsführung ohne Auftrag Erlangten, 681 S. 2, 667 (-> Kap. II)
    - Herausgabe des durch unberechtigte Geschäftsführung ohne Auftrag Erlangten, 684 S. 1, 818 f
    - Herausgabe bei angemaßter Eigengeschäftsführung, 687 II, 681 S. 2, 667 (-> Kap. II)
  - Herausgabe eines Surrogats bei Unmöglichkeit, 281

- **dingliche** Herausgabeansprüche
  - des Eigentümers
    - Anspruch des Eigentümers gegenüber dem unberechtigten Besitzer, 985 (-> Kap. II)

        - Anspruch des Erben gegenüber dem Erbschaftsbesitzer oder -erwerber, 2018, 2030
    - des Pfandrechtsinhabers gegenüber dem unberechtigten Besitzer, 1227 (1257), 985
    - des früheren Besitzers mit besserem Besitzrecht, 1007 (-> Kap. II)
    - des früheren Besitzers bei Entzug durch verbotene Eigenmacht, 861 (869), 858 (-> Kap. II)

- Herausgabeanspruch wegen **unerlaubter Handlung**, 823 I, II, 826 (249 S. 1)

- Herausgabeanspruch wegen **ungerechtfertigter Bereicherung** (-> Kap. II)
    - Leistungskondiktion (812 I 1 Alt. 1, 812 I 2, 813, 817 S. 1)
    - Nichtleistungskondiktion
        - 816
        - 812 I 1 Alt. 2
    - 822

Schadensersatzansprüche

- Schadensersatzanspruch aus besonderem **Garantievertrag** (241, 305)

- Schadensersatzansprüche wegen **Vertragspflichtverletzung**
    - bei Unmöglichkeit der Leistung
        - nachträgliche Unmöglichkeit der Erfüllung der Leistungspflichten im Gegenseitigkeitsverhältnis bei Austauschverträgen, 325 (beim Kaufvertrag: 440) (-> Kap. II)
        - nachträgliche Unmöglichkeit der Erfüllung von Nebenpflichten bei Austauschverträgen bzw. Unmöglichkeit der Erfüllung einseitig verpflichtender Verträge, 280 (-> Kap. II)
    - bei Verzug
        - Verzug mit einer Hauptleistungspflicht bei Austauschverträgen, 326 (beim Kaufvertrag: 440) (-> Kap. II)
        - Verzug mit einer Leistungspflicht, 286 I (-> Kap. II)
        - Verzug mit Nebenpflichten bei Austauschverträgen oder bei einseitig verpflichtendem Vertrag, 286 II (-> Kap. II)
    - verschärfte Gewährleistungshaftung
        - beim Kaufvertrag:
            - infolge Fehlens einer zugesicherten Eigenschaft oder wegen

arglistigen Verhaltens, 463, 480 II (-> Kap. II)
  - für den Bestand eines verkauften Rechts, 437
    - beim Mietvertrag: infolge eines bei Vertragsschluß vorhandenen oder zu vertretenden Mangels, 538, 541 (-> Kap. II)
    - beim Werkvertrag: infolge eines vom Unternehmer zu vertretenden Mangels, 635 (-> Kap. II)
    - beim Reisevertrag: 651f
  - Positive Vertragsverletzung (schuldhafte Verletzung vertraglicher Haupt- oder Nebenpflichten, für die ein gesetzlich geregelter Schadensersatzanspruch nicht besteht), 280, 286, 325, 326 analog (-> Kap. II)

- Schadensersatzansprüche bei **Rücktritt** (und Wandlung), 347, 989 (467, 634 IV) (-> Kap. II)

- Schadensersatzanspruch wegen erkennbarer **Übernahme besonderer geschäftstypischer Risiken** beim Auftrag, 670 analog

- Schadensersatzansprüche **aus vertragsähnlichen Verhältnissen**
  - nach wirksamer Anfechtung eines Rechtsgeschäfts oder bei Scheingeschäft, 122 (-> Kap. II)
  - wegen Kenntnis der anfänglichen Unmöglichkeit einer Leistung oder Gesetzeswidrigkeit eines Vertrags, 307, 309 (-> Kap. II)
  - gegenüber dem Vertreter ohne Vertretungsmacht, 179 I, II (-> Kap. II)
  - wegen culpa in contrahendo (Verschulden innerhalb eines vorvertraglichen Schuldverhältnisses, insbes. bei Vertragsverhandlungen oder bei Vertragsschluß), Gewohnheitsrecht (-> Kap. II)

- Schadensersatz **bei Geschäftsführung ohne Auftrag**
  - Anspruch des Geschäftsherrn gegen den Geschäftsführer bei unberechtigter GoA, 678 (687 II)
  - Anspruch des Geschäftsherrn gegen den Geschäftsführer bei berechtigter GoA nach 280, 286, PVV
  - Anspruch des Geschäftsführers gegen den Geschäftsherrn bei berechtigter GoA, 683, 670 analog

- Schadensersatzansprüche **bei unberechtigtem Besitz**
  - im Eigentümer–Besitzer–Verhältnis (-> Kap. II)
    - gegen den bösgläubigen oder verklagten Besitzer, 989, 990
    - gegen den Deliktsbesitzer, 992, 823
    - gegen den gutgläubigen Fremdbesitzer, 991 II, 989
  - bei Pfandrechten: 1227, 1257 i.V.m. 989, 990, 992

- Schadensersatzansprüche **aus unerlaubter Handlung**
  - wegen Verletzung absoluter Rechte, 823 I (->) Kap. II)
  - wegen Verletzung eines Schutzgesetzes, 823 II (-> Kap. II)
  - wegen Verletzung spezieller Aufsichts- bzw. Sachsicherungspflichten, 832–838
  - wegen vorsätzlicher sittenwidriger Schädigung, 826 (-> Kap. II)
  - wegen Amtspflichtverletzung, 839 i.V.m. Art. 34 GG
  - bei Verletzungen durch einen Verrichtungsgehilfen, 831 (-> Kap. II)

- Schadensersatzansprüche **aus Gefährdungshaftung**, insbesondere: Haftung des Halters und Fahrers eines PKW, 7, 18 StVG

- Schadensersatzanspruch **bei ungerechtfertigter Bereicherung**, 818 IV, 819 I, 820, i.V.m. 292, 989 ff

- Schadensersatzanspruch beim **Notstand**, 228 S. 2, 904 S. 2

Sonstige Ausgleichsansprüche

- **Gewährleistungsansprüche**: Wandlung, Minderung, Nachlieferung, Mängelbeseitigung, Abhilfe
  - beim Kaufvertrag:
    - Wandlung (Rückabwicklung), 346 ff, 467, 465, 462, 459 ff (-> Kap. II)
    - Minderung des Kaufpreises, 472, 465, 462, 459 ff
    - Lieferung einer mangelfreien Gattungssache, 480 I, II, 465, 459 ff
  - beim Miet- und Pachtvertrag: Miet- bzw. Pachtzinsminderung oder -befreiung, 537, 541, 581
  - beim Werkvertrag:
    - Mängelbeseitigung, 633 II
    - Wandlung (Rückabwicklung), 346 ff, 634 I, IV, 467, 465 (-> Kap. II)
    - Minderung der Vergütung, 634 I, IV, 472, 465
  - beim Reisevertrag: Abhilfe, 651c, Minderung des Reisepreises, 651d

- **Rückabwicklung (Rückgewähr) bei Rücktritt** vom Vertrag (-> Kap. II)
  - aufgrund vertraglichen Rücktrittsrechts, 346 ff
  - wegen vom Schuldner zu vertretender nachträglicher Unmöglichkeit
    - bei Austauschverträgen: 346 ff, 327 S. 1, 325 bzw. 327 S. 2, 325 i.V.m. 812 ff
    - bei einseitig verpflichtenden Verträgen: 346 ff, 280 II 2

- wegen Verzugs
  - bei Austauschverträgen: 346 ff, 327 S. 1, 326 bzw. 327 S. 2, 326 i.V.m. 812 ff
  - bei Verbraucherkredit: 346 ff, 13 II VerbrKrG
  - bei einseitig verpflichtenden Verträgen: 346 ff, 286 II 2
- wegen Positiver Vertragsverletzung: ausnahmsweise, wenn weiteres Festhalten am Vertrag unzumutbar ist

- **Rückabwicklung bei Widerruf**
  - eines Verbraucherkredits, 7 VerbrKrG
  - eines Haustürgeschäfts, 3 HaustürWG

- **Vertragsstrafe**, 339 ff

- **Aufwendungs– oder Verwendungsersatz**
  (bei Aufwendungen einschließlich Befreiung von eingegangenen Verbindlichkeiten, 257)
  - Mehraufwendungen des Schuldners bei Annahmeverzug des Gläubigers, 304 (257)
  - Aufwendungen des Mieters, 538 II (257)
  - Aufwendungen des Bestellers beim Werkvertrag, 633 III (257)
  - Aufwendungen des Geschäftsführers beim Auftrag, 670 (257) (–› Kap. II)
  - Aufwendungen des Geschäftsführers bei Geschäftsführung ohne Auftrag, 683, 670 (257) (–› Kap. II)
  - Aufwendungen des Verwahrers, 693 (257)
  - Aufwendungen des Finders, 970
  - Verwendungen bei Rücktritt und Wandlung, 347 S. 2 (467, 634 IV), 994 ff
  - Verwendungen des Mieters, 547
  - Verwendungen des unrechtmäßigen Besitzers, 994 ff (–› Kap. II)
  - Verwendungen des Pfandgläubigers auf das Pfand, 1216, 1257

- **Herausgabe von Nutzungen**
  - bei unberechtigtem Besitz, 987, 988, 990 I, 991 I, 993
  - bei ungerechtfertigter Bereicherung, 812 ff, 818 I

- **Wertersatz**
  - zugunsten des Geschäftsführers bei unberechtigter Geschäftsführung ohne Auftrag, 684 S. 1, 818 f (818 II)
  - zugunsten des Geschäftsführers bei angemaßter Eigengeschäftsführung, 687 II 2, 684 S. 1, 818 f (818 II)

- bei Eigentumsverlust wegen Verbindung, Vermischung oder Verarbeitung, 951 I, 812 ff (818 II) (-› Kap. II)
- wegen ungerechtfertigter Bereicherung, 812 ff (818 II) (-› Kap. II)
  - Leistungskondiktion (812 I 1 Alt. 1, 812 I 2, 813, 817 S. 1)
  - Nichtleistungskondiktion
    - 816
    - 812 I 1 Alt. 2
  - 822

- Ansprüche auf **Ausgleich mehrerer Schuldner oder Verantwortlicher untereinander**
  - Gesamtschuldner gegen andere bei Befriedigung des Gläubigers, 426 I, II
  - Bürge gegen Schuldner bei Befriedigung des Gläubigers, 774 I
  - Eigentümer gegen persönlichen Schuldner bei Befriedigung des Gläubigers (Hypothek), 1143 I
  - mehrere Schädiger untereinander, 840

Beseitigungs- und Unterlassungsansprüche

- gemäß Vereinbarung als vertragliche Hauptpflichten
- Beseitigung gegebener und Unterlassung drohender Beeinträchtigungen
  - des Eigentums:
    - Grundbuchberichtigungsanspruch, 894 (899)
    - Beseitigungsanspruch gegenüber einer gegenstandslosen Vormerkung im Grundbuch, 886
    - Beseitigung und Unterlassung sonstiger Eigentumsstörungen (negatorischer Beseitigungs- und Unterlassungsanspruch), 1004 (1005) (-› Kap. II)
  - des Pfandrechts an beweglichen Sachen, 1227 (1257), 1004
  - der Grundpfandrechte: Unterlassungsklage, 1134, 1192
  - des Besitzes: Beseitigungsanspruch und Verfolgungsrecht, 862, 858, 867
  - des Namensrechts: 12
  - der Rechte des 823 I: quasinegatorischer Beseitigungs- und Unterlassungsanspruch, 1004 analog

Sonstige Anspruchsinhalte

z.B.:

- Duldung der Zwangsvollstreckung aus Hypothek oder Grundschuld, 1147, 1192
- Auskunft und/oder Rechnungslegung (z.B. 402, 444, 666, 675, 681 S. 2, 687 II, subsidiär 242)

c Wichtige Einwendungen und Einreden

Einwendungen im Sinne des BGB sind Gegenrechte einer in Anspruch genommenen oder angegriffenen Partei, die vom Richter auch ohne Erklärung des Beklagten zu prüfen und berücksichtigen sind. **Einreden** sind demgegenüber nur dann zu berücksichtigen, wenn die betroffene Partei sie geltend macht. Sie bedürfen daher einer entsprechenden Erklärung des Beklagten im Prozeß.

Die Einwendungen unterscheidet man, wie bereits dargelegt, in

- ❑ rechtshindernde Einwendungen: Normen, deren Eingreifen die Entstehung eines Rechts, z.B. eines Anspruchs, von vorneherein verhindert;

- ❑ rechtsvernichtende Einwendungen: Normen, deren Eingreifen bereits eingetretene Rechtsfolgen, z.B. einen Anspruch, wieder zum Erlöschen bringt.

Im Unterschied dazu haben

- ❑ Einreden nur rechtshemmende Wirkung: sie haben keinen Einfluß auf das Bestehen eines Rechts oder Anspruchs, geben dem in Anspruch Genommenen aber die Möglichkeit, die Durchsetzung des Anspruchs ganz oder zeitweise zu verhindern.

Wichtige ausbildungsrelevante Einwendungen und Einreden vor allem des Allgemeinen Teils und des Schuldrechts sind in der folgenden Übersicht zusammengestellt.

Rechtshindernde Einwendungen

- dauerhafte (105 I i.V.m. 104 Nr 1–3) oder vorübergehende (105 II) Geschäftsunfähigkeit
- beschränkte Geschäftsfähigkeit ohne Einwilligung des gesetzlichen Ver-

treters, 106 ff
- nicht ernstliche sowie Willenserklärungen zum Schein oder mit geheimem Vorbehalt, 116–118
- Verstoß gegen eine Formvorschrift (z.B. 127, 313 S. 1, 518 I 1, 766 S. 1), 125
- Verstoß gegen ein gesetzliches Verbot, 134
- Sittenwidrigkeit eines Rechtsgeschäfts, 138
- anfängliche Unmöglichkeit einer Leistung, 306

Rechtsvernichtende Einwendungen

- Gläubiger- oder Schuldnerwechsel
  - Abtretung einer Forderung, 398
  - gesetzlicher Forderungsübergang, 412 (z.B. 426 II, 774/67 VVG)
  - Schuldübernahme, 414 ff
- Erlaßvertrag, 397 I
- negatives Schuldanerkenntnis, 397 II
- Aufhebungsvertrag, 305
- Anfechtung einer Willenserklärung wegen Irrtums, unrichtiger Übermittlung, arglistiger Täuschung oder widerrechtlicher Drohung, 142 I i.V.m. 119 I, II, 120, 123
- Rücktritt und Wandlung, 346/325–327/462, 465, 467/634
- Kündigung eines Dauerschuldverhältnisses
- Eintritt einer auflösenden Bedingung oder eines Endtermins, 158 II, 163
- nachträgliche nicht zu vertretende Unmöglichkeit einer Leistung, 275, 323
- Wegfall der Geschäftsgrundlage, 242
- Aufrechnung, 387, 389
- Minderung, 472, 465, 462, 459 ff
- Erfüllung, 362
- Erfüllungssurrogate, 364
- Hinterlegung unter Rücknahmeverzicht, 372, 378
- Mitverschulden bei der Entstehung eines Schadens, 254
- Verwirkung, 242
- unzulässige Rechtsausübung, 226, 242, 826

Rechtshemmende Einreden

- Stundung, 202 I, 452, 454
- Leistungsverweigerungsrecht bei gegenseitigen Verträgen, 320
- Zurückbehaltungsrecht des Schuldners, 273
- Zurückbehaltungsrecht des unrechtmäßigen Besitzers, 1000
- Mängelanzeige, 478
- Einrede des Notbedarfs bei Schenkung, 519
- Einreden des Bürgen, 770, 771
- Arglisteinrede, 853
- Bereicherungseinrede, 821
- Verjährung (z.B. 195 ff, 477, 558, 638, 651g, 852), 222

d Prüfungsreihenfolge

aa Anspruchsaufbau

Nach allgemeiner Praxis empfiehlt sich für die Reihenfolge der zu prüfenden Anspruchsgrundlagen eine Einteilung nach dem Entstehungsgrund der Ansprüche. Unterschieden werden entsprechend rechtsgeschäftliche (durch Rechtsgeschäft, insbesondere Vertrag begründete) und gesetzliche (kraft Gesetzes bestehende) Ansprüche. Die wichtigsten gesetzlichen Ansprüche sind: dingliche Ansprüche (gründen sich auf ein dingliches Recht), deliktische Ansprüche (entstehen aus unerlaubter Handlung), Bereicherungsansprüche und Ansprüche aus Geschäftsführung ohne Auftrag. Daneben sind noch die sogenannten vertragsähnlichen Ansprüche zu berücksichtigen.

Die diesen Gruppen zugehörigen Anspruchsgrundlagen werden grundsätzlich in folgender Reihenfolge geprüft:

- ❑ **vertragliche Ansprüche**
- ❑ **Ansprüche aus vertragsähnlichen Beziehungen sowie aus Geschäftsführung ohne Auftrag**
- ❑ **dingliche Ansprüche**
- ❑ **Ansprüche aus unerlaubter Handlung**
- ❑ **Ansprüche aus ungerechtfertigter Bereicherung**

Zu begründen ist diese Reihenfolge damit, daß sie weitgehend Wiederholungen und Verschachtelungen vermeiden hilft, die sich daraus ergeben können, daß Fragen aus dem Bereich einer Anspruchsgruppe Vorfragen für die Prüfung anderer Anspruchsgrundlagen sind. Darüber hinaus berücksichtigt sie einige wichtige Kollisionsregeln, die für das gleichzeitige Eingreifen bestimmter Anspruchsgruppen bestehen.

> Mit vertraglichen Ansprüchen zu beginnen empfiehlt sich, weil der Vertrag, der ihnen zugrundeliegt, auf alle anderen Anspruchsgruppen einwirken kann.
> Für Ansprüche aus Geschäftsführung ohne Auftrag ist das Bestehen eines vertraglichen Verhältnisses Vorfrage, weil § 677 BGB erfordert, daß der Geschäftsführer ohne Auftrag oder sonstige Berechtigung handelt.
> Gegenüber den sachenrechtlichen Ansprüchen aus §§ 985, 987 ff BGB sind Verträge von Bedeutung, weil sie gemäß § 986 BGB ein Recht zum Besitz geben können und dann den Herausgabeanspruch des Eigentümers wie alle Folgeansprüche ausschließen.
> Für deliktische Ansprüche können vertraglich vereinbarte Haftungsbeschränkungen, die auch für gesetzliche Ansprüche gelten sollen, den erforderlichen Verschuldensgrad beeinflussen, soweit sie zulässig sind. Desgleichen können vertragliche Vereinbarungen einen Rechtfertigungsgrund für eine Verletzungshandlung ergeben.
> Ein Vertrag kann auch Bereicherungsansprüche ausschließen, da er Rechtsgrund für eine streitige Vermögensverschiebung sein kann.
> Ansprüche aus Geschäftsführung ohne Auftrag (GoA) sollten vor dinglichen, deliktischen und Bereicherungsansprüchen geprüft werden, da sich aus der berechtigten GoA ein Recht zum Besitz, ein Rechtfertigungsgrund oder ein Rechtsgrund für eine Vermögensverschiebung ableiten kann.
> Die Ansprüche aus dem Eigentümer–Besitzer–Verhältnis (§§ 987 ff BGB) enthalten bezüglich Schadensersatz und Nutzungen Spezialregelungen, die die Vorschriften der §§ 823, 812 BGB nach h.M. weithin ausschließen.
> Ansprüche aus unerlaubter Handlung und solche aus ungerechtfertigter Bereicherung hingegen beeinflussen sich wechselseitig nicht.

In den allermeisten Fällen ist ein solcher Aufbau jedenfalls zweckmäßig.

Soweit **innerhalb einer der genannten Anspruchsgruppen** mehrere Anspruchsgrundlagen in Frage kommen, ist unter Umständen zu berücksichtigen, daß einzelne Normen andere kraft Spezialität verdrängen. Zwei wichtige Beispiele: die Gewährleistungsregeln der §§ 459 ff BGB verdrängen die Irrtumsanfechtung aus § 119 II BGB; die Leistungskondiktion hat Vorrang vor der Nichtleistungskondiktion.

In unumstrittenen Fällen der Verdrängung wird der Anspruch aus dem verdrängenden Bereich als erster geprüft und das Nichteingreifen der verdrängten

Vorschrift anschließend nur noch kurz festgestellt.

Wo verschiedene Auffassungen über das Verhältnis der Normen zueinander bestehen, wird der Anspruch aus dem möglicherweise verdrängenden Bereich geprüft und im Eingang zur Prüfung der möglicherweise verdrängten Vorschrift der Meinungsstreit dargestellt sowie die eigene Stellungnahme abgegeben. Diese Regel gilt entsprechend bei Spezialität eines Anspruchs gegenüber einem aus einer anderen Anspruchsgruppe.

Soweit innerhalb einer Anspruchsgruppe mehrere Anspruchsgrundlagen zu prüfen sind, die sich nicht verdrängen – z.B. die §§ 985, 1007, 861 –, bestehen keine festen Regeln für die Reihenfolge der Prüfung. Es kann daher von Fall zu Fall sinnvoll sein,

- ❑ mit dem gewichtigsten oder weitreichendsten Anspruch zu beginnen,
- ❑ mit dem Anspruch zu beginnen, dessen Voraussetzungen leichter zu erfüllen sind (z.B. weil kein Verschulden erforderlich ist),
- ❑ mit den Ansprüchen zu beginnen, die möglicherweise ausscheiden, weil eine ihrer Voraussetzungen nicht vorliegt.

Einwendungen und Einreden werden bei der Anspruchsgrundlage geprüft, die sie in Frage stellen. Sinnvollerweise ist bei der Prüfung jeden Anspruchs in folgender Reihenfolge vorzugehen:

- ❑ **Ist der Anspruch entstanden?**
  - ❑ Entstehungstatbestand der Anspruchsgrundlage
  - ❑ rechtshindernde Einwendungen
- ❑ **Ist der entstandene Anspruch inzwischen untergegangen?**

  (rechtsvernichtende Einwendungen)
- ❑ **Ist der bestehende Anspruch durchsetzbar?**

  (rechtshemmende Einreden)

bb Historischer Aufbau

Bei Fallfragen, die auf die dingliche Rechtslage abzielen, eignet sich der Anspruchsaufbau nicht. In solchen Fällen wird in der Regel der sog. historische Aufbau gewählt. Beim historischen Aufbau wird als Ausgangspunkt der Prüfung im Sachverhalt derjenige Zeitpunkt bestimmt, für den die Rechtslage eindeutig feststeht. Von diesem Punkt aus werden die Rechtsänderungen in ihrem Ablauf verfolgt. Die aufgesuchten Rechtsnormen, deren Eingreifen eine Änderung des fraglichen Rechts in der fraglichen Richtung darstellen würde, werden in der zeitlichen Reihenfolge geprüft, in der die ihnen zuzuordnenden Geschehensabläufe des Sachverhalts stehen.

Geprüft wird also z.B.:
- Hat A Eigentum erworben?
- Hat er es später wieder verloren?
- Hat er es noch später wieder zurückerworben?

Die historische Methode findet ebenfalls Anwendung, wo im Rahmen des Anspruchsaufbaus dingliche Vorfragen zu klären sind, z.B. bei einem Herausgabeanspruch gemäß § 985 BGB bezüglich der Frage, ob der Anspruchsteller Eigentümer ist.

Für die Prüfung von Einwendungen und Einreden im Rahmen des historischen Aufbaus gilt das oben Gesagte entsprechend.

3 Subsumtion und Gutachten

Für die Durchführung der Subsumtion und die Anfertigung des Gutachtens gelten keine Besonderheiten gegenüber der oben gegebenen Darstellung.

Als Hilfestellung für die Bestimmung der Tatbestandsmerkmale und deren sinnvoller Reihenfolge finden Sie im folgenden eine Zusammenstellung wichtiger Prüfungsschemata.

II Prüfungsschemata

1 Grundlegendes Prüfungsraster für Ansprüche

a wirksame Entstehung des Anspruchs
  aa Entstehungstatbestand
  bb keine rechtshindernden Einwendungen
b keine rechtsvernichtenden Einwendungen
c keine rechtshemmenden Einreden

2 Erfüllungsansprüche

bestehen bei
Zustandekommen, Wirksamkeit und Durchsetzbarkeit eines Vertrags
a Feststellung des in Betracht kommenden Vertragstyps
b Einigung
  aa Angebot (145, 150)
    (1) Abgabe einer Willenserklärung (evtll. Vertretung, 164 ff)
    (2) Wirksamkeit der Willenserklärung (Zugang, 130, 151)
  bb Annahme (146, 150 II)
    (1) Abgabe einer Willenserklärung (evtll. Vertretung, 164 ff)
    (2) Wirksamkeit (Zugang, 130, 151)
    (3) Rechtzeitigkeit (147–149, 150 I)
    (4) vorbehaltlose Übereinstimmung mit dem Angebot (150 II, 154 f)
c notwendiger Einigungsinhalt
  aa Verpflichtungsvertrag:
    – bei gesetzlich geregelten Vertragstypen: gesetzlich bestimmter Mindestinhalt (z.B. gemäß 433, 611, 631)
    – sonst: Parteien, Leistung, Gegenleistung (bzw.: Unentgeltlichkeit, übliche Vergütung)
    – Einigung über weitere Punkte, wenn eine Partei es verlangt, 154 I
  bb abstraktes Rechtsgeschäft: gesetzlich festgelegter Inhalt
d keine rechtshindernden Einwendungen
e keine rechtsvernichtenden Einwendungen
f keine rechtshemmenden Einreden

3 Herausgabeansprüche

a Herausgabeanspruch nach Beendigung eines Mietverhältnisses, 556 I, III

  aa Mietvertrag, 535
  bb Beendigung des Mietverhältnisses durch
    (1) Zeitablauf oder Bedingungseintritt
    (2) wirksame ordentliche bzw. außerordentliche Kündigung
    (3) Aufhebungsvertrag (305)
  RF: Rückgabe der Mietsache

b Herausgabeanspruch des Auftraggebers, 667

aa Auftrag gemäß 662
  - vertragliche Einigung über die unentgeltliche Besorgung eines Geschäfts
  - Geschäft: jedes Tätigwerden für den Auftraggeber

bb Ausführung des Auftrags

cc Erlangung eines Gegenstandes, Rechts oder sonstigen Vorteils zur Ausführung des Auftrags oder aus der Geschäftsbesorgung

RF: Herausgabe

c Herausgabeanspruch bei Geschäftsführung ohne Auftrag, 681 S. 2, 667

aa Geschäftsführung ohne Auftrag, 677
  (1) der Geschäftsführer hat ein fremdes Geschäft wahrgenommen
    - Geschäft: jedes Tätigwerden
    - fremd:
      - objektiv fremdes Geschäft: Geschäft, das ausschließlich zum Rechts- und Interessenkreis eines anderen gehört
      - auch fremdes Geschäft: soweit zugleich eigene und fremde Aufgaben oder Pflichten erfüllt werden, darf die positive Wirkung für den Geschäftsherrn nicht bloße Reflexwirkung der Erfüllung der eigenen Aufgaben sein
      - neutrales Geschäft (das von jedem wahrgenommen werden kann): ist fremd, wenn der Wille, für einen anderen tätig werden zu wollen, zum Ausdruck gebracht wird
  (2) mit Fremdgeschäftsführungswillen
    - ist indiziert bei objektiv fremdem Geschäft
    - muß bei neutralem Geschäft positiv festgestellt werden
  (3) ohne dazu aufgrund eines Auftrags, eines anderen vertraglichen oder eines gesetzlichen Schuldverhältnisses verpflichtet oder sonstwie berechtigt zu sein

bb Berechtigung zur Geschäftsführung, 683: die Übernahme der Geschäftsführung muß dem
  (1) wirklichen Willen
  (2) sonst: dem mutmaßlichen Willen (Interesse) des Geschäftsherrn entsprechen

cc Erlangung eines Gegenstandes, Rechts oder sonstigen Vorteils aus der Geschäftsführung

RF: Herausgabe

d Herausgabeanspruch bei angemaßter Eigengeschäftsführung, 687 II, 681 S. 2, 667

aa der Geschäftsführer nimmt ein objektiv fremdes Geschäft wahr

bb mit Eigengeschäftsführungswillen

cc ohne dazu berechtigt zu sein

dd in Kenntnis der fehlenden Berechtigung

ee Erlangung eines Gegenstandes, Rechts oder sonstigen Vorteils aus der Geschäftsführung

RF: Herausgabe von allem, was aus der Geschäftsführung erlangt worden ist

e Herausgabeanspruch des Eigentümers gegenüber dem unberechtigten Besitzer, 985

aa Sache (90)

bb der Anspruchsteller ist Eigentümer der Sache
  - kraft Gesetzes: 946 ff, 953 ff, 958

– Erwerb durch Rechtsgeschäft vom Berechtigten: 929 ff; 873, 925
– Erwerb durch Rechtsgeschäft vom Nichtberechtigten: 932 ff

cc der Anspruchsgegner ist Besitzer der Sache
– unmittelbarer Besitz gemäß 854
– nach h.M. auch: mittelbarer Besitz im Sinne des 868

dd der Anspruchsgegner hat kein Recht zum Besitz, 986
(1) kein eigenes Recht zum Besitz, 986 I 1 Alt. 1:
insbesondere dingliche Rechte einschließlich Anwartschaften, schuldrechtliche Überlassungsansprüche aus Miete, Pacht, Leihe
(2) kein abgeleitetes Recht zum Besitz, 986 I 1 Alt. 2, 2:
ein solches besteht, wenn
(a) der unmittelbare Besitzer sein Besitzrecht von einem Dritten ableitet, der nicht Eigentümer ist
(b) der Dritte dem Eigentümer gegenüber zum Besitz berechtigt ist
(c) der Dritte zur Überlassung des Besitzes an den Besitzer befugt ist
(3) Einwendungen gemäß 986 II, 929, 931

RF: Herausgabe der Sache (bei unbeweglichen Sachen: Räumung) bzw. des mittelbaren Besitzes

f Herausgabeanspruch des früheren Besitzers mit besserem Besitzrecht, 1007

aa Anspruch gegen den bösgläubigen Besitzerwerber, 1007 I
(1) bewegliche Sache
(2) der Anspruchsteller war früherer Besitzer
(3) der Anspruchsgegner ist jetziger Besitzer
(4) der Anspruchsgegner war bei Besitzerwerb bösgläubig, I
(5) der Anspruch ist ausgeschlossen, wenn
(a) der Anspruchsteller bei Erwerb seines Besitzes bösgläubig war, III 1 Alt. 1
(b) der Anspruchsteller seinen Besitz freiwillig aufgegeben hat, III 1 Alt. 2
(c) der Anspruchsgegner ein gegenwärtiges Recht zum Besitz hat, III 2 i.V.m. 986

RF: Herausgabe (Wiedereinräumung) des Besitzes (!)

bb Anspruch bei abhandengekommenen Sachen, 1007 II
(1) bewegliche Sache
(2) der Anspruchsteller war früherer Besitzer
(3) der Anspruchsgegner ist jetziger Besitzer
(4) die Sache ist dem Anspruchsteller abhandengekommen, II
(5) der Anspruch ist ausgeschlossen, wenn
(a) der Anspruchsteller bei Erwerb seines Besitzes bösgläubig war, III 1 Alt. 1
(b) dem Anspruchsgegner die Sache vor der Besitzzeit des Anspruchstellers selbst abhandengekommen ist, II 1 Hs. 2 Alt. 2
(c) der Anspruchsgegner ein gegenwärtiges Recht zum Besitz hat, III 2 i.V.m. 986
(d) bei Geld und Inhaberpapieren, II 2

RF: Herausgabe (Wiedereinräumung) des Besitzes (!)

g Herausgabeanspruch des früheren Besitzers bei Entzug durch verbotene Eigenmacht, 861 (869)

aa früherer Besitz des Anspruchstellers

bb die Besitzentziehung geschah durch verbotene Eigenmacht, 858 I

(1) Entziehung des unmittelbaren Besitzes
(2) ohne den Willen des früheren unmittelbaren Besitzers
(3) und ohne gesetzliche Gestattung

cc der Besitz des jetzigen Besitzers ist fehlerhaft, 858 II
(1) weil er die verbotene Eigenmacht selbst begangen hat
(2) weil er als Besitznachfolger dessen Erbe ist
(3) oder weil er als Besitznachfolger bei Besitzerwerb Kenntnis von dem fehlerhaften Besitz seines Vorgängers hatte

dd kein Ausschluß durch 861 II

ee Geltendmachung innerhalb eines Jahres gemäß 864

RF: Herausgabe (Wiedereinräumung) des Besitzes (!)

h Herausgabeanspruch wegen ungerechtfertigter Bereicherung

aa Leistungskondiktion

(1) 812 I 1 Alt. 1
(a) Bereicherung des Anspruchsgegners: Erlangung eines Vermögensvorteils beliebiger Art
(b) durch Leistung des Anspruchstellers
(bewußte und zweckgerichtete Vermehrung fremden Vermögens)
(c) ohne rechtlichen Grund (Verfehlung des Zuwendungszwecks):
– die Verbindlichkeit besteht nicht
– oder sie besteht zwar, aber die Erfüllungswirkung ist nicht eingetreten
– oder das einem dinglichen Erfüllungsgeschäft zugrundeliegende Kausalgeschäft ist unwirksam (bzw. fehlt ganz)
(d) kein Ausschluß nach 814, 817 S. 2

(2) 812 I 2 Alt. 1
(a) Bereicherung
(b) durch Leistung
(c) späterer Wegfall des rechtlichen Grundes (z.B. auflösende Bedingung, Befristung, Anfechtung, Kündigung)
(d) kein Ausschluß nach 817 S. 2

(3) 813 I
(a) Bereicherung
(b) durch Leistung
(c) Bestehen einer dauerhaften Einrede
(aber nicht: 222!)
(d) kein Ausschluß nach 814, 817 S. 2

(4) 812 I 2 Alt. 2
(a) Bereicherung
(b) durch Leistung, die
(aa) einen anderen oder einen weitergehenden Zweck als nur die Erfüllung einer Verbindlichkeit verfolgt
(bb) Verständigung beider Parteien über diesen Zweck
(c) Nichteintritt des bezweckten Erfolgs
(d) kein Ausschluß gemäß 815, 817 S. 2

(5) 817 S. 1
(a) Bereicherung
(b) durch Leistung
(c) die Annahme der Leistung verstößt gegen Gesetz oder gute Sitten

(d) kein Ausschluß nach 817 S. 2
RF: Herausgabe der Bereicherung

bb Eingriffskondiktion, 812 I 1 Alt. 2
(1) Bereicherung des Anspruchsgegners
(2) in sonstiger Weise auf Kosten des Anspruchstellers
(a) in sonstiger Weise; hier: durch Eingriff in den Zuweisungsgehalt eines fremden Rechts oder Vermögenswertes
(aa) Inanspruchnahme eines fremden Rechts für eigene Zwecke
(bb) der dabei erworbene Vermögensvorteil gebührt in rechtlicher Wertung allein dem Rechtsinhaber
(b) auf Kosten des Rechtsinhabers: der Vermögensnachteil des Anspruchstellers ist unmittelbar durch den Eingriff des Anspruchsgegners bedingt
(3) ohne rechtlichen Grund
RF: Herausgabe der Bereicherung

4 Schadensersatzansprüche

a Schadensersatz wegen Unmöglichkeit der Hauptleistung beim gegenseitigen Vertrag, 325

aa gegenseitiger Vertrag
bb nach Abschluß des Vertrags eingetretene Unmöglichkeit einer Leistung, die im Gegenseitigkeitsverhältnis steht
– nachträgliches subjektives Unvermögen ist gleichgestellt, 275 II
– das gesetzlich nicht geregelte anfängliche Unvermögen wird ebenfalls gleichgestellt
cc der Schuldner hat die Unmöglichkeit zu vertreten
– Verschulden i.S.d. 276–279
– bei anfänglichem Unvermögen ist strittig: besteht die Haftung
– immer (als Garantiehaftung), h.M.
– oder nur bei Verschulden
RF: Schadensersatz wegen Nichterfüllung

b Schadensersatz wegen Unmöglichkeit der Leistung, 280

aa gesetzliches oder vertragliches Schuldverhältnis
bb nachträgliche Unmöglichkeit der Erfüllung einer einseitigen Leistungspflicht
– einseitige Leistungspflicht:
– vertragliche Pflicht aus einem gegenseitigen Vertrag, die nicht im Gegenseitigkeitsverhältnis steht
– Leistungspflicht aus einem einseitig verpflichtenden Vertrag
– Leistungspflicht aus einem gesetzlichen Schuldverhältnis
– nachträgliches Unvermögen ist gleichgestellt, 275 II
– das gesetzlich nicht geregelte anfängliche Unvermögen wird ebenfalls gleichgestellt
cc der Schuldner hat die Unmöglichkeit zu vertreten
– Verschulden i.S.d. 276–279
– bei anfänglichem Unvermögen ist strittig: besteht die Haftung
– immer (als Garantiehaftung), h.M.
– oder nur bei Verschulden

RF: Schadensersatz wegen Nichterfüllung

c Schadensersatz wegen Verzugs mit einer Hauptleistungspflicht beim gegenseitigen Vertrag, 326

aa gegenseitiger Vertrag
bb Verzug mit einer Leistungspflicht, die im Gegenseitigkeitsverhältnis steht
  (1) fälliger, durchsetzbarer Anspruch auf eine Hauptleistung
  (2) Mahnung oder Entbehrlichkeit, 284
  (3) Nichtleistung trotz Möglichkeit, 284 I 1
  (4) Verschulden im Sinne der 276–278, 285
cc Fristsetzung mit Ablehnungsandrohung, 326 I 1, II
dd Nichtleistung bei Fristablauf, 326 I 2
RF: Schadensersatz wegen Nichterfüllung

d Schadensersatz wegen Verzugs, 286 I

aa vertragliches oder gesetzliches Schuldverhältnis
bb Verzug mit einer Leistungspflicht
  (1) fälliger, durchsetzbarer Anspruch auf eine Haupt– oder Nebenleistung
  (2) Mahnung oder Entbehrlichkeit, 284
  (3) Nichtleistung trotz Möglichkeit, 284 I 1
  (4) Verschulden im Sinne der 276–278, 285
RF: Ersatz des Verzögerungsschadens

e Schadensersatz wegen Verzugs, 286 II

aa vertragliches oder gesetzliches Schuldverhältnis
bb Verzug mit einer Leistungspflicht
  (1) fälliger, durchsetzbarer Anspruch auf eine Leistungspflicht (bei gegenseitigem Vertrag: Leistungspflicht, die nicht im Gegenseitigkeitsverhältnis steht)
  (2) Mahnung, 284
  (3) Nichtleistung trotz Möglichkeit, 284 I 1
  (4) Verschulden im Sinne der 276–278, 285
cc Wegfall des Interesses an der Leistung für den Gläubiger
RF: Schadensersatz wegen Nichterfüllung

f Schadensersatz wegen mangelhafter Leistung beim Kaufvertrag, 463, 480 II

aa wirksamer Kaufvertrag, 433
bb Fehlen einer zugesicherten Eigenschaft, arglistiges Vorspiegeln einer Eigenschaft oder arglistiges Verschweigen eines Fehlers der Kaufsache im Zeitpunkt des Gefahrübergangs
cc kein Ausschluß der Haftung (vertraglich/AGB; aber: AGBG!/ 460, 461, 464)
RF: Schadensersatz wegen Nichterfüllung

g Schadensersatz wegen mangelhafter Leistung beim Mietvertrag, 538

aa wirksamer Mietvertrag, 535
bb die Mietsache weist einen Mangel im Sinne der 537, 541 auf
  (1) bei Abschluß des Vertrags
  (2) nach Vertragsabschluß, wobei die Entstehung des Mangels vom Vermieter zu vertreten ist (276 ff)
  (3) oder der Vermieter ist mit der Beseitigung des Mangels in Verzug

cc kein Ausschluß der Haftung (vertraglich/AGB; aber: AGBG!/539, 545 II)
RF: Schadensersatz wegen Nichterfüllung

h Schadensersatz wegen mangelhafter Leistung beim Werkvertrag, 635
aa wirksamer Werkvertrag, 631
bb Mangel, der vor der Abnahme entstanden ist
- Mangel: Verstoß gegen 633 I
- maßgeblicher Zeitpunkt: Abnahme, 640

cc Fristsetzung mit Ablehnungsandrohung, 634 I, II
dd Fristablauf
ee der Unternehmer hat den Mangel zu vertreten, 635
ff kein Ausschluß der Haftung (vertraglich/AGB; aber: AGBG!)
RF: Schadensersatz wegen Nichterfüllung

i Schadensersatz wegen Positiver Vertragsverletzung (PVV), 280, 286, 325, 326 analog
aa Anwendbarkeit: Regelungslücke
(insbes.: keine Anwendbarkeit der gesetzlichen Regeln über Unmöglichkeit, Verzug, Gewährleistung; Haupttypen:)
(1) Schlechterfüllung einer Hauptleistungspflicht
(a) bei Verträgen ohne Gewährleistung (z.B. 611, 662, 675)
(b) Mangelfolgeschaden (Schaden an anderem Rechtsgut als der gelieferten Sache) bei Verträgen mit Gewährleistung (433, 631)
(2) Falschlieferung (aliud)
(3) Verletzung von Nebenleistungs- oder Sorgfaltspflichten
bb Bestehen eines Schuldverhältnisses
cc Bestehen einer Verhaltenspflicht gemäß 242 BGB (s.o.)
dd Verletzung der Pflicht durch eine Handlung bzw. Unterlassung
ee Kausalität Handlung – Pflichtverletzung
ff Rechtswidrigkeit
gg Verschulden bezüglich der Pflichtverletzung, 276, 278
RF: Schadensersatz

k Schadensersatz bei Rücktritt (oder Wandlung), (467, 634 IV) 347, 989
aa wirksamer Rücktritt vom Vertrag (Wandlung)
(1) Rücktritts(Wandlungs-)grund
(a) vertragliches Rücktrittsrecht
(b) Leistungsstörung (325, 326, 327/467/634 IV, 467)
(2) kein Ausschluß, 351–353
(3) Erklärung des Rücktritts (349) bzw. wirksame Ausübung der Wandlung (465)
bb die empfangene Leistung ist verschlechtert, untergegangen oder kann aus einem anderen Grund nicht herausgegeben werden
cc Verschulden (wie beim Anspruch aus 989, s.u. p)
RF: Schadensersatz
- bei vertraglichem Rücktrittsrecht uneingeschränkt
- beim gesetzlichen Rücktrittsrecht eingeschränkt (weil zumindest einer der Partner zunächst nicht mit dem Rücktritt zu rechnen braucht):
  - der Rücktrittsgegner haftet ab Leistungsempfang (h.M.) bzw. ab Kenntnis des Rücktrittsgrundes

- der Rücktrittsberechtigte haftet nicht (d.h. haftet analog 327 S. 2 nur nach 812 ff, h.M.) bzw. ab Kenntnis des Rücktrittsgrundes nach 347, 989 (a.M.)

l Schadensersatz bei wirksamer Anfechtung, 122

aa empfangsbedürftige Willenserklärung
bb Anfechtungsgrund
  (1) Irrtum über den Inhalt oder die Erklärung, 119 I
  (2) Irrtum über eine verkehrswesentliche Eigenschaft, 119 II
  (3) unrichtige Übermittlung, 120
cc Kausalität für die Abgabe der Willenserklärung
dd kein Ausschluß der Anfechtung oder des Schadensersatzes wegen
  - beiderseitigem Irrtum
  - Anwendbarkeit der 459 ff (bei Anfechtung wegen 119 II)
  - Kenntnis oder fahrlässige Unkenntnis der Anfechtbarkeit, 122 II
  - Bestätigung, 144
ee fristgemäße Anfechtungserklärung
  (1) Erklärung gegenüber dem Anfechtungsgegner, 143
  (2) fristgerecht, 121
RF: Ersatz des Vertrauensschadens

m Schadensersatz bei anfänglicher Unmöglichkeit einer Leistung oder Gesetzeswidrigkeit eines Vertrages, 307, 309

aa Vertragsschluß
bb anfängliche objektive Unmöglichkeit einer vereinbarten Leistung oder Verstoß des Vertrags gegen ein gesetzliches Verbot
cc Kenntnis oder fahrlässige Unkenntnis des Anspruchsgegners, nicht des Anspruchstellers, 307 I 1, 2
RF: Ersatz des Vertrauensschadens

n Schadensersatzanspruch gegenüber dem Vertreter ohne Vertretungsmacht, 179

aa der Anspruchsgegner hat einen Vertrag als Vertreter ohne Vertretungsmacht geschlossen
  (1) Vertragsabschluß in fremdem Namen
  (2) keine Vertretungsmacht
  (3) keine Genehmigung des Vertretenen, 177
bb kein Ausschluß der Haftung, weil
  (1) der Vertreter in der Geschäftsfähigkeit beschränkt war und ohne Zustimmung seines gesetzlichen Vertreters handelte, III 2
  (2) oder der andere Teil den Mangel der Vertretungsmacht kannte oder fahrlässig nicht kannte, III 1
RF: Schadensersatz (I, II)

o Schadensersatz wegen culpa in contrahendo (cic), Gewohnheitsrecht

aa Anwendbarkeit: Regelungslücke
  (insbes.: kein Eingreifen von 122, 179, 307, 459 ff, 633 ff)
bb vorvertragliches oder vertragsähnliches Schuldverhältnis
  (1) tatsächliche Aufnahme von Vertragsverhandlungen
  (2) Herstellen eines Kontakts, bei dem ein Vertragsschluß ins Auge gefaßt wurde
  (3) Vertrauensverhältnis aus dauernder Geschäftsverbindung

(4) Nichtigkeit eines abgeschlossenen Vertrags (Sorgfaltspflichten bestehen ungeachtet dessen)

cc Handlung oder Unterlassung (bei Bestehen einer Pflicht zum Handeln)

dd Pflichtverletzung (242)

- Verletzung von Schutz-, Mitteilungs- oder Aufklärungspflichten
- grundloses Abbrechen von Vertragsverhandlungen, nachdem ein Abschluß als sicher in Aussicht gestellt wurde
- Verletzung des Vertrauensverhältnisses bei dauernder Geschäftsverbindung

ee Kausalität Handlung – Pflichtverletzung

ff Verschulden (276, 278)

RF: Schadensersatz (negatives Interesse)

p Schadensersatzanspruch des Eigentümers gegen den bösgläubigen oder verklagten unrechtmäßigen Besitzer, 989, 990

aa unrechtmäßiger Besitz im Zeitpunkt der Verletzungshandlung (Voraussetzungen des 985, nicht aber des 986 liegen vor; sog. Eigentümer–Besitzer–Verhältnis)

(1) der Anspruchsteller ist Eigentümer einer Sache im Sinne des 90

(2) der Anspruchsgegner ist unrechtmäßiger Besitzer (Besitz ohne Recht gemäß 986)

bb der Besitzer war bösgläubig (gemäß 990 I) oder ist verklagt (989)

cc die Sache des Anspruchstellers ist verschlechtert, zerstört oder kann aus einem anderen Grund nicht herausgegeben werden

dd der Anspruchsgegner hat dies zu vertreten

(1) Verschulden bezüglich Verschlechterung oder Unmöglichkeit der Herausgabe (Verschulden: zurechenbares freiwilliges Verhalten/278)

(2) Verzug bei zufälligem Untergang der Sache, 990 II, 287 S. 2

RF: Schadensersatz (Sachwert, gegebenenfalls auch entgangener Gewinn)

q Schadensersatzanspruch des Eigentümers gegen den unrechtmäßigen Besitzer im Verzug, 990 II, 286 I

aa unrechtmäßiger Besitz (Eigentümer–Besitzer–Verhältnis)

bb der Besitzer ist bösgläubig, 990 I

cc und mit der Herausgabe der Sache im Verzug, 990 II, 284, 285

(1) fälliger Anspruch aus 985

(2) Mahnung oder Entbehrlichkeit

(3) zu vertretendes Nichtleisten

(4) keine Einreden

RF: Ersatz des Verzögerungsschadens

r Schadensersatzanspruch des Eigentümers gegen den Deliktsbesitzer, 992, 823 ff

aa unrechtmäßiger Besitz (Eigentümer–Besitzer–Verhältnis)

bb der Anspruchsgegner hat sich den Besitz durch verbotene Eigenmacht (858, 862) oder durch eine Straftat (gegen Besitz oder Eigentum) verschafft

cc Rechtswidrigkeit und Verschulden

RF: Haftung nach 823 ff, 249 ff, 848

s Schadensersatzanspruch des Eigentümers gegenüber dem gutgläubigen Fremdbesitzer, 991 II, 989

aa unrechtmäßiger Besitz (Eigentümer–Besitzer–Verhältnis)

bb der Anspruchsgegner ist Fremdbesitzer und war bei Besitzerwerb gutgläubig
cc die Sache des Anspruchstellers ist beschädigt, zerstört oder kann aus einem anderen Grund nicht herausgegeben werden
dd der Anspruchsgegner hat dies gegenüber dem mittelbaren Besitzer zu vertreten
RF: Schadensersatz, so weit die Verantwortlichkeit gegenüber dem mittelbaren Besitzer reicht

t Schadensersatz wegen unerlaubter Handlung – Verletzung absoluter Rechte, 823 I

aa objektiver Tatbestand
(1) der Anspruchsgegner hat den Anspruchsteller in einem der geschützten Rechte bzw. Rechtsgüter verletzt:
- Leben (verletzt durch: Tötung)
- Körper und Gesundheit (Eingriff in die körperliche Integrität bzw. Störung der inneren Funktionen oder Beeinträchtigung des körperlichen oder psychischen Wohlbefindens)
- Freiheit (Beeinträchtigung der körperlichen Bewegungsfreiheit)
- Eigentum (Verletzung der Befugnisse des 903: Substanzeinwirkung, Entziehung, Gebrauchsbeeinträchtigung, Verfügung eines Nichtberechtigten)
- alle beschränkt dinglichen Rechte einschließlich Anwartschaftsrechte
- berechtigter Besitz
- Recht am eingerichteten und ausgeübten Gewerbebetrieb (nur subsidiär)
- allgemeines Persönlichkeitsrecht (Art. 1, 2 GG)

(2) durch eine Handlung (auch eines Organs, 31)
(a) positives Tun
(b) oder pflichtwidriges Unterlassen bei Garantenstellung
(aa) Garantenstellung
- spezielle Pflichten (Garantenstellung aus Gesetz/Vertrag/enger Lebensgemeinschaft/vorausgehendem gefährdendem Verhalten)
- allgemeine Verkehrssicherungspflicht (Verantwortlichkeit für eine Gefahrenquelle)

(bb) die Pflicht besteht dem Anspruchsteller gegenüber
(cc) der Anspruchsgegner hat die Pflicht verletzt, d.h. das Erforderliche und Zumutbare nicht getan

(3) die Rechtsverletzung ist dem Anspruchsgegner zuzurechnen
(a) Kausalität Handlung – Rechtsverletzung
- positives Tun: Äquivalenz (condicio sine qua non)
- Unterlassen: pflichtgemäßes Handeln hätte die Rechtsverletzung verhindert

(b) Adäquanz: die Bedingung ist generell, wenn nicht außergewöhnliche Umstände vorliegen, geeignet, einen Erfolg dieser Art herbeizuführen

bb Rechtswidrigkeit
(1) ist nach h.M. grundsätzlich durch die Verwirklichung des Tatbestands indiziert; Ausnahmen:
- ist bei Verletzung des Rechts am eingerichteten und ausgeübten Gewerbebetrieb anhand einer Abwägung, z.B. mit berechtigter Interessenwahrnehmung (193 StGB) und Pflichterfüllung, positiv festzustellen
- ist bei Verletzung des allgemeinen Persönlichkeitsrechts im Einzelfall anhand einer Abwägung mit kollidierenden Rechten, z.B. Art. 5 GG, 193 StGB, positiv festzustellen

(2) Rechtfertigungsgründe
z.B.: Notwehr, 227/Verteidigungsnotstand, 228/Selbsthilfe, 229/Notstand, 904/Einwilligung des Verletzten

cc Verschulden
(1) Verschuldensfähigkeit, 827 f
(2) Verschulden
(a) Vorsatz: Wissen und Wollen des Erfolgs (bezüglich Tatbestand und Rechtswidrigkeit!)
(b) Fahrlässigkeit: 276 I 2
(c) Ausnahme: Billigkeitshaftung, 829

RF: Ersatz des kausal und adäquat verursachten Schadens (842–850)

u Schadensersatz wegen unerlaubter Handlung – Schutzgesetzverletzung, 823 II

aa Tatbestand
(1) Vorliegen eines Schutzgesetzes:
Rechtsnorm, die zumindest auch dem Schutz der Rechte und Interessen des Einzelnen dienen soll
(a) Rechtsnorm im materiellen Sinn
(b) Gebot oder Verbot als Inhalt
(c) persönlicher und sachlicher Schutzbereich:
– das Gesetz bezweckt (auch) den Schutz Einzelner
– der Anspruchsteller gehört zum gesetzlich geschützten Personenkreis
– das geltend gemachte Interesse gehört zu den geschützten Interessen
(2) Verletzung durch eine Handlung
(zu prüfen gemäß den Regeln des jeweiligen Rechtsgebiets:)
(a) bei Strafgesetzen: Tatbestand, Rechtswidrigkeit und Schuld
(b) bei anderen Gesetzen: ggf. kann ein objektiver Verstoß ausreichend sein

bb Rechtswidrigkeit

cc Verschulden (soweit nicht schon bei aa (2) zu prüfen), II 2

RF: Ersatz des kausal und adäquat verursachten Schadens

v Schadensersatz wegen vorsätzlicher sittenwidriger Schädigung, 826

aa Schadenszufügung jeglicher Art

bb durch eine sittenwidrige Handlung (Handlung, die gegen nach allgemeiner Überzeugung geltende, nicht kodierte Rechtsgrundsätze oder gegen die herrschende Sozialmoral verstößt)

cc Vorsatz (bezüglich der die Sittenwidrigkeit begründenden Umstände und des Schadens)

RF: Schadensersatz

w Schadensersatz wegen Verletzungen durch einen Verrichtungsgehilfen, 831

aa Verrichtungsgehilfe (ist, wer mit Wissen und Wollen des Geschäftsherrn in dessen Geschäftsbereich weisungsabhängig tätig ist)

bb der Verrichtungsgehilfe hat eine tatbestandsmäßige und rechtswidrige unerlaubte Handlung begangen

cc in Ausübung der Verrichtung (Bestehen eines äußeren und inneren Zusammenhangs zwischen Verrichtung und schädigendem Verhalten)

dd keine Entlastung des Geschäftsherrn durch Nachweis der erforderlichen Sorgfalt bei Auswahl, Beaufsichtigung oder Beschaffung notwendiger Geräte (gesetzliche Verschuldensvermutung, d.h. der Geschäftsherr muß einen Entlastungsbeweis erbringen)

RF: Ersatz des kausal und adäquat verursachten Schadens

5 Sonstige Ausgleichsansprüche

a Anspruch auf Rückgewähr wegen Wandlung des Kaufvertrags, 346, 467, 465, 462, 459 ff

aa Wandlungsgrund
- (1) wirksamer Kaufvertrag, 433
- (2) Vorliegen eines Sachmangels
  - (a) Fehler, der erheblich ist, 459 I
    - bei Stückkauf: ungünstige Abweichung der Ist- von der Sollbeschaffenheit (im Zweifel: normale Eigenschaften einer Sache der verkauften Art), h.M.
    - bei Gattungskauf: nicht von mittlerer Art und Güte (243 I)
  - (b) oder Fehlen einer zugesicherten Eigenschaft, 459 II
- (3) im Zeitpunkt des Gefahrübergangs (446, 447), 459 I

bb kein Ausschluß der Haftung (vertraglich/AGB; aber: AGBG!/460, 461, 464/467, 351)

cc wirksame Ausübung des Wandlungsrechts, 465
- (1) Erklärung gegenüber dem Verkäufer
- (2) Einverständnis des Verkäufers (es kann aber bei Weigerung sogleich Klage auf Rückzahlung des Kaufpreises erhoben werden)

dd keine Einreden (z.B. Verjährung, 477)

RF: Rückgewähr der empfangenen Leistungen Zug um Zug, 467, 346, 348

b Anspruch auf Rückgewähr wegen Wandlung des Werkvertrags, 346, 634 I, IV, 467, 465

aa Wandlungsgrund, 634 I, 633
- (1) wirksamer Werkvertrag, 631
- (2) Vorliegen eines Sachmangels
  - (a) ungünstige Abweichung der Ist- von der Sollbeschaffenheit, die den Wert oder die Tauglichkeit erheblich mindert, 633 I Alt. 2, 634 III
  - (b) oder Fehlen einer zugesicherten Eigenschaft, 633 I Alt. 1
- (3) im Zeitpunkt der Abnahme (640)
- (4) Fristsetzung mit Ablehnungsandrohung, 634 I, II

bb kein Ausschluß der Haftung (vertraglich/AGB; aber: AGBG!/640 II/634 IV, 467, 351)

cc wirksame Ausübung des Wandlungsrechts, 634 IV, 465 (wie beim Kaufvertrag)

dd keine Einreden (z.B. Verjährung, 638)

RF: Rückgewähr der empfangenen Leistungen Zug um Zug, 634 IV, 467, 346, 348

c Anspruch auf Rückgewähr bei Rücktritt – allgemeines Prüfungsraster

aa Rücktrittsgrund
- (1) vertragliches Rücktrittsrecht, 346 (aber: 10 Nr. 3 AGBG)
- (2) Leistungsstörung (325, 326, 327/PVV)

bb kein Ausschluß des Rücktritts, 351–353

cc Erklärung (Form, Frist, Zugang), 349

d Anspruch des Schuldners auf Aufwendungsersatz bei Annahmeverzug des Gläubigers, 304

aa Leistungsberechtigung des Schuldners, 271
bb Ordnungsgemäßes Leistungsangebot
(1) tatsächlich, 294
(2) wörtlich, 295
(3) entbehrlich, 296
cc Leistungsfähigkeit und -bereitschaft des Schuldners, 297
dd Nichtannahme (293, 299) bzw. Nichtanbieten der fälligen Gegenleistung (298)
RF: Ersatz der Mehraufwendungen des Schuldners (304)

e Anspruch des Geschäftsführers auf Aufwendungsersatz, (683) 670

aa Auftrag oder berechtigte Geschäftsführung ohne Auftrag
(Aufbau s.o. 3 b bzw. 3 c)
bb Aufwendungen (freiwilliges Vermögensopfer) zur Durchführung des Auftrags bzw. Geschäfts
cc die der Geschäftsführer den Umständen nach für erforderlich halten durfte
RF: Ersatz der erforderlichen Aufwendungen

f Anspruch des unrechtmäßigen Besitzers auf Ersatz von Verwendungen, 994 ff

aa unrechtmäßiger Besitz (Eigentümer–Besitzer–Verhältnis)
bb Verwendungen auf die Sache
der Begriff der Verwendungen ist strittig:
– weite Auffassung: vermögenswerte Maßnahmen, die der Sache zugute kommen
– enge Auffassung: nur vermögenswerte Maßnahmen, die der Sache zugute kommen, ohne sie in ihrem Wesen grundlegend zu verändern
cc Notwendigkeit (994) bzw. Nützlichkeit (996) der Verwendung
dd Wiedererlangung der Sache durch den Eigentümer oder Genehmigung der Verwendung, 1001
ee kein Erlöschen des Anspruchs (1 bzw. 6 Monate nach Herausgabe der Sache an den Eigentümer), 1002
RF: Ersatz im Umfang des 994, 996, 999

g Wertersatz wegen Rechtsverlusts kraft Gesetzes, 951 I, 812 ff

aa Voraussetzungen des 951
(1) Rechtsverlust des Anspruchstellers wegen Verbindung, Vermischung oder Verarbeitung, 946 ff
(2) Eigentumserwerb des Anspruchsgegners
bb Voraussetzungen des 812 (weil 951 nur Rechtsgrundverweisung ist)
(1) Bereicherung
(2) durch Leistung oder in sonstiger Weise auf Kosten des Anspruchstellers
(a) im Zweipersonenverhältnis gilt:
– Leistungskondiktion bei zweckgerichteter Zuwendung, 812 I 1 Alt. 1
– sonst: Nichtleistungskondiktion, 812 I 1 Alt. 2
(b) im Mehrpersonenverhältnis gilt:
– grundsätzlich Abwicklung in den Leistungsverhältnissen (Vorrang der Leistungskondiktion)

- ausnahmsweise ist eine Eingriffskondiktion gegen den Erwerber möglich, wenn nach dem Wertungsmodell der 816, 932 ff BGB, 366 HGB bei rechtsgeschäftlicher Übertragung kein Eigentumserwerb stattgefunden hätte (d.h. bei Vorliegen des 935)

(3) ohne Rechtsgrund

RF: Wertersatz (818 II) bezogen auf die Sache

h Anspruch auf Wertersatz wegen entgeltlicher Verfügung eines Nichtberechtigten, 816 I 1

aa der Anspruchsgegner hat als Nichtberechtigter im eigenen Namen über ein Recht des Anspruchstellers verfügt
- Verfügung: Rechtsgeschäft, das auf unmittelbare Übertragung, Belastung, Inhaltsänderung oder Aufhebung eines Rechts gerichtet ist (Gegensatz: Verpflichtungsgeschäft)
- Nichtberechtigter: ist, wer weder Inhaber des Rechts noch kraft Rechtsgeschäfts oder Gesetzes zur Verfügung befugt ist

bb die Verfügung geschah entgeltlich

cc sie ist gegenüber dem Berechtigten wirksam

(1) gutgläubiger Erwerb (932 ff, 892)

(2) Genehmigung durch den Berechtigten gemäß 185 II 1

RF: Herausgabe des durch die Verfügung Erlangten (Erlös, d.h. objektiver Wert und gegebenenfalls erzielter Mehrwert, h.M.)

i Anspruch auf Wertersatz wegen ungerechtfertigter Bereicherung – Leistungskondiktion oder Eingriffskondiktion, 812 ff

(Aufbau s.o. 3 h)

6 Beseitigungs- und Unterlassungsanspruch wegen Eigentumsbeeinträchtigung, 1004

a der Anspruchsteller ist Eigentümer

b Eigentumsbeeinträchtigung in anderer Weise als durch Entziehung oder Vorenthaltung des Besitzes (Einwirkung auf die Sache, Behinderung des Zugangs etc.)

c die fortdauert bzw. ernsthaft zu befürchten ist

d der Anspruchsgegner ist Störer

aa die Störung geschieht durch eine eigene Handlung des Anspruchsgegners

bb oder auf adäquate Veranlassung infolge einer Willensbetätigung des Anspruchsgegners, der die Herrschaft über die gefahrbringende Sache ausübt (Zustandsstörer)

e der Anspruchsteller ist zur Duldung nicht verpflichtet, II
- privatrechtlich: vertraglich oder gemäß 242, 906, 904 S. 1, 912 I, 917 I
- öffentlich-rechtlich: z.B. gemäß 14 BImSchG oder aufgrund bestandskräftigen Verwaltungsakts

RF: Beseitigung bzw. Unterlassung der Störung (evtll: 906 II 2)

Hinweis:

- ❑ Eine Zusammenstellung aller wichtigen bürgerlich–rechtlichen Prüfungsschemata, die Definitionen, Fallgruppen, Normzusammenhänge und weiteres klausurrelevantes Wissen einbezieht, finden Sie in Band II der SCHEMATA. Ergänzt wird diese Darstellung durch Schemata zum Wertpapier-, Handels-, Gesellschafts- und Arbeitsrecht.

- ❑ Fallbeispiele mit Lösungen können Sie den verfügbaren Fall- und Entscheidungssammlungen entnehmen und die dargelegten Regeln an ihnen übungshalber nachvollziehen. Exemplarisch seien genannt:
  - Belke, Rolf, Prüfungstraining Zivilrecht, Bd. 2, Fälle mit Musterlösungen, 2. Aufl., 1992
  - Gursky, Karl–Heinz, Fälle und Lösungen nach höchstrichterlichen Entscheidungen, BGB Sachenrecht, 8. Aufl., 1994
  - Honsell, Heinrich/Wieling, Hans–Josef, Fälle mit Lösungen zum Besonderen Schuldrecht, 2. Aufl., 1990
  - Lange, Hermann/Scheyhing, Robert, Fälle zum Sachenrecht, 2. Aufl., 1988
  - Lüke, Gerhard, Fallsammlung zum Bürgerlichen Recht, 1992
  - Teubner, Ernst, Die Examensklausur im bürgerlichen, Straf- und öffentlichen Recht, 3. Aufl., 1991
  - Werner, Olaf, Fälle mit Lösungen für Anfänger im Bürgerlichen Recht, 7. Aufl., 1990

E Strafrecht

I Besonderheiten und Probleme der Bearbeitung strafrechtlicher Fälle

Wie beim Bürgerlichen Recht werden in diesem Kapitel nur die Besonderheiten dargestellt, die sich bei der Bearbeitung strafrechtlicher Fälle ergeben. Für eine erste Aneignung der Technik strafrechtlicher Fallösung sollte es daher gleichfalls im Zusammenhang mit den allgemeinen Grundlagen in Teil B gelesen und erarbeitet werden.

Für die weitere Einübung anhand der Lösung konkreter Fälle kann Teil E auch gesondert genutzt werden. Er bietet spezielle Hilfen bezüglich der Differenzierung von Sachverhalt und Fragestellung und beim Aufbau von Prüfung und Gutachten. Fragen, die allgemeine Grundlagen betreffen, können dann gegebenenfalls durch Heranziehen der entsprechenden Kapitel in Teil B geklärt werden.

1 Sachverhalt und Fragestellung

Für die **Erfassung des Sachverhalts** gelten die oben (B II 1) dargestellten Regeln. Besonderheiten gibt es in dieser Hinsicht wenige. Lediglich die Anfertigung von Skizzen und chronologischen Übersichten ist bei strafrechtlichen Fällen weniger durchgängig sinnvoll als bei zivilrechtlichen. Aber auch hier gilt: komplizierte Geschehensabläufe lassen sich graphisch transparenter und übersichtlicher machen. Achten Sie auf jeden Fall auf Zeit- und Datumsangaben im Sachverhalt. Sie sind meist nicht ohne Grund eingefügt und haben Bedeutung vor allem für den Lauf der Fristen für die Verjährung von Straftaten (§§ 78 ff StGB) und für die Stellung von Strafanträgen bei Antragsdelikten (§§ 77 ff StGB).

Hervorzuheben ist ansonsten nur noch einmal das Problem tatsächlicher oder vermeintlicher Sachverhaltslücken. Erfahrungsgemäß tritt das Gefühl, der Sachverhalt liefere eine für die rechtliche Prüfung erforderliche Information nicht, in strafrechtlichen Fällen anfangs besonders häufig auf. Dies gilt vor allem für subjektive Umstände. Ob der Täter vorsätzlich oder fahrlässig gehandelt hat, ob er sich in einem Irrtum befand, oder ob er die für die Verwirklichung mancher Delikte erforderlichen Absichten oder Motive hatte, läßt sich vielfach bestenfalls aus äußeren Umständen folgern. Meist stellt sich bei genauerem Hinsehen aber heraus, daß die Lücke auf dem Hintergrund des Gesamtzusammenhangs des Tatgeschehens und der sog. Lebenserfahrung durch Auslegung zu schließen ist. Ob zum Beispiel der an einem Raubüberfall mit Schußwaffen Beteiligte Eventualvorsatz bezüglich einer Tötung hatte, läßt sich möglicherweise aus einer Gesamtwürdigung der Umstände folgern, unter denen er die Waffe gebrauchte. Prüfen Sie, bevor Sie zu dem problematischen Mittel der alternativen Prüfung greifen, daher alle Möglichkeiten, den fraglichen Umstand durch Auslegung zu bestimmen (s. dazu die Hinweise oben B II 1 (d)). Denn meistens beruhen Lücken des Sachverhalts auf einem Versehen des Aufgabenstellers – und durch eine alternative Prüfung wird es unübersehbar.

Die **Fragestellung** strafrechtlicher Klausuren und Hausarbeiten ist in aller Regel auf die Strafbarkeit beteiligter Personen gerichtet.

> z.B.:
> "Wie haben die Beteiligten sich strafbar gemacht?"
> "Wie ist das Verhalten von A und B strafrechtlich zu beurteilen?"

❑ Strafbarkeit ...

Wird der rechtliche Horizont der durchzuführenden Prüfung nicht näher eingegrenzt, zum Beispiel auf das **StGB**, so bedeutet die Frage nach der Strafbarkeit, daß gegebenenfalls auch das **Nebenstrafrecht** (Strafvorschriften außerhalb des StGB – Straßenverkehrsgesetz, Waffengesetz, Betäubungsmittelgesetz etc.) einzubeziehen ist. Auf Ordnungswidrigkeiten hingegen braucht nur bei einem entsprechenden Hinweis eingegangen zu werden.

Gegenstand der durchzuführenden Prüfung ist **nur die Strafbarkeit** des geschilderten Verhaltens, nicht aber das Strafmaß. Strafzumessungserwägungen gemäß §§ 46 ff StGB lassen sich aufgrund der dürren Angaben universitärer Fallbeschreibungen angemessen gar nicht anstellen. Eine Ausnahme gilt nur für Tatbestände, die Regelbeispiele für besonders schwere Fälle formulieren und dafür einen anderen Strafrahmen setzen (insbesondere: § 243 StGB). Sie sind in die Prüfung miteinzubeziehen, obwohl es sich um Strafzumessungsregeln handelt.

❑ ... beteiligter Personen

Zu achten ist darauf, ob die Personen, deren Verhalten strafrechtlich beurteilt werden soll, näher eingegrenzt sind. Dann muß sich die rechtliche Prüfung auf das Verhalten dieser Personen beschränken. Wird hingegen allgemein nach der

Strafbarkeit der Beteiligten gefragt, dann ist das Verhalten aller im Sachverhalt erwähnten Personen in die Untersuchung einzubeziehen.

Nach dieser generellen Vorklärung des rechtlichen und persönlichen Horizonts der Fallbearbeitung ist die Fragestellung so zu konkretisieren, daß die Suche nach möglicherweise erfüllten Straftatbeständen möglich ist. Diese Konkretisierung bedeutet im wesentlichen eine **Aufbereitung des Sachverhalts durch Aufgliederung.**

Zunächst ist zu fragen, ob sich das geschilderte Geschehen in Komplexe aufteilen läßt, die bzgl. der dazugehörigen Handlungen und vom Ablauf her in sich geschlossen sind und eine isolierte rechtliche Prüfung erlauben. Diese

❑ Aufteilung in **Sachverhaltskomplexe**

kann je nach Fallgestaltung sehr unterschiedlich ausfallen.

Sie kann bedeuten, daß sich mehrere größere komplexe Geschehensabschnitte feststellen lassen, die ihrerseits noch einmal der Aufgliederung in einzelne strafrechtlich relevante Handlungen oder Handlungskomplexe bedürfen. Wie weit die Aufgliederung gehen darf, bestimmt sich nach der Frage, ob ein Geschehensabschnitt noch eine geschlossene rechtliche Würdigung erlaubt. Grundsätzlich sind **Einzelhandlungen** zu isolieren, ausgenommen mehrere Einzelhandlungen werden in rechtlicher Hinsicht durch mehraktige Delikte – zum Beispiel Raub, Erpressung oder Einbruchdiebstahl – zu einem Handlungskomplex verbunden. Wo solche Delikte in Betracht kommen können, darf die Aufteilung des tatsächlichen Geschehens natürlich zwischen dem Einbruch und dem Diebstahl keine Zäsur machen.

Ebensogut ist es möglich, daß der Fall mehrere größere Geschehensabschnitte nicht aufweist und das einheitliche Geschehen sich sinnvollerweise nur in einzelne Handlungen und Handlungskomplexe, die isoliert rechtlich geprüft werden können, aufteilen läßt.

Bei umfangreichen oder verwickelten Geschehensabläufen empfiehlt es sich jedenfalls, vor der Suche nach Straftatbeständen gezielt eine Mikroanalyse des tatsächlichen Geschehens auf die Frage hin vorzunehmen:

❑ **welche Handlungen der beteiligten Personen könnten in welcher Hinsicht strafrechtlich relevant sein?**

und ihr Ergebnis, eine nach Sachverhaltskomplexen und/oder Personen gegliederte Liste der zu überprüfenden Handlungen und Handlungsaspekte, schriftlich festzuhalten. Unterlassungsdelikte etwa finden in Fallbeschreibungen häufig nur einen beiläufigen Anklang und werden ohne ein sorgfältiges Durchdenken des tatsächlichen Geschehens vor der eigentlichen rechtlichen Prüfung leicht übersehen.

Zu beachten ist aber, daß diese Bestimmung und Abgrenzung der rechtlich zu beurteilenden Handlungen den Status der Vorläufigkeit hat, weil sie nur auf der Grundlage Ihres präsenten Wissens geschah. Im Zuge der genaueren rechtlichen Untersuchung anhand des Gesetzes oder der Rechtsprechung kann sich ergeben, daß ein Geschehensabschnitt anders abzugrenzen ist, zum Beispiel weil eine fortgesetzte Handlung vorliegt. Sie müssen sich daher bei der Fortsetzung der Prüfung den Blick auf die eventuelle Notwendigkeit einer Veränderung der Sachverhaltsdifferenzierung erhalten.

2 Rechtliche Prüfung

a Normsuche und Prüfungsreihenfolge

aa Heraussuchen der Straftatbestände

Der nächste Schritt besteht darin, für jede der als möglicherweise strafrechtlich relevant eingeschätzten Handlungen bzw. Handlungsabschnitte die in Betracht kommenden Straftatbestände zusammenzustellen.

Sie überlegen jeweils, welche **Rechtsgüter** die fragliche Handlung verletzt haben kann und notieren die Delikte, die Ihnen spontan dazu einfallen. Vervollständigen läßt sich die Liste der in die Prüfung einzubeziehenden **Tatbestände** am besten mit Hilfe des Inhaltsverzeichnisses des StGB. Im Besonderen Teil sind dort alle Straftaten aufgelistet. Gehen Sie zunächst die Überschriften der verschiedenen Abschnitte des Besonderen Teils durch. Bei Abschnitten, die fallverdächtig sind, checken Sie alle aufgelisteten Deliktsbezeichnungen durch und notieren jeden Paragraph, der in Betracht kommen könnte. Die anschließende Lektüre der einzelnen Tatbestände ergibt, ob die Vermutung begründet ist oder die Vorschrift gleich wieder gestrichen werden kann. Durch dieses Vorgehen können Sie auf einfache Weise sicherstellen, daß Sie keinen Tatbestand übersehen.

Halten Sie in diesem Stadium alle Tatbestände fest, die nicht von vorneherein abwegig erscheinen. Ein Problem der Fallbearbeitung im Strafrecht besteht gerade darin, auf alle Vorschriften zu kommen, die in die Prüfung einbezogen werden müssen. Das ist bei griffigen Tatbeständen wie Diebstahl (§ 242 StGB) weniger schwierig als bei Tatbeständen wie Untreue (§ 266 StGB) oder auch den Urkundenfälschungsdelikten (insbesondere §§ 267, 274 StGB), bei denen allein die Feststellung ihrer Relevanz im Einzelfall eine genaue Kenntnis der Tatbestandsstruktur voraussetzen kann. Sammeln Sie daher im Zweifel zunächst lieber zu viele als zu wenige Tatbestände. Ein Delikt anzuprüfen und als irrelevant verwerfen zu müssen ist besser, als zu riskieren, später im Dickicht der Auslegungs-, Abgrenzungs- und Subsumtionsprobleme nicht mehr genügend freies Blickfeld für Tatbestände zu haben, an die Sie ursprünglich nicht gedacht haben.

bb Vorprüfung

Bei strafrechtlichen Fällen empfiehlt es sich ganz besonders, der Phase der genauen rechtlichen Prüfung eine kurze summarische Vorprüfung voranzustellen. Damit scheiden Sie die Delikte aus, die auf den zweiten Blick einer eingehenden rechtlichen Prüfung nicht bedürfen, weil sie offensichtlich nicht verwirklicht worden sind. Vor allem aber müssen Sie sich bei strafrechtlichen Fällen **einen ersten Überblick über die spezifische Problematik des Falles** verschaffen, bevor sie an die systematische Erarbeitung der Fallösung gehen können. Anders lassen sich weder die Wahl der richtigen Prüfungsreihenfolge bezüglich der beteiligten Täter und Teilnehmer, noch eine angemessene Gewichtung der Prüfung der einzelnen Handlungsabschnitte, Tatbeteiligten und Tatbestände gewährleisten.

Dabei gehen Sie am besten in der zeitlichen Reihenfolge der Sachverhaltskomplexe und Handlungen vor. Sie prüfen für jeden Beteiligten skizzenhaft die Tatbestandsmäßigkeit jeder Handlung bezogen auf jedes notierte Delikt. Bei dieser Prüfung stoßen Sie auf die einschlägigen Probleme und Vorschriften des Allgemeinen Teils und prüfen sie ebenfalls an. Läßt sich etwa eine alleinige täterschaftliche Begehung nicht feststellen, so ist nach dem Vorliegen einer gemeinschaftlichen Verwirklichung zu fragen. Tauchen Zweifel an Tatvorsatz oder Unrechtsbewußtsein auf, ist zu erwägen, ob fahrlässige Begehung in Betracht kommt oder welche rechtliche Qualität und Folgen etwaige irrtümliche Vorstellungen des Täters haben können. Gleiches gilt für das Verhältnis von Vollendung und Versuch sowie von positivem Tun und Unterlassen.

Daneben ist bereits darauf zu achten, ob der Sachverhalt Anhaltspunkte für das Eingreifen von Gegennormen enthält, die die Strafbarkeit ausschließen oder aufheben: Rechtfertigungsgründe, Entschuldigungsgründe, Rücktritt vom Versuch, tätige Reue etc..

Die Zwischenergebnisse dieser Vorprüfung, ebenso die Fragen, Subsumtionsprobleme und sonstigen Zweifel, die sich zunächst aus ihr ergeben, halten Sie am besten fest, indem Sie zu den einzelnen Delikten die in Betracht kommenden Verwirklichungsformen sowie alle anderen Probleme und Fragen in knappen Stichworten notieren. Dadurch gewinnen Sie den vorläufigen Überblick, den Sie für die Überlegungen bezüglich des richtigen Prüfungsaufbaus benötigen.

cc Aufbaurichtlinien

Die Aufbaumaximen, die für das stafrechtliche Gutachten gelten, beziehen sich vorwiegend auf Fragen des Vorrangs schon bei der rechtlichen Prüfung (so etwa die Regeln für den Aufbau der Prüfung von Tatbestand, Rechtswidrigkeit und Schuld bei einzelnen Delikten, oder für die Prüfung von Täterschaft und Teilnahme). Teilweise zielen sie aber auch nur auf eine übersichtliche, Wiederholungen vermeidende und Akzente setzende Darstellung der Prüfungsergebnisse im Gutachten ab (so etwa die Regel über die Reihung von Tatbeständen nach der Schwere der Delikte).

Für die Einübung dieser Regeln empfehle ich aber, die grundlegenden Richtlinien in ihrem Gesamtzusammenhang schon bei dem Aufbau der genauen rechtlichen Prüfung zu berücksichtigen, die sich im nächsten Schritt anschließt. Sie prägen sich dann schneller ein und lassen sich später um so sicherer handhaben und gegebenenfalls auf die Ebene der Darstellung beschränken.

(1) Aufteilung in Sachverhaltskomplexe

Soweit das Herausarbeiten der Fragestellung ergeben hat, daß es möglich und sinnvoll ist, mehrere Geschehenskomplexe voneinander zu isolieren, setzt der Prüfungsaufbau an diesen Komplexen als oberster Gliederungsebene an. In der Regel ist es sinnvoll, die Sachverhaltskomplexe in ihrer **zeitlichen Reihenfolge** im Geschehensablauf zu prüfen. Zwingend ist diese Reihenfolge dann, wenn Ergebnisse der rechtlichen Prüfung eines Sachverhaltskomplexes Voraussetzung der Prüfung eines später folgenden sind.

> Beispiel:
> Eine Sache wird zunächst entwendet. Später wird sie an einen gutgläubigen Dritten verkauft (Betrug, § 263 StGB?) bzw. an einen bösgläubigen Dritten zum Verkauf weitergegeben (Hehlerei, § 259 StGB?). Sowohl für die Prüfung des Vermögensschadens des Käufers beim Betrug, der sich aus der Rechtsfolge des § 935 BGB ergeben kann, als auch für die Prüfung der

rechtswidrigen Vortat bei § 259 StGB ist es erforderlich, auf das Ergebnis der Prüfung des Diebstahls (§ 242 StGB) zurückzugreifen. Aus dem Gesichtspunkt der Prüfungsökonomie ist es daher geboten, in der entsprechenden zeitlichen Reihenfolge vorzugehen.

Andererseits kann es im Einzelfall zweckmäßig sein, jedenfalls bei der Darstellung die Sachverhaltskomplexe anders als in der zeitlichen Reihenfolge zu gruppieren. Häufen sich die gravierenden Delikte und die rechtlichen Probleme in einem erst später verwirklichten Geschehensabschnitt, während der zeitlich vorangehende nur Delikte geringen Gewichts und insgesamt gesehen Randprobleme beinhaltet, spricht aus darstellungstaktischen Gesichtspunkten ("Nicht kleckern sondern klotzen") einiges dafür, den späteren Komplex vorzuziehen und damit gleich in die Hauptproblematik des Falles einzusteigen.

(2) Gliederung nach beteiligten Personen

Innerhalb der Geschehenskomplexe gliedern Sie, wenn das Verhalten mehrerer Beteiligter zu untersuchen ist, nach Personen. Grundsätzlich gilt, daß die Strafbarkeit jeder Person gesondert zu untersuchen ist. Nur ausnahmsweise, wenn potentielle Mittäter nach der Fallschilderung praktisch dasselbe getan haben, zum Beispiel gemeinsam in ein Lager eingebrochen sind, es durchsucht und das Beutegut abtransportiert haben, wenn also nur gleichartige und gleichwertige Tatbeiträge in Betracht kommen, ist es angebracht, das Verhalten mehrerer Beteiligter gleichzeitig zu prüfen.

Die Reihenfolge der Prüfung dominiert bei mehreren Personen der aus dem Akzessorietätsprinzip der §§ 26 ff StGB resultierende zwingende Grundsatz:

❑ **Täterschaft vor Teilnahme** (Anstiftung, Beihilfe)

Sie müssen zunächst das Handeln der Person prüfen, die nach dem Ergebnis der Vorprüfung Täter ist, weil die Teilnahme rechtlich die vorsätzlich begangene rechtswidrige Straftat eines anderen voraussetzt (§§ 26, 27 i.V.m. 11 I Nr. 5 StGB).

Dieser Grundsatz ist so wichtig, daß gegebenenfalls die Gliederung nach Personen durchbrochen werden muß. Dieser Fall tritt auf, wenn mehrere Personen innerhalb des gleichen Handlungskomplexes bei verschiedenen Delikten wechselseitig Täter und Teilnehmer sind.

Beispiel:
A hat möglicherweise einen Diebstahl begangen, zu dem B ihn angestiftet hat, während B möglicherweise einen Betrug begangen hat, zu dem A

Beihilfe geleistet haben kann.

Dann läßt sich die Prüfung wie folgt aufbauen. Entweder

1. Delikt 1
   a. Strafbarkeit des A als Täter
   b. Strafbarkeit des B als Teilnehmer
2. Delikt 2
   a. Strafbarkeit des B als Täter
   b. Strafbarkeit des A als Teilnehmer

oder

1. Strafbarkeit des A als Täter von Delikt 1
2. Strafbarkeit des B
   a. als Teilnehmer von Delikt 1
   b. als Täter von Delikt 2
3. Strafbarkeit des A als Teilnehmer von Delikt 2

Welche der beiden Möglichkeiten Sie wählen, ist eine Frage nur der Zweckmäßigkeit der Darstellung und daher nach den Gegebenheiten des Einzelfalls zu entscheiden.

Auch bei Mittäterschaft und mittelbarer Täterschaft ist in der Regel

❑ **jeweils mit der tatnächsten Person zu beginnen**,

d.h. mit dem Beteiligten, der alle oder (verglichen mit den anderen potentiellen Tätern) die meisten Merkmale des Tatbestands selbst verwirklicht hat.

Sinnvoll ist das jedenfalls, wenn einer der **Mittäter** alle Tatbestandsmerkmale eigenhändig erfüllt, die anderen hingegen nicht. Handeln alle Mittäter gleichartig und verwirklichen entsprechend eigenhändig sämtliche Merkmale des fraglichen Tatbestands, so kann die Prüfung für alle zusammen erfolgen. Problematisch ist der Fall, wo die Tatbeiträge der Täter nur zusammen den Tatbestand ausfüllen, zum Beispiel wenn bei einem Raub der eine Täter die Gewalt ausübt, während der andere dem Opfer eine Sache entwendet. Für diese Konstellation wird teilweise eine gemeinsame Prüfung der potentiellen Mittäter empfohlen (Roxin/Schünemann/Haffke, Strafrechtliche Klausurenlehre, 4. Aufl., 1982, 22). Transparenter und sicherer erscheint aber auch in diesem Fall, für jeden Beteiligten die Prüfung gesondert vorzunehmen und mit dem Tatnächsten zu beginnen. Dieses Vorgehen zwingt dazu, für jeden der potentiellen Mittäter das Vorliegen der erforderlichen Tatherrschaft und die Zurechenbarkeit der Tatbeiträge der übrigen Beteiligten explizit zu prüfen und festzustellen.

Bei **mittelbarer Täterschaft** empfiehlt sich der Beginn mit dem Tatnächsten, weil mit der Prüfung seiner Strafbarkeit zugleich die Relevanz mittelbarer Täterschaft und ihre in Betracht kommende Form herausgearbeitet wird. Nur in ganz eindeutigen Fällen mittelbarer Täterschaft, zum Beispiel offensichtlich unzurechnungsfähigem oder vorsatzlosem Werkzeug, kann es angemessen sein, gleich mit dem mittelbaren Täter zu beginnen und das Verhalten des Tatmittlers bei der Prüfung der Tatherrschaft des mittelbaren Täters einzubeziehen.

Sind die zu prüfenden Straftaten der beteiligten Personen nicht in den Formen der Mittäterschaft, mittelbaren Täterschaft, Anstiftung oder Beihilfe miteinander verbunden, so ist zu fragen, ob die Prüfung einer der Personen aus anderen Gründen einen **logischen Vorrang** hat.

> Z.B. die Delikte der Begünstigung (§ 257 StGB), Strafvereitelung (§ 258 StGB) und Hehlerei (§ 259 StGB) sind stets nach den Straftaten zu prüfen, die sie zur Voraussetzung haben.

Soweit die Reihenfolge der Prüfung der beteiligten Personen durch diese Grundsätze noch nicht in allen Punkten bestimmt ist, empfiehlt es sich, jedenfalls bei der Darstellung im Gutachten mit dem Beteiligten zu beginnen, der möglicherweise die **gravierendsten Delikte** begangen hat.

(3) Prüfungsreihenfolge für die in Betracht kommenden Delikte

Wenn für eine beteiligte Person in einem Sachverhaltskomplex mehrere Delikte in Betracht kommen, so sind auch diese in einer sinnvollen Reihenfolge zu prüfen.

❑ Bestehen zwischen den zu prüfenden Delikten **Gesetzeskonkurrenzen**, so sind diese von vorneherein **zu berücksichtigen**. Straftaten, die gegenüber anderen subsidiär sind, von anderen konsumiert werden oder als mitbestrafte Vor- oder Nachtaten zurücktreten, werden erst nach den sie verdrängenden Vorschriften geprüft. Liegen deren Voraussetzungen nämlich vor, so erübrigt sich eine Prüfung der Tatbestandsmäßigkeit der verdrängten Delikte.

> Dies gilt beispielsweise für
> - § 30 StGB im Verhältnis zu Vollendung und Versuch des betreffenden Delikts
> - §§ 138, 323c StGB im Verhältnis zum jeweiligen Begehungs- oder unechten Unterlassungsdelikt
> - §§ 123, 303 im Verhältnis zu §§ 242, 243 I Nr. 1 StGB

– § 323a StGB im Verhältnis zu Begehungsdelikt und actio libera in causa

- **Grundtatbestände** sind stets **vor unselbständigen Qualifikationen** zu prüfen.

  Beispiele:
  – § 223 vor §§ 223a, 224 StGB
  – § 249 vor §§ 250, 251 StGB

  Der Grundtatbestand hat die weiter gefaßten Voraussetzungen. Liegen diese schon nicht vor, erübrigt sich die Prüfung jeder möglichen Qualifikation.

  Lediglich bei der **Darstellung im Gutachten** kann sich ein anderes Vorgehen empfehlen. Dabei ist zu unterscheiden:
  Wenn Sie bei der Prüfung festgestellt haben, daß Grundtatbestand und Qualifikation beide vorliegen, ist es ökonomischer, die Prüfung der Qualifikation in Überschrift und Fragestellung (Hypothese) schon in die des Grundtatbestands einzubeziehen. Im einzelnen werden dann aber die Merkmale des Grundtatbestands als erste geprüft, wobei es sowohl möglich ist, zunächst objektive und subjektive Voraussetzungen des Grundtatbestands zu prüfen und objektive wie subjektive Merkmale der Qualifikation anzuschließen, als auch zunächst die objektiven Merkmale von Grundtatbestand und Qualifikation zu untersuchen und dann ebenso geschlossen die subjektiven Voraussetzungen. Auf Rechtswidrigkeit und Schuld muß bei dieser Darstellungsform nur einmal eingegangen werden.
  Wenn hingegen der Grundtatbestand zu bejahen, die Qualifikation aber zu verneinen ist, gilt auch bei der Darstellung die für die Prüfung sinnvolle Reihenfolge.

  Vorschriften, die **Regelbeispiele für besonders schwere Fälle** enthalten, sind ebenfalls erst nach dem entsprechenden Grundtatbestand zu prüfen.

- **Bei eigenständigen Sonderdelikten (selbständigen Qualifikationen) setzt die Prüfung beim Qualifikationstatbestand an** und geht erst anschließend auf die Grundtatbestände ein. Dies ist jedenfalls immer dann empfehlenswert, wenn die Qualifikation die Merkmale des Grundtatbestands selbst abwandelt oder sich auf mehrere Grunddelikte bezieht.

  Beispiele:
  – §§ 223b, 229 im Verhältnis zu § 223 StGB
  – § 249 im Verhältnis zu §§ 242, 240 StGB

- ❑ Bei **Tatbeständen, die sich wechselseitig ausschließen**,

  Beispiele:
  - Diebstahl und Unterschlagung
  - Beleidigung und üble Nachrede bei ehrenrührigen Äußerungen gegenüber Dritten
  - Erpressung und Betrug bzw. Raub (je nachdem, ob für die Erpressung eine Vermögensverfügung für erforderlich gehalten wird; dies ist strittig)

  beginnen Sie, um überflüssige Erörterungen zu vermeiden, die genaue Prüfung am besten mit dem Tatbestand, für den die Vorprüfung die größere Wahrscheinlichkeit ergeben hat.

- ❑ Soweit durch die genannten Grundsätze die Prüfungsreihenfolge noch nicht in allen Punkten feststeht, beginnen Sie mit dem **schwerwiegendsten Delikt**. Diese Empfehlung ist wiederum nur darstellungstaktischer Art, ohne daß sie in irgendeiner Weise rechtlich zwingend wäre. Korrektoren, um es mit den Worten von Roxin/Schünemann/Haffke zu sagen, warten sehnsüchtig auf die dünne klare Luft der Kapitalverbrechen und suhlen sich nur ungern in den Niederungen der Bagatellkriminalität (a.a.O., 14).

(4) Prüfungsreihenfolge auf der Deliktsebene

Schon bei der Gliederung der Prüfung nach beteiligten Personen ist berücksichtigt worden, daß der Allgemeine Teil des StGB für die im Besonderen Teil geregelten Delikte verschiedene Verwirklichungsformen kennt und mit – teils gleicher, teils unterschiedlich hoher – Strafe bedroht. Dort betrifft es die Unterscheidung zwischen Täterschaft und Teilnahme. Bei der Prüfung jedes einzelnen in Betracht kommenden Straftatbestands des Besonderen Teils sind weitere Verwirklichungsformen zugrundezulegen. Es ist zu unterscheiden zwischen

- ❑ **Begehungs- und Unterlassungsdelikt**,
- ❑ **Vollendung und Versuch**,
- ❑ **vorsätzlicher und fahrlässiger Begehung**.

Untätigkeit, Versuch und Fahrlässigkeit sind nur sekundär strafbar. Nach der Bejahung z.B. einer vollendeten vorsätzlichen Körperverletzung bedarf es nicht mehr der Prüfung des (immer zugleich verwirklichten) Versuchs. Die Bejahung des Tatvorsatzes erübrigt schon logisch die Prüfung fahrlässigen Handelns.

Für jedes in Betracht kommende Delikt prüfen Sie daher zunächst, welche Verwirklichungsform in Betracht kommt. Anzusetzen ist jeweils mit dem vollendeten vorsätzlichen Begehungsdelikt. Sekundär ziehen Sie gegebenenfalls ein Unterlassungsdelikt, Versuch bzw. fahrlässige Begehung in Erwägung.

Der Aufbau der Prüfung weist ein gemeinsames Grundraster auf, folgt im übrigen aber den Besonderheiten der verschiedenen Verwirklichungsformen.

Grundlegend und gleich für alle Deliktsformen ist, daß die folgenden Voraussetzungen der Strafbarkeit vorliegen müssen und in der genannten Reihenfolge geprüft werden:

- ❏ **Tatbestand**
- ❏ **Rechtswidrigkeit**
- ❏ **Schuld**

Daneben können objektive Bedingungen der Strafbarkeit, persönliche Strafausschließungs- oder -aufhebungsgründe sowie Prozeßvoraussetzungen und -hindernisse in die Prüfung einzubeziehen sein. Sie werden am besten folgendermaßen eingebaut:

- ❏ Tatbestand

  gegebenenfalls als Annex: objektive Bedingungen der Strafbarkeit
- ❏ Rechtswidrigkeit
- ❏ Schuld
- ❏ gegebenenfalls: persönliche Strafausschließungs- oder -aufhebungsgründe
- ❏ gegebenenfalls: Prozeßvoraussetzungen und -hindernisse

Je nach dem vertretenen Handlungs- und Verbrechensbegriff wird der Vorsatz im Rahmen des Tatbestands (finaler und teleologischer/sozialer Aufbau) oder bei der Schuld (kausaler Aufbau) geprüft. Welcher der gängigen Konzeptionen Sie sich anschließen, unterliegt Ihrer eigenen Entscheidung und muß und darf im Gutachten nicht begründet werden. Worauf es allein ankommt ist, daß Sie den einmal gewählten Aufbau konseqent durchhalten. Hier wird der teleologische Ansatz, der auch die h.M. darstellt, zugrundegelegt.

Innerhalb des Rasters von Tatbestand, Rechtswidrigkeit und Schuld gibt es für die Prüfung der verschiedenen Verwirklichungsformen spezifische Unterschiede. Um sie transparent und nachvollziehbar zu machen sowie die Einübung zu erleichtern, wird im folgenden der Aufbau der Prüfung der verschiedenen Deliktsformen dargestellt und begründet.

(a) Vorsätzliches Begehungsdelikt

0 Vorprüfung
  a gegebenenfalls Abgrenzung Positives Tun/Unterlassen
  b Handlungsqualität des Verhaltens
1 Tatbestand
  a objektiver Tatbestand
    aa besondere Tätermerkmale, Tatsituation, Tathandlung, Tatobjekt, tatbestandlicher Erfolg, sonstige Elemente
    bb Kausalität und objektive Zurechnung Handlung – Erfolg
  b subjektiver Tatbestand
    aa Vorsatz
    bb besondere subjektive Merkmale des gesetzlichen Tatbestands
  c ggf. Annex: objektive Bedingungen der Strafbarkeit
2 Rechtswidrigkeit: Fehlen von Rechtfertigungsgründen;
  wenn Anhaltspunkte für das Eingreifen eines Rechtfertigungsgrundes bestehen:
  a objektive Voraussetzungen des Rechtfertigungsgrundes
  b subjektive Voraussetzungen des Rechtfertigungsgrundes
3 Schuld
  a Schuldfähigkeit
  b spezielle strafschärfende oder -mildernde Schuldmerkmale
  c persönliche Vorwerfbarkeit
    aa Schuldform: Vorsatzschuld (Fehlen eines Erlaubnistatbestandsirrtums)
    bb Unrechtsbewußtsein (Fehlen eines Verbots- oder Erlaubnisirrtums)
    cc Fehlen von Entschuldigungsgründen
4 persönliche (schuldunabhängige) Strafausschließungs- oder -aufhebungsgründe
5 Strafverfolgungsvoraussetzungen und -hindernisse

Mit der gedanklichen (aber nur in problematischen Fällen im Gutachten zu erörternden) Vorprüfung wird der Einstieg in das Begehungsdelikt eröffnet. Soweit Anhaltspunkte für entsprechende Zweifel vorliegen, wird ausgeschlossen, daß eine Unterlassung vorliegt, und überprüft, ob das zu untersuchende Handeln die Mindestanforderungen an strafrechtlich relevantes Verhalten erfüllt.

Die Prüfung des jeweiligen Delikts beginnt mit den spezifischen, im Tatbestand beschriebenen objektiven Unrechtsmerkmalen, sowie ggf. der Kausalität und Zurechenbarkeit des tatbestandlichen Erfolgs. Der anschließend festzustellende Tatvorsatz muß sich auf alle Merkmale des objektiven Tatbestands einschließlich der Kausalität erstrecken. Ist vorsätzliches Handeln eindeutig gegeben, so reicht bei der Darstellung im Gutachten eine knapp begründete, unter Umständen sogar eine begründungslose Feststellung.

Liegen die erforderlichen objektiven und subjektiven Tatbestandsmerkmale vor, so indiziert dies die Rechtswidrigkeit des untersuchten Verhaltens. Dies gilt allerdings nur, wenn keine Anhaltspunkte für das Eingreifen eines Rechtfertigungsgrundes bestehen. Die Prüfung kann sich dann auf die Feststellung beschränken, daß Anhaltspunkte für das Vorliegen von Rechtfertigungsgründen nicht ersichtlich sind und Rechtswidrigkeit daher gegeben ist.

Eine Ausnahme für diesen Grundsatz bilden die sog. offenen Tatbestände, zum Beispiel §§ 240 und 253 StGB, bei denen die Rechtswidrigkeit aufgrund besonderer Erfordernisse in jedem Fall der Prüfung und positiven Feststellung bedarf (s. jeweils Abs. II).

Ähnliches gilt für die Schuld. Haben Sie wie hier geschehen den Vorsatz bereits auf der Ebene des Tatbestands geprüft und bejaht, wird die Schuld durch ihn indiziert. Bestehen keine Zweifel an der Schuldfähigkeit, erfordert das zu prüfende Delikt nicht das Vorliegen spezieller Schuldmerkmale, liegen Anhaltspunkte dafür, daß sich der Täter über die Rechtswidrigkeit seines Handelns geirrt haben könnte, nicht vor, und gibt es auch keine Hinweise auf Entschuldigungsgründe (zum Beispiel einen entschuldigenden Notstand, § 35 StGB), so kann sich die Prüfung der Schuld auf die knappe Feststellung beschränken, daß Gründe, die sie ausschließen könnten, nicht vorliegen und der Täter sich schuldhaft verhalten hat.

Eine knappe Feststellung bezüglich Rechtswidrigkeit und Schuld im Gutachten ist dem Anfänger im Zweifel zu empfehlen. Sie signalisiert, daß Sie die Möglichkeit des Eingreifens von Rechtfertigungsgründen und die Voraussetzungen der Schuld bedacht haben. Weil der Fall, daß Rechtswidrigkeit und

Schuld unproblematisch sind, eher Regel als Ausnahme ist, stellt sich die Gefahr einer sprachlichen Monotonisierung durch wiederkehrende stereotype Bemerkungen ein. Versuchen Sie daher, so gut es geht zu variieren.

> Beispiele:
> "Rechtfertigungs– und Schuldausschließungsgründe sind nicht ersichtlich."
> "Anhaltspunkte dafür, daß A's Verhalten gerechtfertigt oder nicht schuldhaft sein könnte, liegen nicht vor."
> "Die Tat war auch rechtswidrig und schuldhaft."

Vermeiden Sie aber die Formulierung: "Rechtswidrigkeit und Schuld sind indiziert." Sie trifft weder eine fallbezogene noch eine hinreichend genaue rechtliche Aussage. Erforderlich ist nach dem Gesetz, daß Rechtswidrigkeit und Schuld tatsächlich vorliegen und positiv festgestellt werden.

Persönliche Strafausschließungs- und -aufhebungsgründe (zum Beispiel die Angehörigeneigenschaft bei Strafvereitelung, § 258 VI StGB, oder die tätige Reue bei Brandstiftung, § 310 StGB) werden nur in Ausnahmefällen relevant und dann, da schuldunabhängig, erst im Anschluß an die Schuld geprüft.

Das gleiche gilt für die Strafverfolgungsvoraussetzungen und -hindernisse. Prozessuale Voraussetzungen werden in strafrechtlichen Gutachten – anders als im Urteil und anders auch als in zivil- und verwaltungsrechtlichen Gutachten – erst am Schluß behandelt. Zu prüfen sind hier bei entsprechenden tatsächlichen Anhaltspunkten lediglich die prozessualen Erfordernisse, die sich aus dem StGB ergeben, insbesondere Verjährung und Strafantrag, daneben ggf. die Frage des Strafklageverbrauchs (Art. 103 III GG).

Nur auf den bei Antragsdelikten wie Hausfriedensbruch (§ 123 StGB), den Beleidigungsdelikten (§ 194 StGB), Körperverletzung (§ 232 StGB) oder Sachbeschädigung (§ 303c StGB) erforderlichen Strafantrag sollte im Gutachten auch hingewiesen werden, wenn der Sachverhalt keinen einschlägigen Bearbeitungsvermerk (der z.B. lauten kann: "Strafanträge, soweit erforderlich, sind gestellt.") enthält.

In diesem Fall wird die Prüfung mit einem kurzen Hinweis auf die Notwendigkeit eines Strafantrags bzw. die Möglichkeit seiner Ersetzung durch Bejahung eines besonderen öffentlichen Interesses an der Strafverfolgung abgeschlossen. Etwas anderes gilt nur dann, wenn feststeht, daß ein Antrag nicht gestellt wird bzw. wegen Ablaufs der Antragsfrist nicht mehr gestellt werden kann und auf die Bejahung des besonderen öffentlichen Interesses zurückzugreifen nicht möglich ist. Unter diesen Voraussetzungen erübrigt sich die materiell–rechtliche Prüfung, weil die Strafverfolgung nicht zulässig ist. Entsprechend wird im

Gutachten ausnahmsweise die Nichtverfolgbarkeit des betreffenden Antragsdelikts ohne vorherige materielle Prüfung festgestellt.

(b) Versuchtes vorsätzliches Begehungsdelikt

0 Vorprüfung
  a kein vollendetes Delikt
  b Strafbarkeit des Versuchs (23 I, 12 StGB)
1 Tatbestand
  a subjektiv: Tatentschluß
    aa Tatbestandsvorsatz
    bb sonstige subjektive Tatbestandsmerkmale
  b objektiv: unmittelbares Ansetzen zur Tatbestandsverwirklichung (22 StGB)
  c ggf. Annex: objektive Bedingungen der Strafbarkeit
2 Rechtswidrigkeit
3 Schuld
4 Strafausschließungs- und -aufhebungsgründe (insbesondere: Rücktritt vom Versuch, 24 StGB)
5 Strafverfolgungsvoraussetzungen und -hindernisse

Der Versuch einer Straftat ist nur unter den Voraussetzungen der §§ 23 I, 12 StGB strafbar, d.h. wenn es um ein Verbrechen geht oder ein Vergehen, dessen Versuch spezialgesetzlich ausdrücklich mit Strafe bedroht ist. Hinzu kommt, daß die Versuchsregeln nur subsidiär anwendbar sind, wenn es zur Vollendung der fraglichen Tat nicht gekommen ist. Zwischen Vollendung und Versuch besteht Gesetzeskonkurrenz. Aus diesen Gründen ist die Prüfung des Versuchs mit der in der Regel kurzen Feststellung einzuleiten, daß ein vollendetes Delikt nicht vorliegt. Wo im konkreten Fall Vollendung bzw. Nichtvollendung problematisch ist, zum Beispiel weil in einem Betrugsfall fraglich ist, ob bereits ein Vermögensschaden eingetreten ist, oder weil in einem Tötungsfall eine nicht zurechenbare wesentliche Abweichung vom Kausalverlauf vorliegen kann, war es erforderlich, zuvor die Strafbarkeit wegen vollendeter vorsätzlicher Begehung zu prüfen und wurde dort im objektiven Tatbestand geklärt, daß ein vollendetes Delikt mangels Erfolgseintritts bzw. mangels Zurechenbarkeit des Erfolgs nicht gegeben ist. Ist nach dem Sachverhalt hingegen die fehlende Vollendung offensichtlich, kann die Prüfung gleich beim Versuch ansetzen und dabei die Nichtvollendung eingangs kurz festgestellt werden.

Anschließend ist die grundsätzliche Strafbarkeit des Versuchs festzustellen (und im Gutachten bei positivem Ergebnis entsprechend knapp durch Bezug auf die einschlägigen gesetzlichen Vorschriften zu vermerken).

Wegen der Besonderheiten der Konstellation des Versuchs einer Straftat setzt die Tatbestandsprüfung an den subjektiven Merkmalen an. Dies ist sinnvoll, weil § 22 StGB den strafbaren Versuch von der straflosen Vorbereitungshandlung dadurch abgrenzt, daß der Täter nach seiner Vorstellung von der Tat zur Verwirklichung des Tatbestandes unmittelbar angesetzt haben muß, um strafbar zu sein. In die Prüfung und Feststellung des Versuchsstadiums sind also die subjektiven Vorstellungen des Täters mit einzubeziehen. Nur wenn man weiß, was geplant oder beabsichtigt war, gewinnt die Tat die für die rechtliche Abgrenzung von Vorbereitung und Versuch erforderlichen Konturen. Daher bietet es sich an, den Tatentschluß, d.h. den auf eine bestimmte Straftat gerichteten Vorsatz, und die sonstigen subjektiven Erfordernisse des fraglichen Delikts vorweg zu prüfen und anschließend zu untersuchen, ob die Ausführung des Tatentschlusses das Stadium des Versuchs erreicht hat, indem mit der Tatverwirklichung unmittelbar angesetzt wurde.

Die weiteren Prüfungsschritte entsprechen dann denen des vollendeten vorsätzlichen Begehungsdelikts. Zu achten ist aber darauf, daß bei Versuchsfällen vielfach die Problematik des strafbefreienden Rücktritts (§ 24 StGB) einen weiteren Prüfungsschwerpunkt darstellt.

(c) Fahrlässiges Begehungsdelikt

- 0 Vorprüfung
  - a keine vorsätzliche Begehung
  - b Strafbarkeit des fahrlässigen Handelns (15 StGB)
- 1 Tatbestand
  - a Eintritt und kausale Verursachung des Erfolgs durch eine tatbestandliche Handlung
  - b objektive Sorgfaltspflichtverletzung bei objektiver Voraussehbarkeit des Erfolgs
  - c Zurechnung des Erfolgseintritts
    - aa Pflichtwidrigkeitszusammenhang:
      - Kausalität der Sorgfaltswidrigkeit für den Erfolgseintritt
      - Verwirklichung der spezifisch gesetzten Gefahr im Erfolg
    - bb Schutzzweckzusammenhang: umfaßt der Schutzbereich der Norm auch die konkrete Pflichtverletzung?
    - cc keine eigenverantwortliche Selbstverletzung oder -gefährdung (bewußt eingegangenes Risiko)
  - d ggf. Annex: objektive Bedingungen der Strafbarkeit

2 Rechtswidrigkeit
3 Schuld
  a Schuldfähigkeit
  b spezielle Schuldmerkmale
  c persönliche Vorwerfbarkeit
    aa Schuldform: Fahrlässigkeitsschuld (subjektive Sorgfaltspflichtverletzung)
    bb potentielles Unrechtsbewußtsein
    cc Fehlen von Entschuldigungsgründen (insbesondere: Unzumutbarkeit normgemäßen Verhaltens)
4 Strafausschließungs- und -aufhebungsgründe
5 Strafverfolgungsvoraussetzungen und -hindernisse

Nach den erforderlichen Vorprüfungen – vorsätzliche und fahrlässige Begehung schließen sich gegenseitig aus, fahrlässiges Verhalten ist nur bei ausdrücklicher gesetzlicher Anordnung strafbar – wird zunächst die Realisierung der objektiven Merkmale des gesetzlichen Tatbestands geprüft, d.h. insbesondere der Eintritt und die kausale Verursachung des Erfolgs durch eine Handlung des Täters. Kennzeichnend für das Fahrlässigkeitsdelikt ist, daß der Erfolg auf einer Pflichtwidrigkeit beruhen muß. Dafür ist konkret vor allem erforderlich, daß der Täter objektiv sorgfaltswidrig gehandelt hat, daß er den Eintritt des Erfolgs infolge seines Handelns voraussehen konnte und daß der Erfolgseintritt ihm in dem Sinne zurechenbar ist, daß er auf der Pflichtwidrigkeit seines Verhaltens beruht.

Rechtswidrigkeit, Schuld und die weiteren Punkte sind so zu prüfen wie beim vorsätzlichen Begehungsdelikt.

(d) Erfolgsqualifiziertes Delikt

1 vorsätzliche Verwirklichung des Grunddelikts (Tatbestand, Rechtswidrigkeit, Schuld)
2 Eintritt und Verursachung des qualifizierenden Erfolgs
3 objektive Zurechnung: der Erfolgseintritt bedeutet eine unmittelbare Realisierung der dem Grunddelikt spezifisch anhaftenden Gefahr
4 objektive Fahrlässigkeit bzw. Leichtfertigkeit hinsichtlich der besonderen Folge (18 StGB)
5 subjektive Fahrlässigkeit bzw. Leichtfertigkeit hinsichtlich der besonderen Folge

Das Spezifische der erfolgsqualifizierten Delikte – zum Beispiel schwere Körperverletzung, § 224 StGB, Körperverletzung mit Todesfolge, § 226 StGB, Raub mit Todesfolge, § 251 StGB – besteht darin, daß sie die vorsätzliche Begehung eines Grunddelikts mit der mindestens fahrlässigen Verursachung einer besonderen Folge des Grunddelikts verbinden, § 18 StGB. Der Aufbau der Prüfung und ihre Darstellung weisen keine Besonderheiten gegenüber dem Vorsatz- und dem Fahrlässigkeitsdelikt auf.

(e) Vorsätzliches unechtes Unterlassungsdelikt

- 0 Vorprüfung
  - a Abgrenzung positives Tun/Unterlassen
  - b Handlungsqualität des Verhaltens
- 1 Tatbestand
  - a objektiver Tatbestand
    - aa Eintritt des tatbestandlichen Erfolgs
    - bb Nichtvornahme der zur Erfolgsabwendung objektiv gebotenen Handlung
    - cc physisch–reale Möglichkeit der erfolgsabwendenden Handlung
    - dd Garantenstellung, 13 I StGB
    - ee Gleichwertigkeit des Unterlassens gegenüber einer Begehung durch positives Tun, 13 I StGB
    - ff Kausalität und objektive Zurechnung Unterlassung – Erfolg
  - b subjektiver Tatbestand
    - aa Vorsatz
    - bb sonstige subjektive Tatbestandsmerkmale
  - c ggf. Annex: objektive Bedingungen der Strafbarkeit
- 2 Rechtswidrigkeit (insbesondere: Fehlen einer rechtfertigenden Pflichtenkollision)
- 3 Schuld
  - a Schuldfähigkeit
  - b spezielle Schuldmerkmale
  - c persönliche Vorwerfbarkeit
    - aa Schuldform: Vorsatzschuld
    - bb Unrechtsbewußtsein
    - cc Fehlen von Entschuldigungsgründen (insbesondere: Unzumutbarkeit normgerechten Verhaltens in besonderen Konfliktlagen)
- 4 Strafausschließungs- und -aufhebungsgründe
- 5 Strafverfolgungsvoraussetzungen und -hindernisse

Das Besondere des unechten Unterlassungsdelikts liegt darin, daß nicht ein positiv umschriebenes Verhalten sondern Untätigkeit bestraft wird. Anders als bei den echten Unterlassungsdelikten ergibt sich die Strafbarkeit nicht aus einem konkret umschriebenen Tatbestand (wie z.B. § 323c StGB), sondern bezieht sich grundsätzlich auf alle Delikte, die auch durch aktives Handeln zu verwirklichen sind. Daher sind beim unechten Unterlassungsdelikt besondere, die Strafbarkeit der Untätigkeit begründende und eingrenzende Voraussetzungen notwendig, die zu den Tatbestandserfordernissen des konkreten Delikts jeweils hinzukommen müssen. In ihrer Prüfung besteht die eigentliche Abweichung gegenüber dem vorsätzlichen Begehungsdelikt.

Nach den erforderlichen Vorprüfungen – vor allem der Klarstellung, daß positives Tun ausscheidet – ist zunächst der Eintritt eines tatbestandlichen Erfolgs zu prüfen. Erst auf dieser Grundlage lassen sich die Konturen strafrechtlich relevanter Untätigkeit bestimmen. Die konkret tatbestands- und situationsbezogene Prüfung der Nichtvornahme der zur Abwendung des eingetretenen Erfolgs objektiv gebotenen Handlung und ihrer Möglichkeit schließt sich an. Danach erfolgt die Eingrenzung der strafrechtlich relevanten Unterlassung gemäß § 13 StGB: es werden das Vorliegen einer Garantenstellung (d.h. das Vorliegen von Umständen, die eine Einstandspflicht des Täters für den Nichteintritt des tatbestandlichen Erfolgs begründen) und die Gleichwertigkeit des Unterlassens mit aktiver Begehung untersucht. Letzteres ist nach h.M. allerdings nur bei Delikten erforderlich, deren Tatbestand eine besondere Begehungsweise voraussetzt, z.B. Nötigen bei § 240 StGB oder Täuschen bei § 263 StGB. Erfordert der Tatbestand hingegen keine besonderen Handlungsmodalitäten, sind Unterlassung und aktive Begehung ohne weiteres gleichwertig. Anschließend ist die Kausalität der Unterlassung für den Erfolgseintritt und die objektive Zurechenbarkeit zu untersuchen.

Die Prüfung von subjektivem Tatbestand, Rechtswidrigkeit, Schuld und den weiteren Merkmalen erfolgt grundsätzlich wie beim vorsätzlichen Begehungsdelikt.

(f) Fahrlässiges unechtes Unterlassungsdelikt

0 Vorprüfung
- a keine vorsätzliche Begehung durch Unterlassung
- b Strafbarkeit des fahrlässigen Handelns (15 StGB)

1 Tatbestand
- a Eintritt des tatbestandlichen Erfolgs
- b Nichtvornahme der zur Erfolgsabwendung objektiv gebotenen

Handlung
c physisch–reale Möglichkeit der erfolgsabwendenden Handlung
d Kausalität Unterlassung – Erfolg
e Garantenstellung, 13 I StGB
f objektive Sorgfaltspflichtverletzung bei objektiver Voraussehbarkeit des Erfolgs
g Zurechnung des Erfolgseintritts
h Gleichwertigkeit Unterlassen/positives Tun
i ggf. Annex: objektive Bedingungen der Strafbarkeit
2 Rechtswidrigkeit
3 Schuld
4 Strafausschließungs- und -aufhebungsgründe
5 Strafverfolgungsvoraussetzungen und -hindernisse

Eine nicht häufig vorkommende Konstellation, die prüfungsmäßig nur die Anwendung der Besonderheiten der Strafbarkeit unechter Unterlassung auf das Fahrlässigkeitsdelikt bedeutet.

(g) Vorsätzliches echtes Unterlassungsdelikt

1 Tatbestand
a objektiv:
aa Bestehen einer ausdrücklichen gesetzlichen Handlungspflicht (eingriffsbedürftige Situation und sonstige objektive Merkmale)
bb Nichtvornahme der gebotenen Handlung
cc physisch–reale Möglichkeit, Erforderlichkeit und Zumutbarkeit der Handlung
b subjektiv: Vorsatz
c ggf. Annex: objektive Bedingungen der Strafbarkeit
2 Rechtswidrigkeit
3 Schuld
4 Strafausschließungs- und -aufhebungsgründe
5 Strafverfolgungsvoraussetzungen und -hindernisse

Kennzeichnend für das echte Unterlassungsdelikt ist, daß ein Verstoß gegen eine ausdrückliche gesetzlich formulierte Handlungspflicht begangen wird. Der Prüfungsaufbau ergibt sich von diesem Charakteristikum her aus Überlegungen, die denen bei unechter Unterlassung entsprechen.

(h) Sonderfragen

(aa) Rechtswidrigkeit als allgemeines Deliktsmerkmal und als Tatbestandsmerkmal

Im Normalfall beschreiben die Normen des Besonderen Teils des StGB lediglich Tatbestand und Rechtsfolge eines Delikts. Bei einigen Vorschriften taucht jedoch das Merkmal "rechtswidrig" bzw. "widerrechtlich" im Rahmen der Formulierung der tatbestandlichen Voraussetzungen auf. Daraus resultiert die Frage, ob es sich jeweils um ein besonderes Tatbestandsmerkmal handelt, oder ob nur das allgemeine Deliktsmerkmal der Rechtswidrigkeit ausnahmsweise erwähnt wird. Sie läßt sich nicht für alle Tatbestände gleich beantworten. Als Regel können Sie von folgendem ausgehen:

❑ Bezieht sich die Rechtswidrigkeit auf die Tathandlung, so gehört sie nicht zum Tatbestand, sondern ist als allgemeines Deliktsmerkmal gemeint,

> Beispiele:
> die Widerrechtlichkeit des Eindringens beim Hausfriedensbruch (§ 123 StGB), die Widerrechtlichkeit des Einsperrens bei der Freiheitsberaubung (§ 239 StGB), die Rechtswidrigkeit des Beschädigens oder Zerstörens bei der Sachbeschädigung (§ 303 StGB).

❑ Bezieht sich die Rechtswidrigkeit dagegen auf ein anderes Tatbestandsmerkmal, das eingegrenzt werden soll, dann ist sie als Tatbestandsmerkmal einzustufen und in diesem Zusammenhang auch gesondert zu prüfen,

> Beispiele:
> die Rechtswidrigkeit der Zueignung beim Diebstahl (§ 242 StGB), die Rechtswidrigkeit des Vermögensvorteils beim Betrug (§ 263 StGB); als Ausnahme von der obigen Regel auch: die Rechtswidrigkeit der Zueignung bei der Unterschlagung (§ 246 StGB).

(bb) Behandlung von Irrtümern

Bei der Verwirklichung eines Straftatbestands kann der Täter sich auf verschiedene Weise subjektiv seines Handelns nicht bewußt sein. Die Prüfung, ob ein Irrtum vorliegt, ist je nach der in Betracht kommenden Form auf unterschiedlicher Ebene anzusetzen.

❑ Tatbestandsirrtum

Das vorsätzlich begangene Delikt setzt voraus, daß der Tatbestand in Kenntnis aller seiner objektiven Merkmale einschließlich der wesentlichen Kausalbeziehungen verwirklicht wird. Kennt der Täter bei der Begehung ein tatsächlich vorhandenes Merkmal, das zum objektiven Tatbestand gehört, nicht, handelt er gemäß § 16 I StGB nicht vorsätzlich – eventuell aber fahrlässig. Die Unkenntnis eines objektiv verwirklichten Tatbestandsmerkmals ist also im Rahmen der Prüfung des Vorsatzes zu berücksichtigen.

Die Kombination der Unkenntnis eines tatsächlich verwirklichten Tatbestandsmerkmals mit der irrigen Annahme von Umständen, die zum Tatbestand eines privilegierenden Tatbestandes gehören (§ 16 II StGB), bezieht sich ausschließlich auf das Verhältnis der §§ 212, 211 und 217 StGB. Sie führt zur Strafbarkeit des irrtümlich angenommenen privilegierten Delikts, weil insoweit Tatvorsatz besteht, und ist ebenfalls im Rahmen des Vorsatzes zu prüfen.

Nimmt der Täter hingegen irrig an, ein tatsächlich nicht verwirklichtes Tatbestandsmerkmal sei vorhanden, so hat er zwar umfassenden Tatvorsatz, der objektive Tatbestand ist jedoch nicht voll erfüllt. Die Prüfung des Vorsatzdelikts wird daher schon im objektiven Tatbestand abgebrochen; die Konstellation der irrigen Annahme eines Tatbestandsmerkmals führt statt dessen zur Prüfung der Versuchsstrafbarkeit.

❑ Verbotsirrtum

Kennt der Täter das Bestehen einer Verbotsnorm nicht, so handelt er ohne Unrechtsbewußtsein. Bei Unvermeidbarkeit eines solchen Irrtums liegt gemäß § 17 StGB kein schuldhaftes Verhalten vor. Der Verbotsirrtum ist folglich im Rahmen der Schuld zu prüfen.

❑ Erlaubnisirrtum

Auch beim Erlaubnisirrtum irrt der Täter über die Rechtswidrigkeit. Hier kennt der Täter aber den sozialen Bedeutungsgehalt seines Handelns, d.h. das Unrecht seiner Tat. Er nimmt vielmehr irrig die Existenz eines von der Rechtsordnung tatsächlich nicht anerkannten Rechtfertigungsgrundes an oder verkennt die rechtlichen Grenzen eines anerkannten Rechtfertigungsgrundes. Der Täter handelt auf der Grundlage von Wertvorstellungen, die denen der Rechtsordnung widersprechen, ohne dies zu wissen. Diese Form des Irrtums ist ebenfalls als Verbotsirrtum zu behandeln und im Rahmen der Schuld zu prüfen.

❑ **Erlaubnistatbestandsirrtum**

Wenn der Täter in Kenntnis der Tatsachen, des Unrechts der Tat und der grundsätzlichen Rechtswidrigkeit handelt, aber irrig das Vorliegen der tatsächlichen Voraussetzungen eines anerkannten Rechtfertigungsgrundes annimmt, liegt ein Erlaubnistatbestandsirrtum vor. Der Täter handelt mit subjektiv rechtstreuer Motivation. Strittig ist, wie der Erlaubnistatbestandsirrtum rechtlich zu behandeln ist.

Nach der herrschenden Meinung ist ein solcher Irrtum dem Tatbestandsirrtum vergleichbar, so daß § 16 I StGB analog anwendbar ist und vorsätzliches Unrecht (eingeschränkte Schuldtheorie) bzw. die Vorsatzschuld (rechtsfolgenverweisende Schuldtheorie, eine Variante der eingeschränkten Schuldtheorie) nicht vorliegt. In Betracht kommt gegebenenfalls aber eine Strafbarkeit wegen Fahrlässigkeit. Demgegenüber berührt nach Auffassung der strengen Schuldtheorie der Erlaubnistatbestandsirrtum den Vorsatz nicht; sie wendet § 17 StGB an. Nach beiden Auffassungen ist der Erlaubnistatbestandsirrtum im Rahmen der Schuld zu prüfen.

Nach der Lehre von den negativen Tatbestandsmerkmalen, die die Voraussetzungen der Rechtfertigungsgründe als negative Merkmale zum Tatbestand im weiteren Sinne rechnet, ist § 16 StGB auch auf Rechtfertigungsgründe direkt anwendbar. Dementsprechend ist nach dieser Auffassung der Erlaubnistatbestandsirrtum im Rahmen der Rechtswidrigkeit zu prüfen, und zwar im Anschluß an die Feststellung des objektiven Fehlens von Rechtfertigungsgründen.

❑ **Irrtum über Entschuldigungsgründe**

Nimmt der Täter irrig Umstände an, deren tatsächliches Vorliegen ihn entschuldigen würde, so liegt ein Irrtum über Schuldelemente vor. Dieser ist gemäß § 35 II StGB zu behandeln (analog bei anderen Entschuldigungsgründen als dem entschuldigenden Notstand) und im Rahmen der Schuld zu prüfen.

(cc) Schuldunfähigkeit, actio libera in causa und Vollrausch (§ 323a StGB)

Bei Delikten unter Alkoholeinfluß kommt eine Bestrafung nach allgemeinen Regeln (d.h. wegen schuldhafter und rechtswidriger Verwirklichung eines Straftatbestands), nach den Grundsätzen der actio libera in causa und eine Bestrafung wegen Vollrauschs in Frage.

Anzusetzen ist immer mit der Prüfung des objektiv verwirklichten Delikts **nach**

allgemeinen Regeln. Bei Begehung der Tat unter dem Einfluß großer Mengen Alkohols kann Schuldunfähigkeit im Sinne von § 20 StGB vorliegen. Als Richtlinie dient der Rechtsprechung ein Grenzwert von 3,0 Promille. Dann kann eine Bestrafung nach allgemeinen Regeln nicht erfolgen.

In Betracht kommt aber eine Bestrafung nach den Grundsätzen der **actio libera in causa** (alic). Bei der alic wird die Tat zwar in schuldunfähigem Zustand begangen, der Täter hat aber noch im Zustand der (allenfalls verminderten) Schuldfähigkeit vorsätzlich oder fahrlässig eine Kausalkette in Gang gesetzt, an deren Ende die volle Verwirklichung des Straftatbestands in schuldunfähigem Zustand steht. Er muß sich dafür verantworten, daß er vor Eintritt der Schuldunfähigkeit vorausgesehen hat oder zumindest voraussehen mußte, daß er unter dem Einfluß des Alkohols eine bestimmte, später dann ausgeführte Straftat begehen würde – und sich dennoch (weiter) betrunken hat. Das Vorliegen der alic ist im Anschluß an die Feststellung der Schuldunfähigkeit zu prüfen.

Nur wenn auch die Grundsätze der alic nicht eingreifen, ist der Tatbestand des **Vollrauschs** heranzuziehen. Bei § 323a StGB ist der Täter schon wegen vorsätzlicher bzw. fahrlässiger Herbeiführung eines Rauschs, der so hochgradig ist, daß er wegen Ausschlusses des Einsichts- bzw. Hemmungsvermögens möglicherweise strafbare Handlungen irgendwelcher Art begehen wird, strafbar. Nur als objektive Bedingung der Strafbarkeit ist erforderlich, daß im Zustand der festgestellten oder nicht auszuschließenden Schuldunfähigkeit eine rechtswidrige Straftat begangen worden ist. § 323a StGB ist Auffangtatbestand für die mindestens fahrlässige Herbeiführung strafrechtlicher Nichtverantwortlichkeit und folglich nur subsidiär anwendbar.

(5) Prüfung der Konkurrenzen

In welchem Konkurrenzverhältnis die verschiedenen von einer Person begangenen Delikte stehen, wird – mit gewissen Ausnahmen – erst dann geprüft, wenn die einzubeziehenden Straftaten insgesamt feststehen. Das empfiehlt sich deshalb, weil Prüfung und Darstellung bei abschnittsweiser Prüfung der Konkurrenzen unübersichtlicher würden und die Gefahr größer wäre, daß Konkurrenzzusammenhänge zwischen den Sachverhaltskomplexen übersehen werden. Wenn allerdings nicht nach Sachverhaltskomplexen zu gliedern ist, sondern die Strafbarkeit der beteiligten Personen jeweils in sich geschlossen nacheinander geprüft werden kann, ist es ebenso möglich und bei der Darstellung sogar übersichtlicher, die Konkurrenzen am Ende des Abschnitts zu klären, in dem die Strafbarkeit der betreffenden Person behandelt wird.

Das eben Gesagte gilt ohne Ausnahme nur für die Feststellung von Ideal- und Realkonkurrenzen. Zu differenzieren ist bezüglich der Gesetzeskonkurrenz. Wo die Verdrängung infolge Gesetzeskonkurrenz evident und unproblematisch ist, wird sie, wie oben dargestellt, sinnvollerweise schon bei der Prüfung der Tatbestände berücksichtigt. In diesem Fall prüfen Sie das verdrängende Delikt zuerst und stellen, soweit es zu bejahen ist, unmittelbar im Anschluß daran fest, welches Delikt aufgrund welcher Form der Gesetzeskonkurrenz zurücktritt. Wenn die Feststellung einer Gesetzeskonkurrenz hingegen nicht unproblematisch ist, und demzufolge längere Ausführungen erfordert, empfiehlt es sich, die Prüfung erst am Schluß zusammen mit der der Ideal- und Realkonkurrenzen vorzunehmen.

b Subsumtion

Auf der Gundlage der so aufgebauten Prüfungsreihenfolge kann dann die Subsumtion im einzelnen vorgenommen werden. Besonderheiten gelten für sie im strafrechtlichen Bereich nicht. Eine sorgfältige und systematische Bestimmung der Prüfungsreihenfolge führt auch mit einiger Sicherheit dazu, daß sich die Problemschwerpunkte des Falles herauskristallisieren. Auf die richtige Gewichtung von Problemen und nebensächlichen Punkten ist allerdings bei der Ausarbeitung des schriftlichen Gutachtens noch einmal zu achten.

3 Anfertigung des Gutachtens

Für die Darstellung der rechtlichen Prüfung im Gutachten sind die Empfehlungen zu beachten, die schon im Zusammenhang der Aufbaurichtlinien für die rechtliche Prüfung selbst gegeben wurden (2 a cc). Über das dort Gesagte hinaus sind nur wenige Besonderheiten des strafrechtlichen Gutachtens hervorzuheben.

a Gutachten- und Urteilsstil

Bei strafrechtlichen Klausuren und Hausarbeiten sind häufig eine ganze Reihe von Tatbeständen zu prüfen. Das stellt besondere Anforderungen an die Darstellung. Sie muß strikt fallbezogen bleiben, alles rechtlich relevante enthalten, knapp und ökonomisch und an den richtigen Stellen zugleich ausführlich und erschöpfend sein. Dieser Balanceakt ist bei einer Vielzahl einzubeziehender Delikte auch aus zeitlichen Gründen schwer zu bewerkstelligen. Daher sollen hier noch einige Hinweise zur Subsumtion und zu der richtigen Stilmischung gegeben werden.

- ❑ Achten Sie darauf, daß Sie zu Beginn jeder Tatbestandsprüfung nicht nur das zu untersuchende Delikt bezeichnen, sondern auch die Handlung abgrenzen, die der tatsächliche Bezugspunkt der vorzunehmenden Prüfung ist.

  Beispiele:
  "A könnte sich der Untreue (§ 266 StGB) strafbar gemacht haben, indem er ..."
  "Dadurch, daß B ..., hat er möglicherweise einen Betrug (§ 263 StGB) begangen."

  Zur Vermeidung von Wiederholungen bei der anschließenden Subsumtion sollten Sie hierfür eine knappe zusammenfassende Kennzeichnung der Tathandlung verwenden. Dabei müssen Sie aber darauf achten, daß in die Zusammenfassung nicht schon eine rechtliche Wertung einfließt. Zum Beispiel darf die Kennzeichnung einer Handlung, die möglicherweise einen Diebstahl darstellt, nicht schon mit Hilfe der gesetzlichen Tatmerkmale "fremd" oder "wegnehmen" erfolgen, weil darin die Vorwegnahme eines erst zu prüfenden Punktes liegen würde.

- ❑ Grundsätzlich dürfen Sie im strafrechtlichen Gutachten kein Tatbestandsmerkmal übergehen. Ausnahmen gelten nur im Rahmen der allgemeinen Regeln (siehe oben B III 3 f). Das führt dazu, daß in strafrechtlichen Fällen besonders häufig Merkmale erwähnt werden müssen, obwohl sie unproblematisch sind. Es gilt daher, darauf zu achten, eine Mischung von Gutachten- und Urteilsstil zu finden, die der Darstellung ihren Charakter als Gutachten erhält, andererseits aber knapp und lesbar ausfällt. Daher:

  - ❑ Wenn das Vorliegen eines Tatbestandsmerkmals evident ist, greifen Sie zum Urteilsstil.

    Handelt es sich um deskriptive, d.h. durch einfache Wahrnehmung feststellbare Merkmale wie "Mensch", "Sache", "beweglich", "Kraftfahrzeug", "Messer", oder auch Verletzungsfolgen, so können Sie verkürzen, so weit es geht, und eine begründungslose Feststellung treffen, die lediglich die rechtliche Bewertung wiedergibt oder die entsprechenden Tatsachen des Sachverhalts wiederholt. Im Zweifel verwenden Sie die kürzeste Form, wenn jede Begründung banal oder überflüssig klingen würde. Viel verwendetes Stilmittel ist die eingeschobene Behauptung (Apposition).

Beispiele:

- bei Prüfung einer Unterschlagung (bewegliche Sache):
  "Das Video–Gerät, eine bewegliche Sache, müßte für A fremd gewesen sein."
  "A müßte sich eine bewegliche Sache, das Video–Gerät, die für ihn fremd war, zugeeignet haben."
- bei Prüfung eines Totschlags (Tod eines anderen Menschen):
  "Der Tod des B ist eingetreten."

Bei Tatbestandsmerkmalen, bei denen die Subsumtion eine Definition voraussetzt, insbesondere bei normativen Tatbestandsmerkmalen (z.B. "fremd"), ist dagegen auch bei Offensichtlichkeit des tatsächlichen Vorliegens eine kurze Begründung nachzuschieben.

Beispiele:
"A müßte sich das Video–Gerät, dessen Eigentümer B ist und das für A daher eine fremde bewegliche Sache war, zugeeignet haben."
"C tötete B vorsätzlich, denn er wußte und wollte was er tat."

Vermeiden Sie aber, längere Passagen im Urteilsstil abzuhandeln. Auch wenn es sachlich begründet sein mag, laufen Sie Gefahr, sich den Vorwurf zu häufiger Abweichung vom Gutachtenstil einzuhandeln. Gehen Sie Ihre Formulierungen daher abschließend noch einmal auf das Mischungsverhältnis hin durch.

Knappe Feststellungen lassen sich unter Umständen auch in knappen Gutachtenstil umwandeln. Zum Beispiel:

"C wußte und wollte, was er tat, als er B tötete, und handelte folglich vorsätzlich."

❑ Alle Tatbestandsmerkmale, deren Vorliegen nicht evident ist, sind hingegen – je nach ihrem fallbezogenen Problemgewicht mehr oder weniger ausführlich – im Gutachtenstil zu subsumieren. Dies gilt auch für Tatbestandsmerkmale, die die spezifische Tathandlung umschreiben.

b Gesamtergebnis

Den Abschluß des Gutachtens bildet eine Zusammenfassung des Gesamtergebnisses. Dazu stellen Sie für jeden Täter möglichst übersichtlich sämtliche schuldhaft realisierten Delikte zusammen, die nicht infolge von Gesetzeskonkurrenz ausgeschieden sind und geben an, in welchem Konkurrenzverhältnis (Ideal- oder Realkonkurrenz) sie zueinander stehen.

II Prüfungsschemata ausgewählter Delikte des Besonderen Teils des StGB

1 Tötungsdelikte

Totschlag, 212

I 1 Tötung eines anderen Menschen (aktives Tun/Unterlassen)
  2 Kausalität und objektive Zurechnung
  3 Vorsatz
  4 Rechtswidrigkeit, Schuld
  5 minder schwerer Fall, 213 (Strafzumessungsregel)
II 1 Versuch: 23 I,12 I
  2 Fahrlässigkeit: 222

Mord, 212, 211 (Qualifikation, h.Lit./Rspr.: selbständiges Delikt)

I 1 Totschlag, 212
  2 Merkmale 2. Gruppe (besonders verwerfliche Art und Weise der Tatbegehung)
    a grausam
      aa Zufügung besonders schwerer Qualen körperlicher oder seelischer Art, gemessen an Stärke, Dauer oder Wiederholung der Schmerzzufügung
      bb vorsätzlich und aus gefühlloser Gesinnung heraus
    b gemeingefährliches Mittel:
      aa Tatmittel, dessen Auswirkungen der Täter im Einzelfall nicht sicher zu beherrschen vermag und dessen konkreter Einsatz daher auch andere Menschen gefährdet (z.B. Brandstiftung, Bomben)
      bb Vorsatz diesbezüglich
    c auf heimtückische Weise: Ausnutzen der Arg- und Wehrlosigkeit des Opfers, bewußt, in feindseliger Willensrichtung und hinterhältig–tückisch
      aa arglos: ist, wer sich im Zeitpunkt der Tat keines Angriffs auf Körper und Leben versieht
      bb wehrlos: ist, wer infolge seiner Arglosigkeit zur Verteidigung unfähig oder eingeschränkt ist
      cc beide müssen bewußt und in feindseliger Willensrichtung ausgenutzt werden
      dd hinterhältig–tückisches Ausnutzen: hinterhältiges oder planmäßig-berechnendes Ausnutzen der vom Täter selbst herbeigeführten oder vorgefundenen Arg- und Wehrlosigkeit
  3 Merkmale 1. Gruppe (besondere Verwerflichkeit des Beweggrundes; spezielle Schuldmerkmale)
    a Mordlust: Tatmotiv ist der Wunsch, einen Menschen sterben zu sehen
    b zur Befriedigung des Geschlechtstriebs: Lustmord/Vergewaltigung mit bedingtem Tötungsvorsatz

c Habgier: ungezügeltes und rücksichtsloses Streben nach Gewinn um jeden Preis
d sonstige niedrige Beweggründe: alle sonstigen Tatantriebe, die
aa sittlich auf niedrigster Stufe stehen
bb und nach allgemeinen Wertmaßstäben besonders verwerflich sind
dabei muß subjektiv vorliegen:
e Bewußtsein der Umstände, die die Tat als besonders verwerflich erscheinen lassen
f Fähigkeit gedanklicher Beherrschung und Steuerung der Ziele, Motive und Handlungen
4 Merkmale 3. Gruppe (besonders verwerflicher Zweck; spezielle Schuldmerkmale)
a Absicht der Ermöglichung einer anderen Straftat durch die Tötung
b Absicht der Verdeckung einer anderen Straftat durch die Tötung
II 1 Teilnehmerhaftung bei 211:
– Mordmerkmale der 1. und 3. Gruppe sind nach der h.Lit. Merkmale i.S.d. 28 II und 29
– nach der Rspr. ist hingegen 28 I anwendbar
2 Versuch: 23 I,12 I

2 Körperverletzungsdelikte

Körperverletzung, 223

I 1 Tathandlung, Erfolg, Kausalität
a körperliches Mißhandeln:
– alle substanzverletzenden Einwirkungen auf den Körper
– jede sonstige üble, unangemessene Behandlung, durch die das körperliche Wohlbefinden oder die Unversehrtheit mehr als unerheblich beeinträchtigt werden (einschließlich Funktionsstörungen)
b Gesundheitsbeschädigung: Hervorrufen oder Steigern eines regelwidrigen Zustandes körperlicher oder psychischer Art
2 Tatobjekt: anderer Mensch
3 Vorsatz
4 Rechtswidrigkeit (insbes.: rechtfertigende Einwilligung, 226a)
5 Schuld, Strafantrag (232)
6 Qualifikation: Begehung unter Verwandten aufsteigender Linie, II
II Fahrlässigkeit: 230

Gefährliche Körperverletzung, 223 I, 223a (Qualifikation)

I 1 Körperverletzung, 223 I
2 gefährliche Tatmittel oder Begehungsweise
a Waffe, Messer, gefährliches Werkzeug (jeder bewegliche Gegenstand, der nach seiner Beschaffenheit und der Art seiner Verwendung als Angriffs– oder Verteidigungsmittel im konkreten Fall geeignet ist, erhebliche Verletzungen beizufügen)
b hinterlistiger Überfall
– Überfall: jeder plötzliche, unerwartete Angriff auf einen Ahnungslosen

- hinterlistig: planmäßig–berechnende Verdeckung der tatsächlichen Absicht, um die Abwehr zu erschweren

c gemeinschaftliche Begehung

d lebensgefährdende Behandlung: wenn die verletzende Handlung konkret geeignet war, das Leben des Opfers zu gefährden

3 Vorsatz bzgl. der qualifizierenden Merkmale

II Versuch: II

Schwere Körperverletzung, 223 I, 224/225 (Qualifikation)

I 1 Körperverletzung, 223 I

2 schwere Verletzungsfolge

a Verlust eines wichtigen Körpergliedes, des Sehvermögens auf mindestens einem Auge, des Gehörs, der Sprache oder der Zeugungsfähigkeit

- Glied: jeder Körperteil, der eine in sich abgeschlossene Existenz mit besondererer Funktion hat
- wichtig: zu beurteilen nach einem objektiv–individuellen Maßstab (z.B. unter Berücksichtigung des Berufs)
- verlieren: mindestens dauerhafte Unbrauchbarkeit

b erhebliche und dauerhafte Entstellung

- erhebliche Entstellung: wesentliche Beeinträchtigung des äußeren Erscheinungsbildes
- dauernd: mindestens unbestimmt dauerhafte Beeinträchtigung

c Siechtum, Lähmung oder Geisteskrankheit

3 die Körperverletzung hat die schwere Folge unmittelbar verursacht

a Kausalität

b Unmittelbarkeit: die tatspezifisch gesetzte Gefahr muß sich in der besonderen Folge realisiert haben

4 subjektiv

a Vorsatz (224) oder Fahrlässigkeit (224,18)

b Absicht, mindestens direkter Vorsatz bei 225

II Versuch: 23 I,12 I

Körperverletzung mit Todesfolge, 223 I, 226 (Qualifikation)

I 1 Körperverletzung, 223 I

2 Tod des Verletzten

3 die Körperverletzung hat den Tod unmittelbar verursacht

a Kausalität

b Unmittelbarkeit: die tatspezifisch durch Art und Schwere des Verletzungserfolgs oder der Verletzungshandlung gesetzte Gefahr muß sich im Tod realisiert haben

4 Fahrlässigkeit bzgl. der Todesfolge, 18 (zu prüfen nur bzgl. der Vorhersehbarkeit des tödlichen Ausgangs)

II Versuch: 23 I, 12 I

Beteiligung an einer Schlägerei, 227

I 1 Beteiligung an einer Schlägerei oder einem Angriff
- Schlägerei: tätlicher Streit mit gegenseitigen Körperverletzungen zwischen mindestens 3 Personen
- Angriff mehrerer: feindselige, auf den Körper zielende Einwirkung durch mindestens 2 Personen
- Beteiligung: Anwesenheit und physische oder psychische Mitwirkung zu irgendeinem Zeitpunkt der Schlägerei

2 Vorsatz
3 objektive Bedingung der Strafbarkeit: Verursachung des Todes eines Menschen oder einer schweren Körperverletzung durch die Schlägerei
4 Rechtswidrigkeit, Schuld

3 Freiheitsdelikte

Nötigung, 240

I 1 Tathandlung
a Anwendung von Gewalt
aa körperlich oder psychisch (str.) wirkender gegenwärtiger Zwang
bb durch Entfaltung von Kraft oder durch ein sonstiges Verhalten, das geeignet ist, die Freiheit der Willensentschließung und -betätigung gegen den Willen des Betroffenen auszuschliessen (vis absoluta) oder zu beeinträchtigen (vis compulsiva)
b Drohung mit einem empfindlichen Übel
aa Drohung: Inaussichtstellung eines zukünftigen Übels, auf dessen Eintritt sich der Drohende Einfluß zuschreibt
bb empfindlich: mit erheblicher Werteinbuße verbunden und geeignet, eine Verhaltensänderung herbeizuführen
2 Erzwingung eines Verhaltens
a Handlung, Duldung oder Unterlassung
b Kausalität und Zurechnung Gewalt/Drohung – Verhalten
3 Vorsatz, insbesondere auch: Wille, Widerstand zu brechen
4 Rechtswidrigkeit
a allgemeine Rechtfertigungsgründe
b Rechtswidrigkeit i.S.d. Abs. II: sozialethische Verwerflichkeit der Gewaltanwendung bzw. Drohung im Verhältnis zu dem angestrebten Zweck (entscheidend ist die Mittel–Zweck–Relation)
5 Schuld

II Versuch: III

4 Ehrdelikte

Verleumdung, 187

I 1 unwahre Tatsache
2 ehrenrühriger Art (geeignet, den Betroffenen verächtlich zu machen oder in der öffentlichen Meinung herabzuwürdigen) oder kreditschädigender Art
3 Beleidigungsfähigkeit des Betroffenen
- jeder lebende Mensch
- auch Personengemeinschaften, soweit sie eine rechtlich anerkannte soziale Funktion erfüllen und einen einheitlichen Willen bilden können, h.M.
- Einzelpersonen unter einer Kollektivbezeichnung, sofern der betroffene Personenkreis klar umgrenzt und die Mitgliederzahl überschaubar ist

4 Kundgabe gegenüber Dritten
a Äußerung mit Kundgabecharakter
b Kenntnisnahme durch einen Dritten
5 Behauptung (als gewiß oder richtig Hinstellen) oder Verbreitung (Weitergabe als fremdes Wissen)
6 Vorsatz
7 wider besseres Wissen (mindestens direkter Vorsatz)
8 Rechtswidrigkeit
a allgemeine Rechtfertigungsgründe
b 193; insbesondere Wahrnehmung berechtigter Interessen:
aa berechtigtes Interesse an der Äußerung
(1) Vorliegen eines schutzwürdigen Interesses
(2) die fragliche Äußerung ist ein angemessenes Mittel zur Wahrung dieses Interesses (Eignung; schonendstes Mittel; Prüfungs- und Erkundigungspflicht insbesonders bei öffentlicher Behauptung oder Verbreitung)
bb Überwiegen nach Abwägung der widerstreitenden Interessen und Rechte
cc subjektiv: die Äußerung erfolgte zum Zweck der Interessenwahrnehmung
9 Schuld, Strafantrag (194)
10 Qualifikation: Tatbegehung geschieht öffentlich oder durch Verbreitung von Schriften (11 III StGB), Hs. 2

Üble Nachrede, 186

I 1 Tatsache
2 ehrenrühriger Art
3 Beleidigungsfähigkeit des Betroffenen
4 Kundgabe gegenüber Dritten
5 Behauptung oder Verbreitung
6 Vorsatz
7 objektive Bedingung der Strafbarkeit: Nichterweislichkeit der Wahrheit der Tatsache (d.h. Beweislastrisiko beim Beschuldigten bzw. Angeklagten)
8 Rechtswidrigkeit (insbesondere: 193), Schuld, Strafantrag (194)

Beleidigung, 185 (Auffangtatbestand)

I 1 Kundgabe einer Tatsache oder eines Werturteils
  a Kundgabe einer Tatsache gegenüber dem Betroffenen oder
  b Kundgabe eines Werturteils gegenüber dem Betroffenen oder einem Dritten
 2 Ehrenrührigkeit: Nicht- oder Mißachtung der Personenwürde
  a Ehre: Wert der dem Menschen kraft seiner Personenwürde und aufgrund seines sittlich-sozialen Verhaltens zukommt
  b Formen der Nicht- bzw Mißachtung:
   – Meinungsäußerung oder Werturteil
   – symbolische Handlung oder ehrkränkende Behandlung
   – ehrverletzende körperberührende Handlung
   – Zumutung strafbarer oder unsittlicher Handlung
   – Formalbeleidigung i.S.d. 192
   – Vorhalten ehrenrühriger Tatsachen gegenüber dem Betroffenen
 3 Unwahrheit der nur dem Betroffenen gegenüber bekundeten Tatsache
 4 Beleidigungsfähigkeit des Betroffenen
 5 Vorsatz einschließlich Eignung der Kundgabe als Mittel der Ehrkränkung (mindestens Eventualvorsatz)
 6 Rechtswidrigkeit (insbesondere: 193), Schuld, Antrag (194)

5 Eigentumsdelikte

Sachbeschädigung, 303

I 1 fremde Sache
  – Sache: körperlicher Gegenstand (90 BGB)
  – fremd: Allein-, Mit-, Gesamthandseigentum eines anderen (nach den Regeln des BGB)
 2 Beschädigen oder Zerstören
  – Beschädigen:
   – Substanzverletzung und/oder
   – Brauchbarkeitsminderung der Sache, wenn der Täter unmittelbar körperlich auf sie eingewirkt hat und dadurch ihre körperliche Unversehrtheit oder zumindest ihre bestimmungsgemäße Brauchbarkeit mehr als unerheblich (Beseitigung erfordert einen nicht nur geringfügigen Aufwand an Zeit, Mühe oder Kosten) beeinträchtigt hat
  – Zerstören: Substanzvernichtung oder völliger Brauchbarkeitsverlust
 3 Vorsatz, Rechtswidrigkeit, Schuld, Strafantrag (303c)

II Versuch: II

Diebstahl, 242

I 1 fremde bewegliche Sache
  – Sache: körperlicher Gegenstand (90 BGB)
  – beweglich: alle Sachen, die fortbewegt werden können (abweichend von der Abgrenzung

im BGB)
– fremd: Allein-, Mit-, Gesamthandseigentum eines anderen (nach den Regeln des BGB)

2 Wegnahme

a Bruch fremden Gewahrsams
aa Gewahrsam: von einem natürlichen Herrschaftswillen getragene tatsächliche Sachherrschaft
(1) Voraussetzungen:
(a) physisch-reale Einwirkungsmöglichkeit auf die Sache (und i.d.R.: enge räumliche Beziehung, z.B. innerhalb eines Hauses, Betriebs, Geschäftslokals oder befriedeten Grundstücks)
(b) Sachherrschaftswille (rein tatsächlicher Beherrschungswille; auch in Form eines generellen Gewahrsamswillens bezogen auf den eigenen, räumlich umgrenzten Herrschaftsbereich)
(2) die Reichweite des Gewahrsams wird bestimmt durch die Umstände des Einzelfalls und die Verkehrsanschauung:
– bei vorübergehender Verhinderung der physisch–räumlichen Einwirkungsmöglichkeit oder Lockerung der Herrschaftsbeziehung: nur Gewahrsamslockerung (z.B.: geparktes Auto, Wohnungseinrichtung während urlaubs- oder krankheitsbedingter Abwesenheit)
– vergessene Sachen: nur Gewahrsamslockerung, soweit der Aufenthalt bekannt ist
– verlorene Sachen werden grundsätzlich gewahrsamslos; innerhalb einer fremden Gewahrsamssphäre, für die ein genereller Gewahrsamswille festzustellen ist, wird aber neuer Gewahrsam begründet, soweit die Sache in den Bereich des generellen Gewahrsamswillens fällt
– Mitgewahrsam ist möglich, gleichrangig oder gestuft
bb Bruch fremden Allein- oder Mitgewahrsams
– Bruch: Verlust der Sachherrschaft durch eigenmächtigen Zugriff auf die Sache
– der Mitgewahrsam eines anderen kann gebrochen werden, wenn dieser mindestens gleichrangig ist
– ohne Einverständnis des Gewahrsamsinhabers (ein Einverständnis ist tatbestandsausschließend; Kriterium: innerlich freie Willensentschließung zur Gewahrsamsaufgabe)

b Begründung neuen Gewahrsams: Vollendung des Gewahrsamswechsels
Begründung eigener Sachherrschaft ohne wesentliche Hindernisse und mit zumindest wesentlicher Erschwerung für den bisherigen Gewahrsamsinhaber; Voraussetzungen (nach Apprehensionstheorie):
– bei schweren Gegenständen: Ergreifen und Entfernung aus dem Herrschaftsbereich des bisherigen Gewahrsamsinhabers
– bei leichten Gegenständen: Ergreifen und Einstecken in ein mitgeführtes Behältnis

3 Vorsatz

4 Absicht rechtswidriger Zueignung
a die Intention des Täters muß auf Zueignung (Anmaßung einer eigentümerähnlichen Verfügungsmacht zu eigenen Zwecken) gerichtet sein
aa Aneignung: (zumindest vorübergehende) Einverleibung der Sache oder des in ihr verkörperten Wertes in das eigene Vermögen; insbesondere durch Verwendung für

eigene wirtschaftliche Zwecke, Verfügung über die Sache für eigene Rechnung (Verkauf) oder sonstige Verfügung mit Vermögenswirkung, z.B. Verschenken

bb Enteignung: dauerhafte tatsächliche Verdrängung des Eigentümers aus seiner bisherigen wirtschaftlichen Position durch Wegnahme ohne den Willen zur Rückführung mit im wesentlichen gleicher Identität und Wert

b Zueignungsabsicht setzt voraus

aa Absicht bzgl. der Aneignung

bb (mindestens) Vorsatz bzgl. der Enteignung (Eventualvorsatz reicht aus)

c Bewußtsein der objektiven Rechtswidrigkeit der Zueignung

aa objektive Rechtswidrigkeit der Zueignung: Fehlen eines fälligen und einredefreien Anspruchs auf Übereignung der weggenommenen Sache

bb (mindestens) Vorsatz bzgl. der objektiven Rechtswidrigkeit (Eventualvorsatz reicht aus; ggf. Tatbestandsirrtum, 16 I 1)

d die Absicht rechtswidriger Zueignung muß schon bei Wegnahme vorhanden sein (später: Unterschlagung)

5 Rechtswidrigkeit, Schuld, Strafantrag bei Fällen der 247, 248a

II Versuch: II

Besonders schwerer Diebstahl, 243

I 1 Diebstahl, 242

2 Regelbeispiel verwirklicht, I

a Nr. 1: Verletzung eines räumlichen Schutzbereichs

aa umschlossener Raum: jedes Raumgebilde, das zum Betreten durch Menschen bestimmt und mit Vorkehrungen versehen ist, die ein Eindringen Unbefugter verhindern sollen und nicht unerheblich erschweren

bb Tathandlung

(1) Einbrechen: gewaltsames, nicht notwendigerweise substanzverletzendes Öffnen einer zutrittswehrenden Umschließung

(2) Einsteigen: Hineingelangen durch eine nicht zum ordnungsgemäßen Zutritt bestimmte Öffnung unter Überwindung von (objektspezifischen) Hindernissen und Schwierigkeiten

(3) Eindringen mit falschem Schlüssel oder sonstigem nicht zur ordnungsgemäßen Öffnung bestimmtem Werkzeug

(4) Sich verborgen halten

cc zur Ausführung der Tat (Diebstahlsvorsatz schon bei Begehung des Regelbeispiels)

b Nr. 2: verschlossenes Behältnis oder andere Schutzvorrichtung

- Behältnis: zur Aufnahme von Sachen, aber nicht zum Betreten durch Menschen bestimmtes Raumgebilde
- verschlossen: Sicherung gegen ordnungswidrigen Zugriff von außen durch ein Schloß oder eine sonstige Schließvorrichtung

c Nr. 3: gewerbsmäßiges Stehlen

wiederholte Tatbegehung, die fortlaufende Einnahmequelle von einigem Umfang und gewisser Dauer ist

d Nr. 4–7

3 Vorsatz und besondere subjektive Voraussetzungen bezüglich der Regelbeispielsmerkmale

4 Gesamtwürdigung des Unrechtsgehalts im Einzelfall
- bei Vorliegen eines Regelbeispiels: mildernde Umstände?
- bei Nichtvorliegen eines Regelbeispiels: erschwerende Umstände?

5 keine Geringwertigkeit des Diebstahlobjekts in den Fällen der Nr. 1–6, II
- Verkehrswert zur Tatzeit weniger als (z.Zt.) ca. 50 DM
- auf Sachen ohne meßbaren Verkehrswert ist die Privilegierung des II nicht anwendbar

Unterschlagung, 246

I 1 fremde bewegliche Sache

2 die im Gewahrsam des Täters ist (d.h. kein Gewahrsamsbruch; Meinungen:
- eng: erforderlich ist Gewahrsamserlangung vor Zueignung
- h.M.: beides kann auch gleichzeitig erfolgen
- große berichtigende Lösung: jede Zueignung ohne Gewahrsamsbruch, d.h. eigener Gewahrsam des Täters ist nicht erforderlich)

3 Zueignung: Anmaßen einer eigentümerähnlichen Verfügungsgewalt durch eine Handlung, die objektiv erkennbar die Betätigung eines Zueignungswillens ist
- Begriff der Zueignung: s.o. Diebstahl
- Manifestation des Zueignungswillens: der Wille, die Sache sich zuzueignen, muß in einer nach außen erkennbaren Weise betätigt werden

4 Rechtswidrigkeit der Zueignung (Tatbestandsmerkmal, wie bei 242 zu behandeln)

5 Vorsatz, Rechtswidrigkeit, Schuld, Strafantrag bei Fällen der 247, 248a

6 Qualifikation: die Sache war dem Täter anvertraut (Gewahrsamsübertragung verbunden mit der Verpflichtung, sie zu einem bestimmten Zweck zu verwenden oder zurückzugeben; z.B. Miete, Leihe, Verwahrung, 455 BGB; besonderes Merkmal i.S.d. 28 II)

II Versuch: II

Raub, 249

I 1 Wegnahme einer fremden beweglichen Sache (wie bei Diebstahl; s.o.)

2 Nötigung mittels
   a Gewalt gegen eine Person: körperlich wirkender Zwang durch eine unmittelbare oder mittelbare Einwirkung, die nach der Vorstellung des Täters dazu bestimmt und geeignet ist, einen tatsächlichen oder erwarteten Widerstand zu brechen
   b Drohung mit gegenwärtiger Gefahr für Leib oder Leben (maßgeblich: zumindest Anschein der Ernstlichkeit)

3 Gewalt oder Drohung sind Mittel der Wegnahme (zumindest nach der Vorstellung des Täters)

4 Vorsatz

5 Absicht rechtswidriger Zueignung (wie bei Diebstahl; s.o.)

6 Rechtswidrigkeit, Schuld

7 Qualifikation
   a schwerer Raub, 250
   b Raub mit Todesfolge, 251

II Versuch: 23 I, 12 I

Räuberischer Diebstahl, 252 (eigenständiges Sonderdelikt)

I 1 auf frischer Tat bei einem Diebstahl betroffen
- a Diebstahl (mit Vollendung der Wegnahme) oder Raub als Vortat
- b auf frischer Tat betroffen
  - zeitlich: vor tatsächlicher Beendigung (Erlangung gesicherter Sachherrschaft)
  - räumlich: am Tatort oder in unmittelbarer Umgebung

2 Gewalt/Drohung (wie beim Raub)
3 Vorsatz
4 Besitzerhaltungsabsicht betreffend das Beutegut gegenüber einer gegenwärtigen oder unmittelbar möglichen Entziehungshandlung
5 Rechtswidrigkeit, Schuld
6 Qualifikation
- a schwerer räuberischer Diebstahl, 252, 250
- b räuberischer Diebstahl mit Todesfolge, 252, 251

II Versuch: 23 I, 12 I

6 Vermögensdelikte

Betrug, 263

I 1 Täuschung
- a Einwirkung auf das Vorstellungsbild eines anderen
- b bezogen auf äußere oder innere (Überzeugung, Kenntnisse, Absichten) Tatsachen
- c durch eine bewußt wahrheitswidrige Behauptung oder durch ein sonstiges Verhalten, das einen bestimmten Erklärungswert hat; Erscheinungsformen: Täuschung durch
  - aa positives Tun
    - (1) Vorspiegelung von Tatsachen (ausdrücklich oder durch konkludentes Verhalten)
    - (2) Entstellung wahrer Tatsachen: Verfälschung durch Veränderung des Gesamtbildes oder wesentlicher Einzelheiten
    - (3) Unterdrücken von Tatsachen
  - bb Täuschung durch Unterlassen bei:
    - (1) Aufklärungspflicht (Garantenstellung aus: Gesetz/besonderem Vertrauensverhältnis/pflichtwidrigem Vorverhalten/in engen Grenzen auch aus Treu und Glauben)
    - (2) Nichtaufklärung trotz Möglichkeit und Zumutbarkeit der Irrtumsverhinderung
    - (3) Untätigbleiben entspricht aktivem Tun (13 I)

2 Erregung oder Unterhaltung eines Irrtums als Folge
- a Irrtum: jede der Wirklichkeit nicht entsprechende oder in einem wesentlichen Punkt lückenhafte Vorstellung über Tatsachen
- b Erregung (Hervorrufen oder Mitverursachen) oder Unterhaltung (Bestärken einer bestehenden Fehlvorstellung, Verhinderung oder Erschwerung ihrer Aufklärung)
- c Kausalität Täuschung – Irrtum

3 Vornahme einer irrtumsbedingten Vermögensverfügung durch den Getäuschten über sein

oder das Vermögen eines Dritten

a Vermögensverfügung
  - rein tatsächlich zu verstehen, d.h. jedes Handeln, Dulden oder Unterlassen des Getäuschten, das unmittelbar zu einer Vermögenswirkung beliebiger Art im wirtschaftlichen Sinne bei dem Getäuschten oder einem Dritten führt
  - Verfügungsbewußtsein ist unmaßgeblich; auch ein unbewußter Verzicht auf die Geltendmachung eines infolge Täuschung unbekannten Anspruchs ist Verfügung

b Kausalität: mindestens Mitverursachung durch den Irrtum

c Identität Getäuschter/Verfügender

4 Eintritt eines Vermögensschadens oder einer konkreten Gefährdung als unmittelbare Folge der Verfügung

a Vermögen: Gesamtheit aller Güter einer Person mit wirtschaftlichem Wert

b Schaden

aa Begriff: nachteilige Vermögensdifferenz

bb Schadensberechnung:
  - abgestellt auf den Zeitpunkt der Verfügung, unter Zugrundelegung eines objektiv–individualisierenden Beurteilungsmaßstabs
  - Methode: Gesamtsaldierung
    - Vergleich des Vermögensstands vor und nach der Verfügung
    - unter Berücksichtigung unmittelbar mit der Verfügung verbundener Schadenskompensation (z.B. Gegenleistungen oder Forderungen, etwa ein Lieferungsanspruch aus 433 I BGB; davon aber ausgeschlossen: gesetzlicher Schadensersatzanspruch und andere gesetzliche Ansprüche und Rechte)

cc konkrete Vermögensgefährdung: ist dann als Schaden anzusehen, wenn bei wirtschaftlicher Betrachtung bereits eine konkrete Verschlechterung der gegenwärtigen Vermögenslage eingetreten ist

c Unmittelbarkeitsbeziehung Vermögensverfügung – Schädigung

5 Vorsatz (bzgl. des objektiven Tatbestands einschließlich der Kausalbeziehungen)

6 Absicht, sich oder einem Dritten einen objektiv rechtswidrigen Vermögensvorteil zu verschaffen

a die Intention des Täters muß sich auf einen Vermögensvorteil bei sich selbst oder einem Dritten richten (Vermögensvorteil: jede günstige Veränderung der wirtschaftlichen Vermögenslage)

b Absicht bzgl. des Vermögensvorteils

c objektive Rechtswidrigkeit des Vorteils (Tatbestandsmerkmal)

aa Fehlen eines fälligen, durchsetzbaren materiell–rechtlichen Anspruchs

bb Eventualvorsatz diesbzgl. ist ausreichend

d Unmittelbarkeitsbeziehung Vermögensschädigung – Vermögensvorteil: Schaden und Vorteil müssen durch dieselbe Verfügung vermittelt sein, d.h. der Schaden des einen bedeutet ohne weiteres den Vorteil des anderen (sog. Stoffgleichheit)

7 Rechtswidrigkeit, Schuld, Strafantrag in den Fällen der 247, 248a, 263 IV

II Versuch: II

Erpressung, 253

I 1 Nötigung: Gewalt oder Drohung mit einem empfindlichen Übel
2 Vermögensverfügung des Genötigten (h.Lit.; Rspr.: nicht erforderlich, d.h. auch eine eigenmächtige Vornahme der schädigenden Handlung durch den Täter nach Ausschalten des Geschädigten (vis absoluta) kann Erpressung sein)
3 Vermögensschaden beim Genötigten oder einem Dritten
4 Vorsatz (Nötigung, Schaden, Kausalbeziehungen 1 – 2 – 3)
5 Bereicherungsabsicht: Absicht der Erlangung eines objektiv rechtswidrigen Vermögensvorteils (wie bei 263)
6 Rechtswidrigkeit der Tat im ganzen (II; wie bei 240), Schuld
7 Qualifikation
a räuberische Erpressung, 255
b schwere räuberische Erpressung, 255, 250
c räuberische Erpressung mit Todesfolge, 255, 251

II Versuch: III

Untreue, 266

I 1 Mißbrauchs–Tatbestand, I Alt. 1: Vermögensschädigung durch Mißbrauch einer Verfügungsbefugnis oder Vertretungsmacht
a Befugnis, über fremdes Vermögen zu verfügen oder einen anderen zu verpflichten
– gesetzlich (Eltern, Vormund, Testamentsvollstrecker, Konkursverwalter, Gerichtsvollzieher etc.)
– behördlicher Auftrag (staatlich bestellter Treuhänder, Postbeamter etc.)
– rechtsgeschäftlich (Vollmacht, Prokura, Verfügungsermächtigung (185 BGB))
b Vermögensbetreuungspflicht (h.M.): Geschäftsbesorgung für einen anderen in einer nicht ganz unbedeutenden Angelegenheit mit einem Aufgabenkreis von einigem Gewicht und einem gewissen Grad von Verantwortlichkeit
c mißbräuchliche Ausübung der Verfügungsbefugnis oder Vertretungsmacht in der Form hoheitlichen oder rechtsgeschäftlichen Handelns
aa im Außenverhältnis wirksames Verfügungs- oder Verpflichtungsgeschäft (dessen Wirksamkeit auf der Vertretungsmacht beruht; nicht 932 oder 407 BGB)
bb im Innenverhältnis Überschreitung der Befugnis (durch Unterlassen nur, wenn Schweigen rechtsgeschäftliche Qualität hat: 362, 377 HGB)
cc keine wirksame Einwilligung des Vermögensinhabers (Tatbestandsmerkmal; Einwilligungsfähigkeit, Willensmängel, Gesetzeswidrigkeit)
d Nachteil: Vermögensschaden
e Vorsatz, Rechtswidrigkeit, Schuld, Strafantrag in den Fällen der 247, 248a, III

2 Treubruchs–Tatbestand, I Alt. 2: Vermögensschädigung durch Bruch eines Treueverhältnisses
a Pflicht zur Wahrnehmung fremder Vermögensinteressen
aa die Pflicht muß den typischen und wesentlichen Inhalt des (rechtlich oder tatsächlich begründeten) Treueverhältnisses bilden, d.h. eine Hauptpflicht sein (Bsp.: (–) beim Sicherungsgeber und beim Eigentumsvorbehaltskäufer/(+) beim Eigentum des Sicherungsnehmers und beim Kaufvertrag mit Vorschußleistung)
bb es muß um eine nicht ganz unbedeutende Angelegenheit mit Aufgaben von einigem

Gewicht und einem gewissen Grad von Verantwortlichkeit gehen
- cc das Treueverhältnis kann rechtlicher, tatsächlicher und auch gesetzes- oder sittenwidriger Art sein
- b Pflichtverletzung: jedes Handeln oder Unterlassen, das im Widerspruch zur Treuepflicht steht
- c Vermögensschaden und Identität zu betreuendes/verletztes Vermögen
- d Vorsatz
- e Rechtswidrigkeit (insbesondere rechtfertigender Notstand, 34), Schuld, Strafantrag in den Fällen der 247, 248a, III

Hehlerei, 259

I 1 Tatobjekt: eine Sache (90 BGB)
- 2 Vortat: von einem anderen gestohlen oder sonst durch eine gegen fremdes Vermögen gerichtete rechtswidrige Tat (11 I Nr. 5) erlangt
  - a Vermögens- oder Zueignungsdelikt, aber auch z.B. Meineid, Nötigung, Urkundenfälschung
  - b rechtswidrig (Tatbestand, Rechtswidrigkeit)
  - c die Sacherlangung muß abgeschlossen sein und der Hehlerei zeitlich vorangehen
  - d die Sache muß unmittelbar durch die Vortat erlangt sein (körperliche Identität, keine Ersatzsachen; Ausnahme: die Ersatzsache ist ihrerseits durch rechtswidrige Tat erlangt)
  - e die rechtswidrige Vermögenslage muß noch bestehen (d.h.: kein 932 ff BGB, kein 946 ff BGB, kein Ablauf der Anfechtungsfrist des 123 BGB bei Betrug)
- 3 Hehlereihandlung
  - a Sichverschaffen, Absetzen oder Absetzenhelfen
    - aa Sichverschaffen: bewußte und gewollte Übernahme der tatsächlichen eigentümerähnlichen Verfügungsgewalt zu eigenen Zwecken im Wege des abgeleiteten Erwerbs
    - bb Ankaufen (Sonderfall des Sichverschaffens)
    - cc Absetzen: einvernehmlich selbständige Veräußerung an Dritte für Rechnung des Vortäters
    - dd Absetzenhelfen: weisungsabhängige, unselbständige, objektiv geeignete Unterstützung des Vortäters beim Absetzen
  - b im Einverständnis mit dem Vortäter oder dessen Besitznachfolger (935 BGB)
- 4 Vorsatz (einverständliches Zusammenwirken, Erlangung durch rechtswidrige Tat als allgemeine Vorstellung, Fortbestehen der rechtswidrigen Vermögenslage)
- 5 Bereicherungsabsicht (für sich oder einen Dritten)
- 6 Rechtswidrigkeit, Schuld, ggf. Strafantrag (II)
- 7 Qualifikation:
  - a gewerbsmäßige Hehlerei bzw. Bandenhehlerei, 260 I Nr. 1, 2
  - b gewerbsmäßige Bandenhehlerei, 260a

II Versuch: III

7 Urkundsdelikte

Urkundenfälschung, 267

I 1 Alt. 1: Herstellen einer unechten Urkunde
a Urkunde
aa Begriff
(1) verkörperte Gedankenerklärung
- gedanklicher Inhalt (sonst: Augenscheinsobjekt bzw. technische Aufzeichnung)
- feste Verbindung der gedanklichen Erklärung mit einem körperlichen Gegenstand; zumindest von gewisser Dauer
- visuelle Wahrnehmbarkeit
(2) die zum Beweis im Rechtsverkehr geeignet und bestimmt ist
- Eignung: nach objektiven Kriterien allgemein geeignet, zur Überzeugungsbildung über rechtliche Verhältnisse beizutragen
- subjektive Bestimmung zum Beweis (vorher: Urkundenentwurf)
(3) und die ihren Aussteller erkennen läßt
- Aussteller: derjenige, dem das urkundlich Erklärte als Urheber oder Garant im Rechtsverkehr zugerechnet wird und von dem die Erklärung in diesem Sinne geistig herrührt (d.h. es kann ein anderer als der körperliche Hersteller der Urkunde sein)
- erkennbar: Hinweis auf eine bestimmte Person als Urheber (durch Unterschrift oder aus dem Gesamtzusammenhang des Inhalts)
bb zu den Urkunden zählen auch
(1) urkundsgleiches Beweiszeichen: symbolisierte Gedankenerklärung, die die Merkmale der Urkunde erfüllt
(2) besondere Formen der Urkunde
- Gesamturkunde: Verbindung mehrerer Urkunden in dauerhafter Form zu einem einheitlichen Ganzen, das einen selbständigen, über die Einzelbestandteile hinausgehenden Erklärungsinhalt hat
- zusammengesetzte Urkunde: Urkunde, die mit einem Bezugsobjekt (Augenscheinsobjekt, technische Aufzeichnung) räumlich fest zu einer Beweismitteleinheit verbunden ist, so daß beide einen einheitlichen Erklärungs- und Beweisinhalt haben
b unecht
ist eine Urkunde, wenn sie den Anschein erweckt, von einer anderen Person als dem wirklichen Aussteller zu stammen; maßgeblich sind daher nur:
aa die Urheberschaft der Erklärung (d.h. die Person des Ausstellers; nicht: die inhaltliche Wahrheit) und diese nur hinsichtlich der geistigen Herkunft (unmaßgeblich: die körperliche Herstellung)
bb Identitätstäuschung bzgl. des Ausstellers (nicht: bloße Namenstäuschung)
c Herstellen
- bei Schriftstück i.d.R. durch Zeichnen mit falschem Namen
- bei Blankett: Vervollständigen ohne Erlaubnis oder gegen eine inhaltliche Anordnung des als Aussteller Erscheinenden
d Vorsatz (insbesondere Kenntnis der wesentlichen Umstände, aus denen sich die Urkunds-

eigenschaft ergibt)
e zur Täuschung im Rechtsverkehr (direkter Vorsatz ausreichend): der Täter bezweckt,
aa den Eindruck der Echtheit hervorzurufen und
bb den Getäuschten dadurch zu einem rechtserheblichen Verhalten zu veranlassen
f Rechtswidrigkeit, Schuld

2 Alt. 2: Verfälschen einer echten Urkunde
a Tatobjekt: echte Urkunde
b Verfälschen: jede unbefugte, nachträgliche Änderung des gedanklichen Inhalts oder der Beweisrichtung einer Urkunde
c Vorsatz
d zur Täuschung im Rechtsverkehr
e Rechtswidrigkeit, Schuld

3 Alt. 3: Gebrauchen einer unechten oder verfälschten Urkunde im Rechtsverkehr
a Urkunde
b unecht oder verfälscht
c Gebrauch: wenn die Urkunde dem zu Täuschenden in der Weise zugänglich gemacht wird, daß die Möglichkeit der Kenntnisnahme besteht
d Vorsatz
e zur Täuschung im Rechtsverkehr
f Rechtswidrigkeit, Schuld

II Versuch: II

Unterdrückung und Vernichtung von Urkunden, 274 I Nr. 1

I 1 echte Urkunde oder technische Aufzeichnung
2 die dem Täter nicht oder nicht ausschließlich gehört (i.S.d. Befugnis, sie zur Beweisführung zu benutzen)
3 Vernichtung, Beschädigung oder Unterdrückung (ohne Zueignungsabsicht erfolgendes Entziehen oder Vorenthalten der Beweisführungsmöglichkeit)
4 Vorsatz
5 Absicht der Nachteilszufügung (insbesondere durch Verschlechterung der Beweisposition; mindestens direkter Vorsatz)
6 Rechtswidrigkeit (insbesondere: Einwilligung), Schuld
II Versuch: II

8 sonstige Delikte

Hausfriedensbruch, 123

I 1 Tatobjekt: Wohnung, Geschäftsräume, befriedetes Besitztum (Grundstück, das durch zusammenhängende Schutzwehren gegen willkürliches Betreten gesichert ist), abgeschlossene Räume des öffentlichen Dienstes oder Verkehrs

2 Tathandlung
  a Eindringen: Betreten gegen den Willen des Berechtigten
    – gegen den Willen:
      – ein Einverständnis (objektiv tatsächlich vorhandenes, freiwillig zustande gekommenes Einverständnis bei Tatbeginn) schließt die Tatbestandsverwirklichung aus
      – das Einverständnis eines von mehreren Berechtigten ist ausreichend; aber: Grenze der Zumutbarkeit
      – bei genereller Zutrittserlaubnis: erforderlich sind die Verfolgung eines widerrechtlichen Zwecks und ein äußerlich erkennbarer Widerspruch zum Zweck der Zutrittserlaubnis
    – Berechtigter: Eigentümer, berechtigter Besitzer oder zur Ausübung des Hausrechts Bevollmächtigter
  b Verweilen trotz Entfernungsaufforderung (subsidiär, d.h. nur bei vorher berechtigtem Aufenthalt)
3 Vorsatz, Rechtswidrigkeit (insbesonders mutmaßliche Einwilligung), Schuld, Strafantrag (II)

Vollrausch, 323a

I 1 alkoholbedingter oder sonstiger Rausch, der so hochgradig ist, daß
    a er schuldunfähig macht oder
    b Schuldunfähigkeit zumindest nicht auszuschließen ist (der Bereich des 21 StGB muß nachweislich erreicht sein)
  2 eigenhändig herbeigeführt
  3 Vorsatz od Fahrlässigkeit
  4 objektive Bedingung der Strafbarkeit: Begehung einer rechtswidrigen Tat (11 I Nr. 5 StGB) ohne Schuldfähigkeit (aber mit Verwirklichung von objektivem Tatbestand und Vorsatz)
  5 Rechtswidrigkeit, Schuld, ggf. Strafantrag (III)

Hinweis:

- ❑ Eine Zusammenstellung aller wichtigen strafrechtlichen Prüfungsschemata, die Definitionen, Fallgruppen, Normzusammenhänge und weiteres klausurrelevantes Wissen einbezieht, finden Sie in Band II der SCHEMATA.

- ❑ Fallbeispiele mit Lösungen können Sie den verfügbaren Fall- und Entscheidungssammlungen entnehmen und die dargelegten Regeln an ihnen übungshalber nachvollziehen. Exemplarisch seien genannt:
  - Baumann, Jürgen/Arzt, Gunther/Weber, Ulrich, Strafrechtsfälle und Lösungen, 6. Aufl., 1986
  - Gössel, Karl H., Fälle und Lösungen nach höchstrichterlichen Entscheidungen, Strafrecht, 6. Aufl., 1992
  - v. Heintschel–Heinegg, Bernd, Prüfungstraining Strafrecht, Bd. 2, Fälle mit Musterlösungen, 1992
  - Hilgendorf, Eric, Fallsammlung zum Strafrecht, 1993
  - Otto, Harro, Übungen im Strafrecht, 3. Aufl., 1990
  - Roxin, Claus/Schünemann, Bernd/Haffke, Bernhard, Strafrechtliche Klausurenlehre mit Fallrepetitorium, 4. Aufl., 1982
  - Rudolphi, Hans Joachim, Fälle zum Strafrecht, Allgemeiner Teil, 3. Aufl., 1992
  - Schwind, Hans–Dieter/Franke, Einhard/Winter, Manfred, Übungen im Strafrecht für Anfänger, 3. Aufl., 1990
  - Teubner, Ernst, Die Examensklausur im bürgerlichen, Straf- und öffentlichen Recht, 3. Aufl., 1991
  - Tiedemann, Klaus, Fälle und Entscheidungen zum Strafrecht – Besonderer Teil, 3. Aufl., 1983
  - Wagner, Heinz, Fälle zum Strafrecht, Besonderer Teil, 2. Aufl., 1988

F Öffentliches Recht

Wie in den vorausgehenden Abschnitten werden im folgenden nur die Besonderheiten dargestellt, die sich bei der Bearbeitung öffentlich–rechtlicher Fälle ergeben. Für eine erste Aneignung der Technik verwaltungs- und verfassungsrechtlicher Fallösung sind die Abschnitte B und F im Zusammenhang zu lesen.

Für die weitere Einübung anhand der Lösung konkreter Fälle ist Kapitel F auch gesondert nutzbar. Es stellt spezielle Hilfen bei der Erarbeitung der Fragestellung und beim Aufbau von rechtlicher Prüfung und Gutachten in öffentlich–rechtlichen Fällen zur Verfügung. Fragen, die allgemeine Grundlagen betreffen, können dann gegebenenfalls durch Heranziehen der entsprechenden Kapitel in Teil B geklärt werden.

I Verwaltungsrecht

1 Besonderheiten und Probleme der Bearbeitung verwaltungsrechtlicher Fälle

a Verwaltungsrechtliche Fragestellungen

Für die Erfassung des Sachverhalts gelten die oben dargestellten Regeln (siehe B II 1). Besonderheiten gibt es in dieser Hinsicht nicht.

Mit dem Einstieg in den rechtlichen Teil der Fallbearbeitung haben Anfänger im Verwaltungsrecht erfahrungsgemäß Schwierigkeiten. Das hat seinen Grund darin, daß Fragestellungen in verwaltungsrechtlichen Fällen außerordentlich vielgestaltig sein können. Hinzu kommt, daß bereits die Auslegung der Fragestellung neben einer Analyse der Interessenlage der Beteiligten rechtliche Überlegungen erfordern kann, die nur auf der Grundlage einer differenzierten Kenntnis der Strukturen des Verwaltungsrechts möglich sind. Sehr viel häufiger als in privatrechtlichen und strafrechtlichen Fällen etwa wird im Verwaltungsrecht nach den Erfolgsaussichten eines Rechtsbehelfs gefragt. Schon die Konkretisierung und Abgrenzung solcher Fallfragen setzt voraus, daß Sie die verwaltungsrechtlichen Rechtsbehelfe (insbesondere den Widerspruch sowie die verschiedenen verwaltungsgerichtlichen Klagearten) und die Voraussetzungen für ihren Erfolg kennen.

(aa) Für die **Auslegung allgemein gehaltener oder unklarer Fragestellungen** gehen Sie am besten von einer leichten Abwandlung der "WER will WAS von WEM"–Formel aus und fragen nach den Interessen der beteiligten Personen:

"WER ist daran interessiert, WAS bei WEM zu erreichen?"

Auf diese Weise läßt sich der praktische Sinn der Fallfrage bestimmen. Dann fragen Sie weiter, welche verwaltungsrechtlichen Rechtsfolgen den gefundenen Interessen entsprechen und bestimmen so die juristischen Zielsetzungen, die die Beteiligten vernünftigerweise verfolgen.

❑ Auch in verwaltungsrechtlichen Fällen kann die Antwort lauten, daß es um **Ansprüche** geht.

Beispiele:
Ein Beamter macht gegenüber seinem Dienstherrn Besoldungsansprüche geltend; ein Bürger beantragt bei der Stadtverwaltung die Gewährung von Wohngeld und Sozialhilfe; ein Geschäftsmann verlangt den Ausgleich von Umsatzeinbußen, die ihm infolge von Straßenbauarbeiten entstanden sind; ein Ausländer beantragt seine Einbürgerung; ein Bauherr beantragt eine Baugenehmigung; eine Partei beantragt bei der Gemeindeverwaltung, ihr Räume für einen Parteitag zur Verfügung zu stellen; ein Gewerbetreibender beantragt, ihm für die Aufstellung eines Verkaufsstandes in einer Fußgängerzone eine Sondernutzungserlaubnis zu erteilen.

Problematisch und Gegenstand der rechtlichen Prüfung ist in diesen Fällen, ob und unter welchen Voraussetzungen der Bürger ein subjektives öffentliches Recht hat, vom Staat bestimmte Leistungen zu verlangen.

❑ Spezifisch für verwaltungsrechtliche Fälle ist indes eine andere Konstellation. Dabei geht es um die **rechtliche Würdigung von Befugnissen, die Verwaltungsbehörden gegenüber Bürgern geltend machen**.

Beispiele:
Die Polizei ordnet gegenüber dem Eigentümer die Entfernung eines im Straßenraum abgestellten Wohnwagens an; die Polizei verbietet die Durchführung einer angemeldeten Demonstration; die Baubehörde ordnet den Abriß eines ohne Genehmigung errichteten Wochenendhauses an; die Gewerbeaufsichtsbehörde verfügt die Schließung einer Gaststätte; das Sozialamt fordert die Rückzahlung gewährter Sozialhilfe unter Aufhebung des

ergangenen Leistungsbescheides.

Problematisch ist in diesen Fällen, ob und unter welchen Voraussetzungen die Verwaltung befugt ist, hoheitlich in die Rechte oder die Freiheitssphäre von Bürgern einzugreifen.

- Neben den Interessenkonflikten zwischen Bürger und Verwaltung gibt es **Streitigkeiten**, die sich **im verwaltungsinternen Bereich** zwischen verschiedenen Organen oder Behörden abspielen.

  Beispiele:
  Der Regierungspräsident lehnt die Genehmigung eines von der Gemeinde aufgestellten Bebauungs–Plans ab; der Vorsitzende der Gemeindevertretung schließt einen Abgeordneten wegen Befangenheit von einer Abstimmung aus.

  In diesen Fällen geht es um die Abgrenzung der Entscheidungs- und Eingriffsbefugnisse verschiedener Verwaltungsträger, Behörden oder von Organen kommunaler Selbstverwaltungsgremien.

(bb) Die **Vorschriften**, von denen es abhängt, ob die Verweigerung einer beantragten Leistung, ein hoheitlicher Eingriff in Rechte eines Bürgers oder ein Akt im verwaltungsinternen Bereich rechtmäßig ist, weisen eine **spezifische Struktur** auf, die schon bei der Konkretisierung und Aufgliederung der Fragestellung zu beachten ist. Das Handeln einer Verwaltungsbehörde muß stets in formeller und in materieller Hinsicht rechtmäßig sein.

Formelle Rechtmäßigkeit bedeutet insbesondere, daß die Verwaltungsbehörden nur innerhalb ihres jeweiligen Zuständigkeitsbereichs handeln und entscheiden dürfen, und daß sie dabei bestehende Verfahrens- und Formvorschriften einzuhalten haben.

Materielle Rechtmäßigkeit bedeutet, daß Handlungen und Entscheidungen der Verwaltungsbehörden darüber hinaus inhaltlichen Bindungen unterliegen und diesen entsprechen müssen. Verwaltungsbehörden dürfen einen Antrag auf eine Leistung nicht zurückweisen, wenn der Antragsteller nach den Vorschriften des materiellen Verwaltungsrechts ein subjektives Recht auf die Leistung hat. Sie dürfen in Rechte des Bürgers nur eingreifen, soweit sie dazu nach den Vorschriften des materiellen Verwaltungsrechts ermächtigt sind. Letzteres gilt insbesondere für belastende Verwaltungsakte. Es bedeutet aber auch, daß Behörden Verwaltungsakte, mit denen sie einen Bürger einmal begünstigt haben, nur auf gesetzlicher Grundlage widerrufen oder zurücknehmen dürfen.

Hinzu kommt, daß die **Rechtsnormen**, aus denen sich die formelle und materielle Rechtmäßigkeit des Verwaltungshandelns ergibt, **wirksam** sein müssen. Fraglich kann dies insbesondere bei Ermächtigungsgrundlagen sein, die in Grundrechte eingreifen. Gesetze müssen verfassungsgemäß sein, Verordnungen gesetzes- und verfassungsgemäß. Beides setzt, wie bei einzelnen Verwaltungsakten, die Erfüllung formeller und materieller Anforderungen voraus.

Bereits bei der sachverhaltsbezogenen Differenzierung der Fragestellung sollten Sie diese grundlegenden Frageebenen der formellen und materiellen Rechtmäßigkeit des Verwaltungshandelns sowie der Gültigkeit der zugrundeliegenden Rechtsnormen im Blickfeld haben, weil nur so gewährleistet ist, daß Sie bei der anschließenden Normsuche alle einschlägigen Vorschriften auffinden können.

(cc) Häufig kommt, wie erwähnt, hinzu, daß nach den Möglichkeiten gefragt wird, gegen das Verhalten der Verwaltung Rechtsschutz zu erlangen. Wenn die **Erfolgsaussichten von Rechtsbehelfen** mit im Spiel sind, müssen Sie schon bei Bestimmung der konkreten Interessenlage, der zu verfolgenden Zielsetzung und des zu ihrer Realisierung einzulegenden Rechtsbehelfs Ihre Kenntnisse über Formen und Voraussetzungen von Rechtsbehelfen im Verwaltungsverfahren und über verwaltungsgerichtliche Klagen mobilisieren.

Der Bürger etwa, der sich per Klage gegen einen Verwaltungsakt wendet, ist an der Aufhebung der Behördenentscheidung interessiert. Häufig ist ihm mit der Aufhebung allein aber nicht gedient. Wurde mit der Entscheidung der Verwaltungsbehörde ein Antrag des Klägers auf Gewährung einer Leistung abgelehnt, oder benötigt er zur Verwirklichung seiner Interessen eine Genehmigung, die die Behörde verweigert hat, so will der Kläger neben der Aufhebung des angegriffenen Verwaltungsakts zugleich die Verpflichtung der Behörde erreichen, die beantragte Leistung zu gewähren oder die Genehmigung zu erteilen. Oder der Kläger ist daran interessiert, daß neben der Aufhebung des Verwaltungsakts die Behörde verpflichtet wird, die Folgen ihres Einschreitens zu beseitigen.

Von der konkreten Zielsetzung des betroffenen Bürgers hängt im Verwaltungsrecht die Art der zu erhebenden Klage ab. Das Verwaltungsprozeßrecht kennt verschiedene Klagearten, die sich nach Gegenstand und Zielrichtung unterscheiden und nur unter bestimmten Voraussetzungen statthaft sind: vor allem Anfechtungsklage, Verpflichtungsklage, allgemeine Leistungsklage, Feststellungsklage, Fortsetzungsfeststellungsklage und Normenkontrollklage. Die **Statthaftigkeit der Klageart** ist Teil der prozeßrechtlichen **Zulässigkeit einer**

Klage. Daneben muß jede Klage eine Reihe weiterer Sachentscheidungsvoraussetzungen erfüllen, um zulässig zu sein. Nur wenn alle Sachentscheidungsvoraussetzungen vorliegen, darf eine Entscheidung in der Sache ergehen.

Begründet sind z.B. Anfechtungs- und Verpflichtungsklage, wenn das umstrittene Verwaltungshandeln in formeller oder materieller Hinsicht rechtswidrig ist und dadurch subjektive Rechte des Klägers verletzt werden.

Auch diese Frageebenen – Zulässigkeit (richtige Klageart und weitere Sachentscheidungsvoraussetzungen) und Begründetheit eines im Raum stehenden Rechtsbehelfs – werden sinnvollerweise schon bei der Konkretisierung und Aufgliederung der Fragestellung einbezogen. Es gewährleistet, daß Sie die Weichen für die anschließende rechtliche Prüfung richtig stellen.

(dd) Für einige typische Fallkonstellationen wird im folgenden **der Einstieg in die Auslegung und Aufgliederung der Fragestellung** skizziert.

❑ Die Fallfrage grenzt die vorzunehmende Prüfung selbst ausdrücklich ein

  ❑ auf die Zulässigkeit eines Rechtsbehelfs:

    "Ist die Klage zulässig?"
    "Ist ein Rechtsmittel (Berufung/Revision) zulässig?"

  Hier sind lediglich die prozeßrechtlichen Voraussetzungen der Zulässigkeit zu prüfen. Auf die materiell–rechtliche Begründetheit ist nicht einzugehen.

  ❑ auf die Rechtmäßigkeit einer Maßnahme bzw. die Begründetheit eines Rechtsbehelfs:

    "Ist die Verfügung rechtmäßig?"
    "War das Vorgehen der Behörde rechtmäßig?"
    "Durfte die Behörde ... ?"
    "Ist der Widerspruch begründet?"
    "Wie ist die materielle Rechtslage?"

  Bei diesen Fragestellungen ist umgekehrt eine rein materiell–rechtliche Prüfung vorzunehmen. Prozessuale Erörterungen erübrigen sich. Die materielle Prüfung erstreckt sich auf die formelle (Zuständigkeit, Verfahren, Form) und die materielle Rechtmäßigkeit der fraglichen Maßnahme.

- ❑ auf sonstige Weise:

  "Hat der Widerspruch aufschiebende Wirkung?"
  "Durfte A als Verantwortlicher in Anspruch genommen werden?"

  Auch hier gilt die allgemeine Regel, daß nur die gestellte Frage zu beantworten ist; die Fragestellung grenzt den Gegenstand der rechtlichen Prüfung ab.

❑ Aus dem Sachverhalt ergibt sich, daß eine bestimmte Klage vor dem Verwaltungsgericht schon erhoben (oder ein anderer Rechtsbehelf eingelegt) ist oder erwogen wird; die Fallfrage lautet z.B.:

"Wie wird das Gericht entscheiden?"
"Hat die Klage/der Widerspruch Aussicht auf Erfolg?"
"Könnte A mit Erfolg klagen?"

Diese Fragen zielen auf die Prüfung von Zulässigkeit und Begründetheit des erhobenen oder in Betracht gezogenen Rechtsbehelfs ab. Gegenstand der Prüfung ist, je nach Sachverhalt, das konkrete mit der erhobenen Klage verfolgte Begehren des Klägers, andernfalls die Ziele, die der Interessenlage des Klägers in der konkreten Konstellation entsprechen. Die Prüfung der Begründetheit muß formelle und materielle Rechtmäßigkeit des angegriffenen Verwaltungshandelns umfassen.

❑ Geeignete Rechtsbehelfe oder andere Wege der Rechtsdurchsetzung sind dem Sachverhalt unmittelbar noch nicht zu entnehmen.

- ❑ Die Fallfrage lautet:

  "Welche Rechtsbehelfe kann A einlegen?"
  "Was kann A unternehmen und wird er dabei Erfolg haben?"
  "Kann A sich dagegen zur Wehr setzen?"
  "Was ist A zu raten?"

  Bei diesen Fragestellungen ist ausgehend von der Interessenlage zunächst das vom Bürger sinnvollerweise verfolgte rechtliche Ziel zu bestimmen. Danach ist zu erwägen, auf welchem Wege dieses Ziel erreicht werden kann.

  Soweit es ausdrücklich um Rechtsbehelfe geht oder diese in Betracht gezogen werden müssen, ist zu fragen, welche der verwaltungsgerichtlichen Klagearten zur Erreichung des Ziels geeignet ist. Gegenstand der Prüfung sind Zulässigkeit und Begründetheit einer solchen Klage und im Rahmen der Begründetheit die formelle und materielle Rechtmäßigkeit des fraglichen Verwaltungshandelns. Relevant kann aber auch die Einlegung eines Widerspruchs sein. Der Widerspruch ist – mit Ausnahmen – als Rechtsbehelf der verwaltungsgerichtlichen Klage vorgeschaltet, wo es um die Abwehr belastender oder die Durchsetzung des Erlasses begünstigender Verwaltungsakte geht, wo also Anfechtungs- oder Verpflichtungsklage zu erheben wäre. Naheliegend ist daher, wenn der Sachverhalt ergibt, daß ein solcher Fall vorliegt, die rechtliche Prüfung bei der Zulässigkeit und Begründetheit des Widerspruchs anzusetzen. Akzeptiert wird es in der Regel aber auch, die Prüfung bei der Klage anzusetzen und auf den Widerspruch im Rahmen der Sachurteilsvoraussetzungen der Klage einzugehen. Dort erfolgt ein Hinweis, daß der Kläger noch Widerspruch einlegen muß und die Klage erst bei dessen Erfolglosigkeit zulässig ist. Bei beiden Alternativen ist die durchzuführende rechtliche Prüfung inhaltlich im wesentlichen deckungsgleich, wobei der Ansatz beim Vorverfahren den Vorteil haben kann, daß der Widerspruch neben der Überprüfung der Rechtmäßigkeit des Verwaltungsakts nach § 68 VwGO auch die seiner Zweckmäßigkeit erlaubt.

Neben oder anstelle von Rechtsbehelfen können Handlungsalternativen anderer Art in Betracht zu ziehen sein, z.B. ein Antrag auf Erlaß oder Rücknahme eines Verwaltungsakts oder die Geltendmachung eines Schadensersatz- oder Entschädigungsanspruchs. Dann bezieht sich die rechtliche Prüfung darauf, ob ein Anspruch auf die beantragte Maßnahme oder Leistung besteht (s. dazu unten).

- ❑ Die Fallfrage lautet:

  "Was kann die Behörde unternehmen?"
  "Kann die Behörde gegen A einschreiten?"
  "Was kann geschehen?"

  Hier ist aus dem Blickwinkel der Behörde und ihrer gesetzlichen Aufgabenstellung das angesichts des konkreten Sachverhalts vernünftigerweise zu verfolgende Ziel zu bestimmen. Auf dieser Grundlage ist nach geeigneten Maßnahmen zu seiner Umsetzung zu suchen. Gegenstand der rechtlichen Prüfung ist die formelle und materielle Rechtmäßigkeit der gefundenen Handlungsalternativen. Prozessuale Erörterungen sind im Regelfall nicht erforderlich.

- ❑ Nach dem Sachverhalt verlangt der Bürger von der Verwaltung eine Leistung – oder umgekehrt; die Fallfrage lautet z.B.:

> "Hat A einen Anspruch auf die Genehmigung?"
> "Kann A Entschädigung verlangen?"
> "Ist die Behörde verpflichtet, den verlangten Betrag zurückzuzahlen?"
> "Ist A zu ... verpflichtet?"

Bei diesen Fragestellungen ist nach Anspruchsgrundlagen, d.h. nach Vorschriften zu suchen, die ein subjektives öffentliches Recht (oder ein sonstiges subjektives Recht, z.B. aus privatrechtlichem Vertrag) auf die geltend gemachten Leistungen gewähren. Gegenstand der rechtlichen Prüfung ist das Vorliegen der Voraussetzungen für das Bestehen des umstrittenen Anspruchs. Dazu gehört bei Ansprüchen des Bürgers gegen den Staat auch die Frage, gegen wen sich der Anspruch richtet, d.h. wer auf seiten des Staates passiv legitimiert ist.

Eine besondere Konstellation liegt vor, wenn der Bürger von der Verwaltung ein Einschreiten gegen einen Dritten erwartet; beispielsweise:

> "Kann A verlangen, daß die Behörde B verbietet/auferlegt, ... ?"

Bei solchen Fällen ist nach einer 'Anspruchsgrundlage' zu suchen, die ein subjektives öffentliches Recht auf Vorgehen der Verwaltung gegen einen Dritten gibt. Gegenstand der Prüfung ist, ob die formellen und materiellen Voraussetzungen für eine Verpflichtung der in Anspruch genommenen Behörde zum Einschreiten gegenüber dem Dritten vorliegen.

Prozessuale Erörterungen sind bei von Bürgern geltend gemachten Ansprüchen im Regelfall nicht erforderlich. Etwas anderes gilt nur dann, wenn die Fallfrage ausdrücklich die Durchsetzung des Anspruchs einschließt (z.B.: "Wie kann A seinen Anspruch durchsetzen?").

Wenn es um einen Anspruch der Verwaltung gegen einen Bürger geht, der durch Verwaltungsakt geltend gemacht wird, muß die rechtliche Prüfung die Frage einschließen, ob die Verwaltung befugt ist, den fraglichen Anspruch durch hoheitliches Handeln durchzusetzen (oder ob sie den Weg einer gewöhnlichen Leistungsklage gehen muß).

❑ Bei der allgemeinen Frage "Wie ist die Rechtslage?"

ist der Sachverhalt nach den oben genannten Regeln, z.B. mit Blick auf die vorstehenden Konstellationen, auszulegen und die Fragestellung entsprechend zu konkretisieren.

b Normsuche und Prüfungsreihenfolge

(aa) Die **Suche nach den anzuwendenden Rechtsvorschriften** kann in

- ❑ Fällen, in denen es um einen **Eingriff der Verwaltung** in Rechtspositionen eines Bürgers geht,

komplex und schwierig sein. Alle einschlägigen Normen aufzufinden, fällt Ihnen leichter, wenn Sie die Fragestellung auf die oben beschriebene Weise differenzieren und die Frageebenen Zulässigkeit und Begründetheit, formelle und materielle Rechtmäßigkeit von vorneherein im Blickfeld haben.

Das umstrittene Verwaltungshandeln bedarf einer gesetzlichen Grundlage, die ihre Rechtmäßigkeit regelt und sowohl die Zuständigkeit der Behörde als auch die Ermächtigung zu der konkreten Maßnahme umfassen muß. Entsprechende Antwortnormen sind zu suchen. Zuständigkeit und Ermächtigung können in derselben, aber auch in verschiedenen Vorschriften und sogar in verschiedenen Gesetzen geregelt sein. Von den gefundenen Antwortnormen ausgehend ist die Suche auf Hilfs- und andere ergänzende Normen (insbesondere Verfahrens- und Formvorschriften) sowie auf Gegennormen zu erstrecken.

- ❑ Soweit es um **Ansprüche auf Leistungen** geht,

bezieht sich die Suche nach anwendbaren Rechtsvorschriften gleichermaßen auf Antwortnormen (Anspruchsgrundlagen), Hilfs-, ergänzende und Gegennormen.

Wegen ihrer praktischen Bedeutung für Übungsfälle sollen hier zwei Arten von Ansprüchen hervorgehoben werden:

- ❑ Ansprüche auf Erteilung erforderlicher Erlaubnisse bzw. Genehmigungen

  Beispiele:
  - Baugenehmigung
  - gewerberechtliche Konzession (etwa die Erlaubnis zum Betreiben einer Gaststätte)
  - immissionsschutzrechtliche Anlagegenehmigung
  - straßenrechtliche Sondernutzungserlaubnis
  - straßenverkehrsrechtliche Fahr- oder Betriebserlaubnis
  - Aufenthaltserlaubnis

  Ansetzen muß die Suche hier bei Anspruchsgrundlagen, in den die jeweilige Materie regelnden Spezialgesetzen des Bundes oder Landes. Soweit die gefundene Anspruchsgrundlage nicht auch die zuständige Behörde bestimmt, ist die entsprechende Antwortnorm gesondert zu suchen. Häufig sind bei der Entscheidung über die Erteilung oder Ablehnung einer beantragten Erlaubnis bzw. Genehmigung Verfahrens- und Formvorschriften einzuhalten. Es empfiehlt sich, immer auch gesondert zu fragen, welche Verfahrens- und Formvorschriften bestehen und sie im jeweiligen Spezialgesetz oder dem Verwaltungsverfahrensgesetz aufzusuchen. Schließlich ist die Suche auf eventuell einschlägige Gegennormen, z.B. Ausnahmeregelungen, zu beziehen.

❑ Schadensersatz- und andere Ausgleichsansprüche, die dem Bürger gegenüber der Verwaltung zustehen können.

In Betracht kommen insbesondere folgende Ansprüche und Anspruchsgrundlagen:

a Schadensersatzanspruch bei Pflichtverletzung im Rahmen der Ausübung eines öffentlichen Amtes (Amtshaftung)
  - Art. 34 GG i.V.m. § 839 BGB
    (bei hoheitlichem Handeln eines Amtswalters jeglicher Art)
  - § 839 BGB
    (bei fiskalischem Handeln eines Beamten; daneben evtl.: §§ 823, 31, 89 oder 831 BGB)
  - § 823 BGB
    (bei fiskalischem Handeln eines sonstigen Bediensteten; daneben evtl.: §§ 823, 31, 89 oder 831 BGB)

b Entschädigung
  - bei rechtmäßiger Enteignung, Spezialgesetz i.V.m. Art. 14 III GG
  - wegen rechtswidrigem enteignungsgleichem Eingriff, Gewohnheitsrecht auf der Grundlage des Aufopferungsgedankens der Art. 74, 75 EinlPrALR
  - wegen enteignendem Eingriff (bei atypischer ungewollter Nebenfolge eines rechtmäßigen Eingriffs in das Eigentum), Gewohnheitsrecht auf der Grundlage des Aufopferungsgedankens der Art. 74, 75 EinlPrALR

c Schadensersatzanspruch wegen Aufopferung bei rechtmäßigem Eingriff in ein nichtvermögenswertes Recht (Leben, Gesundheit, Freiheit), Gewohnheitsrecht auf der Grundlage von Art. 74, 75 EinlPrALR

d Folgenbeseitigungsanspruch, Gewohnheitsrecht

e Entschädigungsanspruch bei Rücknahme bzw. Widerruf eines Verwaltungsakts, gemäß §§ 48 III, 49 V VwVfG

f Schadensersatzanspruch aus (privatrechtlichem, verwaltungsprivatrechtlichem oder öffentlich–rechtlichem) Vertrag, insbesondere aus §§ 325/ 326 BGB, PVV, cic, 278 BGB, ggf. i.V.m. § 62 VwVfG

g Anspruch aus verwaltungsrechtlichem Schuldverhältnis, Gewohnheitsrecht

h Anspruch aus öffentlich–rechtlicher GoA, Gewohnheitsrecht i.V.m. §§ 677 ff BGB analog

i öffentlich–rechtlicher Erstattungsanspruch, spezialgesetzlich (z.B. § 48 II VwVfG) oder Gewohnheitsrecht

Für die Suche nach entsprechenden Hilfs- und Gegennormen kann auf die oben gemachten Ausführungen verwiesen werden (B III 1 b, c).

❏ In Fällen, bei denen es um eine **Streitigkeit im verwaltungsinternen Bereich** geht,

setzt die Normensuche bei der Frage an, in welchem Gesetz die Rechte und Pflichten der konfliktbeteiligten Behörden bzw. Organe geregelt sind. Eine aufmerksame Lektüre der Vorschriften des bzw. der so gefundenen Gesetze oder Gesetzesabschnitte führt zum Auffinden auch der Rechtsnormen, die das in Streit befindliche Rechtsverhältnis regeln, desgleichen zu möglicherweise bedeutsamen Hilfs- und Gegennormen.

Das Auffinden aller anzuwendenden Vorschriften bereitet häufig Schwierigkeiten, weil das Verwaltungsrecht in einer unüberschaubaren Vielzahl von Gesetzen geregelt ist, deren Vorschriften nicht immer in einem klaren und logischen Verhältnis stehen. Es besteht daher die Gefahr, daß schon bei der Zusammenstellung der zu prüfenden Rechtsnormen für die Lösung bedeutsame Regelungen übersehen werden.

Lassen Sie sich dennoch nicht schockieren, wenn Sie – vor allem in einer Klausur – bemerken, daß dem zu lösenden Fall ein Ihnen bisher unbekanntes Gesetz oder Rechtsgebiet zugrundezulegen ist. So etwas ist im Verwaltungsrecht gerade wegen seiner Vielfältigkeit nicht selten. In solchen Fällen geht es aber nicht um Probleme, die eine detaillierte Kenntnis der speziellen Gesetzesmaterie voraussetzen. Vielmehr sind auch hier Ihre Kenntnisse des Allgemeinen Verwaltungsrechts sowie der grundlegenden Rechtsgebiete und Regelungen des Besonderen Verwaltungsrechts entscheidend. Das unbekannte Gesetz ist auf dem Hintergrund des Allgemeinen Verwaltungsrechts bzw. der allgemeinen Regeln beispielsweise des Rechts der Gefahrenabwehr richtig zu interpretieren, einzuordnen und methodisch korrekt anzuwenden. Der Unterschied zu Fällen aus den Standardrechtsgebieten besteht im wesentlichen darin, daß die zu bewältigenden Probleme weniger in der Subsumtion des Sachverhalts als im Erfassen der Regelungsstruktur und der Interpretation des unbekannten Gesetzes liegen.

Für das Auffinden aller einschlägigen und anzuwendenden Rechtsnormen können Prüfungsschemata eine Hilfe sein. Dabei müssen Sie sich aber stets vergewissern, ob das jeweilige, auf einen Regelfall zugeschnittene Schema auch auf den von Ihnen zu bearbeitenden konkreten Fall paßt.

Entsprechendes gilt für die Zusammenstellung der Vorschriften, nach denen sich die **Zulässigkeit und Begründetheit eines Rechtsbehelfs** richtet. Gerade hier bewähren sich Schemata, die die Sachentscheidungsvoraussetzungen der verschiedenen Klagearten und Rechtsmittel bzw. die Sachentscheidungsvoraussetzungen des Widerspruchs sowie die Vorschriften, durch die sie geregelt werden, übersichtlich zusammenfassen und darüber hinaus die Normen aufzeigen, die die Voraussetzungen für die Begründetheit festlegen.

(bb) Für die **Prüfungsreihenfolge** gelten einige **grundlegende Regeln**:

- Soweit ein schon eingelegter Rechtsbehelf zu prüfen ist, ist das Gutachten aus der Perspektive des Richters bzw. der Widerspruchsbehörde anzufertigen. In diesem Fall ist zwingend die **Zulässigkeit vor der Begründetheit** zu prüfen. Eine Entscheidung in der Sache darf nur ergehen, wenn die Sachurteils- bzw. Sachentscheidungsvoraussetzungen vorliegen.

  Empfehlenswert ist diese Reihenfolge grundsätzlich auch bei Rechtsbehelfen, die noch nicht eingelegt und daher aus der Perspektive des Rechtsanwalts zu beurteilen sind. Im Einzelfall kann es bei dieser Konstellation aber auch zweckmäßig sein, die materiell–rechtliche Prüfung der prozessualen voranzustellen, beispielsweise dann, wenn erst die Prüfung der Rechtmäßigkeit den konkret zu stellenden Klageantrag ergeben kann.

- Die **Prüfung der formellen** erfolgt üblicherweise **vor der der materiellen Rechtmäßigkeit**. Zwingend ist dies aber lediglich bezüglich der Zuständigkeit. Die Prüfung der materiellen Rechtmäßigkeit einer Maßnahme erübrigt sich, wenn die Behörde für sie nicht zuständig ist. Hingegen kann es zweckmäßig sein, die weiteren formellen Voraussetzungen erst nach der materiellen Rechtmäßigkeit einer Maßnahme zu prüfen (siehe unten 2 b aa–dd).

Im übrigen kann für die Festlegung der Prüfungsreihenfolge auf die Ausführungen in Teil B verwiesen werden (siehe oben B III 2 a).

Konkretisiert und ergänzt werden diese Regeln in den Prüfungsschemata, die Sie im folgenden Abschnitt finden.

2 Wichtige Prüfungsschemata und Hinweise zum Aufbau des verwaltungsrechtlichen Gutachtens

a Erfolgsaussichten von Rechtsbehelfen

aa Verwaltungsgerichtliche Klagen

Anfechtungsklage, § 42 I VwGO

I Zulässigkeit
- 1 deutsche Gerichtsbarkeit, 173 VwGO i.V.m. 18–20 GVG
- 2 Zulässigkeit des Verwaltungsrechtswegs, spezialgesetzlich, i.ü. laut 40 I VwGO:
  - a öffentlich–rechtliche Streitigkeit
  - b nichtverfassungsrechtlicher Art
  - c keine ausdrückliche Zuweisung an ein anderes Gericht (spezialgesetzlich, z.B.: 40 II 1 VwGO, 14 III 4 GG, 34 S. 3 GG, 49 V 3 VwVfG, 217 BauGB, 23 EGGVG, 51 SGG, 33 FGO)
- 3 Statthaftigkeit der Anfechtungsklage, 42 I VwGO: Klageziel ist die Aufhebung eines noch nicht erledigten Verwaltungsakts
- 4 Klagebefugnis, 42 II VwGO: plausible Behauptung des Klägers, durch den angefochtenen Verwaltungsakt in seinen Rechten verletzt zu sein
  - – immer gegeben beim Adressaten eines belastenden Verwaltungsakts
  - – bei Anfechtung durch einen Dritten muß der Kläger die Verletzung eines ihn schützenden subjektiven öffentlichen Rechts (Grundrecht oder einfachgesetzliche Norm, die auch Individualinteressen schützen soll) substantiiert darlegen
- 5 erfolgloses Vorverfahren, 68 ff VwGO
- 6 Einhalten der Klagefrist, 74 I (58 II 1) VwGO
- 7 Zuständigkeit des Gerichts
  - a sachlich, 45 ff VwGO
  - b örtlich, 52 VwGO (Reihenfolge Nr. 1 – 4 – 2 – 3 – 5)
- 8 Beteiligtenfähigkeit, 61 VwGO
- 9 Prozeßfähigkeit oder gesetzliche Vertretung Prozeßunfähiger, 62 VwGO
- 10 Legitimation des gewillkürten Prozeßvertreters, 67 VwGO
- 11 richtiger Klagegegner, 78 VwGO
- 12 ordnungsgemäße Klageerhebung, 81, 82 VwGO
- 13 keine anderweitige Rechtshängigkeit, 173 VwGO, 17 I 2 GVG
- 14 keine rechtskräftige Entscheidung in gleicher Sache, 121, 173 VwGO i.V.m. 705 ZPO
- 15 allgemeines Rechtsschutzbedürfnis (liegt grundsätzlich vor; es fehlt ausnahmsweise, wenn die Inanspruchnahme gerichtlichen Rechtsschutzes eine unzulässige Rechtsausübung wäre)

II Begründetheit, 113 I 1 VwGO: die Anfechtungsklage ist begründet, wenn der angefochtene Verwaltungsakt rechtswidrig und der Kläger dadurch in seinen Rechten verletzt ist
- 1 Rechtmäßigkeit des angefochtenen Verwaltungsakts
  - a in Betracht kommende Ermächtigungsgrundlage
  - b formelle Rechtmäßigkeit
  - c materielle Rechtmäßigkeit
- 2 Verletzung von Rechten des Klägers (Aktivlegitimation) durch das Handeln des Beklagten

(Passivlegitimation)

Verpflichtungsklage, 42 I VwGO

I Zulässigkeit

1 deutsche Gerichtsbarkeit, 173 VwGO i.V.m. 18–20 GVG

2 Zulässigkeit des Verwaltungsrechtswegs, spezialgesetzlich, i.ü. laut 40 I VwGO:

a öffentlich–rechtliche Streitigkeit

b nichtverfassungsrechtlicher Art

c keine ausdrückliche Zuweisung an ein anderes Gericht (spezialgesetzlich, z.B.: 40 II 1 VwGO, 14 III 4 GG, 34 S. 3 GG, 49 V 3 VwVfG, 217 BauGB, 23 EGGVG, 51 SGG, 33 FGO)

3 Statthaftigkeit der Verpflichtungsklage, 42 I VwGO: Klageziel ist die Verpflichtung zum Erlaß eines Verwaltungsakts

4 erfolgloser Antrag bei der zuständigen Behörde

5 Klagebefugnis, 42 II VwGO: plausible Behauptung des Klägers, durch die Ablehnung oder Unterlassung des beantragten Verwaltungsakts in seinen Rechten verletzt zu sein

- immer gegeben, wenn der Kläger zugleich Antragsteller und Begünstigter des Verwaltungsakts ist
- bei Klage eines Dritten muß der Kläger die Verletzung eines ihn schützenden subjektiven öffentlichen Rechts (Grundrecht oder einfachgesetzliche Norm, die auch Individualinteressen schützen soll) substantiiert darlegen

6 erfolgloses Vorverfahren, 68 ff VwGO, bzw. Entbehrlichkeit bei Untätigkeit der Behörde, 75

7 Einhalten der Klagefrist (74 I (58 II 1) VwGO) bzw. der Sperrfrist bei Untätigkeit (75 S. 2 VwGO))

8 Zuständigkeit des Gerichts

a sachlich, 45 ff VwGO

b örtlich, 52 VwGO (Reihenfolge Nr. 1 – 4 – 2 – 3 – 5)

9 Beteiligtenfähigkeit, 61 VwGO

10 Prozeßfähigkeit oder gesetzliche Vertretung Prozeßunfähiger, 62 VwGO

11 Legitimation des gewillkürten Prozeßvertreters, 67 VwGO

12 richtiger Klagegegner, 78 VwGO

13 ordnungsgemäße Klageerhebung, 81, 82 VwGO

14 keine anderweitige Rechtshängigkeit, 173 VwGO, 17 I 2 GVG

15 keine rechtskräftige Entscheidung in gleicher Sache, 121, 173 VwGO i.V.m. 705 ZPO

16 allgemeines Rechtsschutzbedürfnis (liegt grundsätzlich vor; es fehlt ausnahmsweise, wenn die Inanspruchnahme gerichtlichen Rechtsschutzes eine unzulässige Rechtsausübung wäre)

II Begründetheit, 113 V VwGO:
die Verpflichtungsklage ist begründet, wenn die Ablehnung oder Unterlassung des Verwaltungsakts rechtswidrig und der Kläger dadurch in seinen Rechten verletzt ist, d.h. insbesondere wenn der Kläger einen Anspruch auf Erlaß des begehrten Verwaltungsakts hat; 2 Aufbaumöglichkeiten:

1 Aufbau 1:

a Rechtmäßigkeit der Ablehnung/Unterlassung des Verwaltungsakts

aa in Betracht kommende Rechtsgrundlage

bb formelle Rechtmäßigkeit

cc materielle Rechtmäßigkeit

b Verletzung von Rechten des Klägers (Aktivlegitimation) durch den Beklagten (Passivlegitimation)
c Spruchreife
– gegeben bei gebundenen Entscheidungen
– grundsätzlich nicht gegeben bei Ermessensentscheidungen (Ausnahme: Ermessensreduzierung auf Null)

2 Aufbau 2:
a Anspruchsgrundlage
b formelle Voraussetzungen des Anspruchs
c materielle Voraussetzungen des Anspruchs
d Spruchreife

III Rechtsfolge, 113 V VwGO
1 bei Spruchreife: Verpflichtung des Klagegegners zum Erlaß des beantragten Verwaltungsakts
2 andernfalls: Verpflichtung zur Bescheidung unter Beachtung der Rechtsauffassung des Gerichts

Allgemeine Leistungsklage, 40 I i.V.m. 43 II VwGO

I Zulässigkeit
1 deutsche Gerichtsbarkeit, 173 VwGO i.V.m. 18–20 GVG
2 Zulässigkeit des Verwaltungsrechtswegs, spezialgesetzlich, i.ü. laut 40 I VwGO:
a öffentlich–rechtliche Streitigkeit
b nichtverfassungsrechtlicher Art
c keine ausdrückliche Zuweisung an ein anderes Gericht
3 Statthaftigkeit der allgemeinen Leistungsklage: Klageziel ist die Vornahme, Duldung oder Unterlassung einer hoheitlichen Handlung, die weder Normsetzung noch Verwaltungsakt ist (Realakt)
4 erfolgloser Antrag bei der zuständigen Behörde im Falle der Leistungs–Vornahme–Klage
5 Klagebefugnis, 42 II VwGO analog (str.): plausible Behauptung des Klägers, durch die Ablehnung der Leistung in seinen Rechten verletzt zu sein
6 Zuständigkeit des Gerichts
a sachlich, 45 ff VwGO
b örtlich, 52 VwGO (Reihenfolge Nr. 1 – 4 – 2 – 3 – 5)
7 Beteiligtenfähigkeit, 61 VwGO
8 Prozeßfähigkeit oder gesetzliche Vertretung Prozeßunfähiger, 62 VwGO
9 Legitimation des gewillkürten Prozeßvertreters, 67 VwGO
10 ordnungsgemäße Klageerhebung, 81, 82 VwGO
11 keine anderweitige Rechtshängigkeit, 173 VwGO, 17 I 2 GVG
12 keine rechtskräftige Entscheidung in gleicher Sache, 121, 173 VwGO i.V.m. 705 ZPO
13 allgemeines Rechtsschutzbedürfnis (liegt grundsätzlich vor; es fehlt ausnahmsweise, wenn die Inanspruchnahme gerichtlichen Rechtsschutzes eine unzulässige Rechtsausübung wäre)

II Begründetheit:
die allgemeine Leistungsklage ist begründet, wenn der Kläger einen Anspruch auf die begehrte Leistung hat und durch deren Verweigerung in seinen Rechten verletzt ist

Feststellungsklage, 43 VwGO

I Zulässigkeit
  1 deutsche Gerichtsbarkeit, 173 VwGO i.V.m. 18–20 GVG
  2 Zulässigkeit des Verwaltungsrechtswegs, spezialgesetzlich, i.ü. laut 40 I VwGO:
    a öffentlich–rechtliche Streitigkeit
    b nichtverfassungsrechtlicher Art
    c keine ausdrückliche Zuweisung an ein anderes Gericht
  3 Statthaftigkeit der Feststellungsklage
    a Klageziel ist die Feststellung des Bestehens oder Nichtbestehens eines streitigen Rechtsverhältnisses oder der Nichtigkeit eines Verwaltungsakts, 43 I VwGO
    b Subsidiarität, 43 II 1 VwGO
  4 Klagebefugnis, 42 II VwGO analog (str.)
  5 berechtigtes Interesse an baldiger Feststellung, 43 I VwGO
  6 Zuständigkeit des Gerichts
    a sachlich, 45 ff VwGO
    b örtlich, 52 VwGO (Reihenfolge Nr. 1 – 4 – 2 – 3 – 5)
  7 Beteiligtenfähigkeit, 61 VwGO
  8 Prozeßfähigkeit oder gesetzliche Vertretung Prozeßunfähiger, 62 VwGO
  9 Legitimation des gewillkürten Prozeßvertreters, 67 VwGO
  10 ordnungsgemäße Klageerhebung, 81, 82 VwGO
  11 keine anderweitige Rechtshängigkeit, 173 VwGO, 17 I 2 GVG
  12 keine rechtskräftige Entscheidung in gleicher Sache, 121, 173 VwGO i.V.m. 705 ZPO

II Begründetheit:
die Feststellungsklage ist begründet, wenn die begehrte Feststellung rechtlich zutreffend ist, d.h.
  1 wenn das behauptete Rechtsverhältnis tatsächlich besteht bzw. das bestrittene nicht besteht, oder
  2 wenn der streitige Verwaltungsakt nichtig ist (44 VwVfG)

Fortsetzungsfeststellungsklage, 113 I 4 VwGO

I Zulässigkeit
  1 Statthaftigkeit: Klageziel ist die Feststellung der Rechtswidrigkeit eines Verwaltungsakts, der sich vor der gerichtlichen Entscheidung über eine Anfechtungsklage bzw. Verpflichtungsklage erledigt hat (bei Erledigung vor Klageerhebung: 113 I 4 VwGO analog)
  2 Vorliegen aller Sachentscheidungsvoraussetzungen der Anfechtungsklage bzw. Verpflichtungsklage (str. ist, ob das Vorverfahren entbehrlich ist, wenn die Erledigung des Verwaltungsakts vor Ablauf der Widerspruchsfrist geschah und innerhalb der Frist Klage erhoben wird)
  3 Erledigung des Verwaltungsakts
  4 Umstellung des Klageantrags
  5 berechtigtes Interesse des Klägers an der Feststellung der Rechtswidrigkeit

II Begründetheit:
die Fortsetzungsfeststellungsklage ist begründet, wenn die begehrte Feststellung zutreffend ist, d.h. wenn der streitige Verwaltungsakt rechtswidrig gewesen ist und den Kläger in seinen Rechten verletzt hat

Normenkontrollklage, 47 VwGO

I Zulässigkeit
  1 deutsche Gerichtsbarkeit, 173 VwGO i.V.m. 18–20 GVG
  2 Zulässigkeit des Verwaltungsrechtswegs
    a 47 III VwGO
    b ansonsten laut 40 I VwGO:
      aa öffentlich–rechtliche Streitigkeit
      bb nichtverfassungsrechtlicher Art
      cc keine ausdrückliche Zuweisung an anderes Gericht
  3 Statthaftigkeit des Normenkontrollverfahrens:
    Klageziel ist die Feststellung der Ungültigkeit einer wirksamen Rechtsvorschrift, und zwar
    a einer Satzung oder Verordnung, die aufgrund des BauGB erlassen wurde, 47 I Nr. 1 VwGO
    b einer anderen landesrechtlichen Satzung oder Verordnung oder landesrechtlichen Gewohnheitsrechts, soweit dies landesrechtlich bestimmt ist (5 AGVwGO BaWü, 5 AGVwGO Bay, 7 AGVwGO Bre, 11 AGVwGO Hess, 7 AGVwGO Nds, 4 AGVwGO RhPf, 16 AGVwGO Saarl, 10 AGVwGO SaAnh, 5 AGVwGO SchlH), 47 I Nr. 2 VwGO
  4 Antragsbefugnis, 47 II 1 VwGO: jede natürliche oder juristische Person, die durch die Rechtsvorschrift oder deren Anwendung (objektiv) einen Nachteil erlitten oder in absehbarer Zeit zu erwarten hat, sowie jede Behörde
  5 Zuständigkeit des Gerichts: Oberverwaltungsgericht, 47 I, III VwGO
  6 Beteiligtenfähigkeit, 47 II 1, 61 VwGO
  7 Prozeßfähigkeit oder gesetzliche Vertretung Prozeßunfähiger, 62 VwGO
  8 Legitimation des gewillkürten Prozeßvertreters, 67 VwGO
  9 richtiger Antragsgegner, 47 II 2 VwGO
  10 ordnungsgemäße Antragstellung, 47 I, 81, 82 VwGO
  11 keine anderweitige Rechtshängigkeit, 173 VwGO, 17 I 2 GVG
  12 keine rechtskräftige Entscheidung in gleicher Sache, 121, 173 VwGO i.V.m. 705 ZPO
  13 allgemeines Rechtsschutzbedürfnis (liegt grundsätzlich vor; es fehlt ausnahmsweise, wenn die Inanspruchnahme gerichtlichen Rechtsschutzes eine unzulässige Rechtsausübung wäre)

II Begründetheit:
  die Normenkontrollklage ist begründet, wenn die angegriffene Rechtsnorm mit höherrangigem (Bundes- oder Landes-)Recht unvereinbar und der Antragsgegner passiv legitimiert ist
  1 Rechtmäßigkeit der angegriffenen Norm
    a formelle Rechtmäßigkeit
      aa Zuständigkeit zum Erlaß der Norm
      bb Einhaltung von Verfahrensvorschriften
        (soweit erforderlich: Genehmigung der Aufsichtsbehörde)
      cc Einhaltung von Formvorschriften
        (insbesondere: Bekanntmachungserfordernisse)
    b materielle Rechtmäßigkeit
      Vorgehen:
      aa Inhalt der höherrangigen Maßstabsnorm
      bb Inhalt der auf ihre Gültigkeit zu überprüfenden Norm
      cc Übereinstimmung der zu prüfenden mit der Maßstabsnorm

Kommunalverfassungsstreit

I Vorliegen einer Kommunalverfassungsstreitigkeit:
nach Kommunalverfassungsrecht zu beurteilender Rechtsstreit zwischen Organen oder Organteilen einer kommunalen Gebietskörperschaft um Maßnahmen, deren Rechtswirkung sich auf die Beziehungen innerhalb der Körperschaft beschränken (entsprechend bei einem Organstreit innerhalb einer anderen Körperschaft oder Anstalt öffentlichen Rechts mit Selbstverwaltungskompetenz; z.B. Universität, Handwerks- oder andere Kammer, Rundfunkanstalt)

II Zulässigkeit
- 1 soweit diese passen: eine der üblichen Klagearten und deren Sachentscheidungsvoraussetzungen
- 2 subsidiär: Klageart sui generis; Sachentscheidungsvoraussetzungen sind in diesem Fall:
  - a Zulässigkeit des Verwaltungsrechtswegs (ist gegeben, da keine materiell verfassungsrechtliche Sache vorliegt, sondern kommunales oder sonstiges körperschaftliches Organisationsrecht)
  - b Klagebefugnis, 42 II VwGO analog: Geltendmachung subjektiver Rechte in Form von Organ- oder Mitgliedschaftsrechten
  - c Beteiligtenfähigkeit, 61 VwGO
  - d Prozeßführungsbefugnis auf seiten des Beklagten: die Gemeinde oder sonstige Körperschaft (a.M.: das Organ)
  - e allgemeines Rechtsschutzbedürfnis (ist grundsätzlich gegeben, soweit keine eigene Möglichkeit zur Erreichung des Klageziels durch Einleitung einer körperschaftsinternen Beanstandung o.ä. besteht)

III Begründetheit:
wenn das klagende Organ bzw Organteil durch die streitgegenständliche Maßnahme in seinen subjektiven Organ- bzw. Mitgliedschaftsrechten verletzt ist

Hinweise:

❑ In die Prüfung der Zulässigkeit einer Klage müssen Sie alle genannten Sachentscheidungsvoraussetzungen einbeziehen. In das schriftliche Gutachten hingegen sind grundsätzlich nur die Zulässigkeitserfordernisse aufzunehmen, deren Vorliegen ernstlich zweifelhaft oder von einer Partei bestritten ist. Auf jeden Fall aber sollten Sie knapp feststellen und begründen, daß der Verwaltungsrechtsweg zulässig und die gewählte Klageart statthaft ist, gegebenenfalls auch, daß Klagebefugnis besteht und die Klage nach erfolglosem Vorverfahren fristgerecht erhoben wurde (Anfechtungs- und Verpflichtungsklage), bzw. daß Feststellungsinteresse besteht (Feststellungsklage).

❑ Die hier gewählte Reihenfolge der einzelnen Sachentscheidungsvoraussetzungen ist zweckmäßig aber nicht zwingend, und kann, soweit dies im Einzelfall günstiger erscheint, auch umgestellt werden.

bb Widerspruch, 68 ff VwGO

0 Vorprüfung: Auslegung des Rechtsschutzziels
(Abgrenzung des Widerspruchs insbesondere von: Dienstaufsichtsbeschwerde und Gegenvorstellung)

I Zulässigkeit
1 Zulässigkeit des Verwaltungsrechtswegs, 68, 40 VwGO
(siehe oben Anfechtungs- und Verpflichtungsklage)
2 Statthaftigkeit des Widerspruchs, 68 I, II VwGO
a Ziel des Widerspruchsführers ist die Abänderung eines Verwaltungsakts, d.h. die Aufhebung eines belastenden bzw. der Erlaß eines beantragten begünstigenden Verwaltungsakts
b kein Ausschluß oder Entbehrlichkeit des Widerspruchsverfahrens, 68 I 2 VwGO
3 Widerspruchsbefugnis: plausible Behauptung des Widerspruchsführers, durch den angefochtenen Verwaltungsakt bzw. die Ablehnung des beantragten in seinen Rechten verletzt zu sein, 70 I 1, 68, 42 II VwGO (wie bei Anfechtungs- und Verpflichtungsklage, siehe oben)
4 Zuständigkeit der Widerspruchsbehörde, 72, 73 VwGO
5 Beteiligtenfähigkeit, 79, 11 VwVfG
6 Handlungsfähigkeit oder gesetzliche Vertretung, 79, 12 VwVfG
7 Legitimation des gewillkürten Vertreters, 79, 14 VwVfG
8 form- und fristgerechte Einlegung, 70, 58 II 1 VwGO
9 Sachbescheidungsinteresse

II Begründetheit, 68 I i.V.m. 113 I 1, V VwGO:
der Widerspruch ist begründet, wenn der angegriffene Verwaltungsakt rechtswidrig oder (bei Verwaltungsakten, die auf Ermessen beruhen) zweckwidrig ist und der Widerspruchsführer dadurch in seinen Rechten verletzt bzw. (bei Zweckwidrigkeit) beeinträchtigt ist
1 Rechtmäßigkeit des angegriffenen Verwaltungsakts
a in Betracht kommende Ermächtigungs- oder Rechtsgrundlage
b formelle Rechtmäßigkeit
c materielle Rechtmäßigkeit
2 Zweckmäßigkeit des auf Ermessen beruhenden Verwaltungsakts
3 Rechtsverletzung bzw. -beeinträchtigung des Klägers

cc Vorläufiger Rechtsschutz

Antrag auf Aussetzung der sofortigen Vollziehbarkeit eines Verwaltungsakts, 80 V VwGO

I Zulässigkeit
1 deutsche Gerichtsbarkeit, 173 VwGO i.V.m. 18–20 GVG
2 Zulässigkeit des Verwaltungsrechtswegs, spezialgesetzlich, i.ü. 40 I VwGO
a öffentlich–rechtliche Streitigkeit
b nichtverfassungsrechtlicher Art
c keine ausdrückliche Zuweisung an anderes Gericht
(spezialgesetzlich, z.B.: 40 II 1 VwGO, 14 III 4 GG, 49 V 3 VwVfG, 217 BauGB, 23 EGGVG, 51 SGG, 33 FGO)
3 Statthaftigkeit des Antrags: gegeben, wenn eine Anfechtungsklage statthaft ist (siehe oben)

4 Antragsbefugnis, 42 II VwGO analog
5 Einlegung von Widerspruch oder Anfechtungsklage
6 sofortige Vollziehbarkeit des Verwaltungsakts
 a kein Suspensiveffekt nach 80 II Nr. 1–3 VwGO
 b oder behördliche Anordnung der sofortigen Vollziehbarkeit nach 80 II Nr. 4 VwGO
7 Zuständigkeit: Gericht der Hauptsache
8 Beteiligtenfähigkeit, Prozeßfähigkeit, Legitimation des gewillkürten Prozeßbevollmächtigten (siehe oben)
9 richtiger Klagegegner, 78 VwGO
10 ordnungsgemäßer Antrag, 80 V 1 (81, 82) VwGO
11 Frist: nur ausnahmsweise (z.B. 36 III 1 AsylVfG)
12 allgemeines Rechtsschutzbedürfnis

II Begründetheit:
der Antrag auf Aussetzung der sofortigen Vollziehbarkeit eines Verwaltungsakts ist begründet in folgenden Fällen:
1 wenn die formellen Voraussetzungen der behördlichen Anordnung der sofortigen Vollziehbarkeit nicht vorliegen
2 wenn eine summarische Prüfung der Erfolgsaussichten in der Hauptsache ergibt, daß der angegriffene Verwaltungsakt offensichtlich rechtswidrig ist
3 wenn eine summarische Prüfung der Erfolgsaussichten in der Hauptsache ergibt, daß Zweifel an der Rechtmäßigkeit des Verwaltungsakts bestehen und eine Abwägung der auf einen Aufschub bis zur gerichtlichen Entscheidung bzw. auf eine sofortige Vollziehung gerichteten Interessen ein Überwiegen des Aufschubinteresses ergibt

Einstweilige Anordnung, 123 VwGO

I Zulässigkeit
1 deutsche Gerichtsbarkeit, 173 VwGO i.V.m. 18–20 GVG
2 Zulässigkeit des Verwaltungsrechtswegs für die Hauptsache, 40 I, 123 II VwGO
3 Statthaftigkeit des Antrags: der Antrag auf einstweilige Anordnung ist statthaft, wenn
 a vorläufiger Rechtsschutz nach 80 V VwGO nicht möglich ist (weil in der Hauptsache Verpflichtungs-, Leistungs- oder Feststellungsklage zu erheben wäre), 123 V VwGO
 b Antragsziel ist die vorläufige Sicherung eines Rechts (Individualanspruch), die vorläufige Regelung eines Rechtsverhältnisses, in Ausnahmefällen auch die Befriedigung eines Anspruchs (bei Unzumutbarkeit des Abwartens einer Entscheidung in der Hauptsache; sog. Leistungsanordnung)
4 Antragsbefugnis, 42 II VwGO analog
5 Zuständigkeit: Gericht der Hauptsache, 123 II VwGO
6 Beteiligtenfähigkeit, Prozeßfähigkeit, Legitimation des gewillkürten Prozeßbevollmächtigten (siehe oben)
7 richtiger Antragsgegner, 78 VwGO
8 ordnungsgemäße Antragstellung, 123 III VwGO i.V.m. 920 I, III ZPO, 82, 86 VwGO
9 Anhängigkeit oder Aussicht der Klage in der Hauptsache, 123 I VwGO
10 Rechtsschutzbedürfnis (erfolgloser Antrag bei der zuständigen Behörde)

II Begründetheit
1 Anordnungsanspruch: Individualanspruch des Antragstellers oder streitiges Rechtsverhältnis, glaubhaft gemacht gemäß 123 III VwGO i.V.m. 920 II, 294 ZPO
2 Anordnungsgrund, glaubhaft gemacht gemäß 123 III VwGO i.V.m. 920 II, 294 ZPO:

a Gefahr einer Veränderung, die für den Antragsteller einen wesentlichen rechtswidrigen Nachteil mit sich bringt, der die Effektivität der Entscheidung in der Hauptsache in Frage stellt

b Erforderlichkeit der Abwehr des Nachteils infolge eines Überwiegens der Interessen des Antragstellers gegenüber denen des Antragsgegners, eines Dritten oder der Allgemeinheit

3 fehlerfreie Ermessensausübung betreffend das 'Ob' der Anordnung (str.; a.M.: bei Vorliegen von 1 und 2 ist eine gebundene Entscheidung zu treffen)

4 keine Vorwegnahme der Entscheidung in der Hauptsache
(Ausnahme: Unzumutbarkeit des Abwartens einer Entscheidung in der Hauptsache; wegen des Gebots effektiven Rechtsschutzes, 19 IV GG)

b Rechtmäßigkeit von Verwaltungsakten

aa Rechtmäßigkeit eines beabsichtigten belastenden Verwaltungsakts

0 Vorüberlegungen
1 in Betracht kommende Maßnahme
2 Rechtsnatur der beabsichtigten Maßnahme (Abgrenzung des Verwaltungsakts von Rechtsnorm, Realakt sowie privatrechtlichen Handlungsformen)

I in Betracht kommende Ermächtigungsgrundlage

II Zuständigkeit der entscheidenden Behörde
(formelle Rechtmäßigkeit – Teil 1)
1 sachlich
2 instanziell
3 örtlich

III materielle Rechtmäßigkeit
1 Wirksamkeit der Ermächtigungsgrundlage (Vereinbarkeit mit höherrangigem Recht)
2 Vereinbarkeit der beabsichtigten Maßnahme mit der Ermächtigungsgrundlage (Vorliegen der Eingriffsvoraussetzungen)
3 rechtmäßiger Adressat
4 allgemeine Anforderungen der Rechtmäßigkeit
a inhaltliche Bestimmtheit, 37 VwVfG
b tatsächliche und rechtliche Möglichkeit
c Verhältnismäßigkeit
aa Eignung
bb Erforderlichkeit (geringstmöglicher Eingriff, schonendstes Mittel)
cc Angemessenheit (bezogen auf das Verhältnis des durch die Maßnahme erstrebten Vorteils zu den durch sie bewirkten Nachteilen)
d Zumutbarkeit für den Adressaten
5 fehlerfreie Ermessensausübung, 40 VwVfG, 114 VwGO
a Gegenstand der Ermessensprüfung:
aa Entschließungsermessen ('Ob' des Eingreifens)
bb Adressatenauswahl
cc Maßnahmenauswahl

b Ermessensfehler können sein:
  aa Nichtgebrauch des Ermessensspielraums
  bb Überschreiten des Ermessensspielraums (Wahl einer nicht vorgesehenen Rechtsfolge)
  cc Fehlgebrauch des Ermessensspielraums, insbesondere:
    - sachfremde Erwägungen
    - strukturelle Mängel der Begründung
    - Verwertung falscher Tatsachen
    - Verstoß gegen Art. 3 GG
  dd Ermessensreduzierung auf Null (nur eine der möglichen Maßnahmen wäre rechtmäßig)
6 Vereinbarkeit der Maßnahme mit sonstigem höherrangigem Recht
(insbesondere: Grundrechte und allgemeine Verfassungsprinzipien, Gesetze)

IV formelle Erfordernisse im weiteren Verfahren
(formelle Rechtmäßigkeit – Teil 2)
insbesondere:
1 Anhörung Beteiligter (28 VwVfG)?
2 Mitwirkung anderer Stellen (spezialgesetzlich)?
3 Fristen (spezialgesetzlich, z.B. 48 IV, 49 II 2 VwVfG)?
4 Formerfordernisse (10, 37 VwVfG)
5 Begründung (39 VwVfG)
6 Rechtsbehelfsbelehrung (59, 58 VwGO)
7 Form der Bekanntgabe (10, 41 VwVfG i.V.m. VwZG)

bb Rechtmäßigkeit eines erlassenen belastenden Verwaltungsakts

0 Vorprüfung: Rechtsnatur der Maßnahme (Abgrenzung des Verwaltungsakts von Rechtsnorm, Realakt sowie privatrechtlichen Handlungsformen)

I in Betracht kommende Ermächtigungsgrundlage

II formelle Rechtmäßigkeit
1 Zuständigkeit der erlassenden Behörde
  a sachlich
  b instanziell
  c örtlich
2 ggf. Fristeinhaltung (spezialgesetzlich, z.B. 48 IV, 49 II 2 VwVfG)
3 Verfahren, insbesondere:
  a Anhörung Beteiligter, 28 VwVfG
  b ggf. erforderliche Mitwirkung anderer Stellen
4 Form (10, 37 VwVfG), Begründung (39 VwVfG), Bekanntgabe (10, 41 VwVfG i.V.m. VwZG)
5 Heilung von Form- oder Verfahrensfehlern, 45 VwVfG

III materielle Rechtmäßigkeit
1 Wirksamkeit der Ermächtigungsgrundlage (Vereinbarkeit mit höherrangigem Recht)
2 Vereinbarkeit der getroffenen Maßnahme mit der Ermächtigungsgrundlage (Vorliegen der Eingriffsvoraussetzungen)
3 rechtmäßiger Adressat

4 allgemeine Anforderungen der Rechtmäßigkeit
   a inhaltliche Bestimmtheit, 37 VwVfG
   b tatsächliche und rechtliche Möglichkeit
   c Verhältnismäßigkeit
      aa Eignung
      bb Erforderlichkeit (geringstmöglicher Eingriff, schonendstes Mittel)
      cc Angemessenheit (bezogen auf das Verhältnis der durch die Maßnahme erstrebten Vorteile zu den durch sie bewirkten Nachteilen)
   d Zumutbarkeit für den Adressaten
5 fehlerfreie Ermessensausübung, 40 VwVfG, 114 VwGO
   a Gegenstand der Ermessensprüfung:
      aa Entschließungsermessen ('Ob' des Eingreifens)
      bb Adressatenauswahl
      cc Maßnahmenauswahl
   b Ermessensfehler können sein:
      aa Nichtgebrauch des Ermessensspielraums
      bb Überschreiten des Ermessensspielraums (Wahl einer nicht vorgesehenen Rechtsfolge)
      cc Fehlgebrauch des Ermessensspielraums, insbesondere:
         – sachfremde Erwägungen
         – strukturelle Mängel der Begründung
         – Verwertung falscher Tatsachen
         – Verstoß gegen Art. 3 GG
      dd Ermessensreduzierung auf Null
         (nur eine der möglichen Maßnahmen wäre rechtmäßig)
6 Vereinbarkeit der Maßnahme mit höherrangigem Recht
   (insbesondere: Grundrechte und allgemeine Verfassungsprinzipien, Gesetze)

Hinweis:

Der Grundsatz der Prüfung der formellen vor der materiellen Rechtmäßigkeit gilt uneingeschränkt nur für die Prüfung einer schon getroffenen Entscheidung. Bei einer erst beabsichtigten Maßnahme ist es zweckmäßig, vorab nur die Zuständigkeit zu prüfen und auf die weiteren formellen Erfordernisse einer Maßnahme erst dann einzugehen, wenn die materielle Rechtmäßigkeit des geplanten Handelns feststeht.

cc Rechtmäßigkeit eines beabsichtigten begünstigenden Verwaltungsakts

0 Vorüberlegungen
   1 Inhalt der in Betracht gezogenen Leistung
   2 Rechtsnatur der Leistungserbringung
      (Abgrenzung des Verwaltungsakts von Rechtsnorm, Realakt sowie privatrechtlichen Handlungsformen)

I in Betracht kommende Rechts–/Anspruchsgrundlage

(insbesondere: Rechtsnormen/Verwaltungsvorschriften oder Verwaltungsübung i.V.m. 3 I GG/öffentlich–rechtlicher Vertrag/Zusicherung, 38 VwVfG)

II formelle Rechtmäßigkeit – Teil 1
  1 Zuständigkeit der entscheidenden Behörde
    a sachlich
    b instanziell
    c örtlich
  2 Antrag (soweit erforderlich)

III materielle Rechtmäßigkeit
  1 Wirksamkeit der Rechts-/Anspruchsgrundlage (Vereinbarkeit mit höherrangigem Recht)
  2 Vorliegen der Leistungs-/Anspruchsvoraussetzungen
  3 rechtmäßiger Leistungsempfänger
  4 allgemeine Anforderungen der Rechtmäßigkeit (s.o. aa)
  5 fehlerfreie Ermessensausübung, 40 VwVfG, 114 VwGO
    a Gegenstand der Ermessensprüfung:
      aa Entschließungsermessen ('Ob' der Leistung)
      bb Adressatenwahl
      cc Art und Höhe der Leistung
    b Ermessensfehler können sein:
      aa Nichtgebrauch des Ermessensspielraums
      bb Überschreiten des Ermessensspielraums (Wahl einer nicht vorgesehenen Rechtsfolge)
      cc Fehlgebrauch des Ermessensspielraums, insbesondere:
        – sachfremde Erwägungen
        – strukturelle Mängel der Begründung
        – Verwertung falscher Tatsachen
        – Verstoß gegen Art. 3 GG
      dd Ermessensreduzierung auf Null (nur eine der möglichen Entscheidungen wäre rechtmäßig)

IV formelle Erfordernisse im weiteren Verfahren
(formelle Rechtmäßigkeit – Teil 2)
insbesondere:
  1 Mitwirkung des Begünstigten und anderer Stellen (spezialgesetzlich)?
  2 Fristen (spezialgesetzlich)?
  3 Formerfordernisse (10, 37 VwVfG)
  4 Begründung (39 VwVfG)
  5 Rechtsbehelfsbelehrung (59, 58 VwGO)
  6 Form der Bekanntgabe (10, 41 VwVfG i.V.m. VwZG)

dd Rechtmäßigkeit von Ablehnung bzw. Erlaß eines begünstigenden Verwaltungsakts (bei schon getroffener Entscheidung)

0 Vorprüfung: Rechtsnatur der Leistungserbringung
(Abgrenzung des Verwaltungsakts von Rechtsnorm, Realakt sowie privatrechtlichen Handlungsformen)

I in Betracht kommende Rechts–/Anspruchsgrundlage

(insbesondere: Rechtsnormen/Verwaltungsvorschriften oder Verwaltungsübung i.V.m. 3 I GG/öffentlich–rechtlicher Vertrag/Zusicherung, 38 VwVfG)

II formelle Rechtmäßigkeit
- 1 Zuständigkeit der entscheidenden Behörde
  - a sachlich
  - b instanziell
  - c örtlich
- 2 Antrag (soweit erforderlich)
- 3 ggf. Fristeinhaltung (spezialgesetzlich)
- 4 Verfahren, insbesondere:
  - a ggf. erforderliche Mitwirkung von Antragsteller und anderen Stellen (spezialgesetzlich)
  - b Anhörung (28 VwVfG)
- 5 Form (10, 37 VwVfG), Begründung (39 VwVfG), Bekanntgabe (10, 41 VwVfG i.V.m. VwZG)
- 6 Heilung von Form- oder Verfahrensfehlern (45 VwVfG)

III materielle Rechtmäßigkeit
- 1 Wirksamkeit der Rechts-/Anspruchsgrundlage (Vereinbarkeit mit höherrangigem Recht)
- 2 Vorliegen der Leistungs-/Anspruchsvoraussetzungen
- 3 rechtmäßiger Leistungsempfänger
- 4 allgemeine Anforderungen der Rechtmäßigkeit (s.o.)
- 5 fehlerfreie Ermessensausübung, 40 VwVfG, 114 VwGO
  - a Gegenstand der Ermessensprüfung:
    - aa Entschließungsermessen ('Ob' der Leistung)
    - bb Adressatenwahl
    - cc Art und Höhe der Leistung
  - b Ermessensfehler können sein:
    - aa Nichtgebrauch des Ermessensspielraums
    - bb Überschreiten des Ermessensspielraums (Wahl einer nicht vorgesehenen Rechtsfolge)
    - cc Fehlgebrauch des Ermessensspielraums, insbesondere:
      - sachfremde Erwägungen
      - strukturelle Mängel der Begründung
      - Verwertung falscher Tatsachen
      - Verstoß gegen Art. 3 GG
    - dd Ermessensreduzierung auf Null (nur eine der möglichen Entscheidungen wäre rechtmäßig)

c Gültigkeit untergesetzlicher Rechtsnormen

aa Rechtsverordnung

0 Vorprüfung: begriffliches Vorliegen einer Verordnung (von einem Exekutivorgan erlassene Rechtsnorm)

I wirksame Ermächtigungsgrundlage (Vereinbarkeit des zum Erlaß der Verordnung ermächtigenden Gesetzes mit dem GG oder der Landesverfassung)

1 Vorliegen eines zum Erlaß einer Verordnung ermächtigenden formellen Gesetzes
2 Rechtmäßigkeit der Ermächtigungsgrundlage
a formelle Anforderungen
aa Gesetzgebungszuständigkeit (Verbands- und Organkompetenz)
bb Verfahren
cc Ausfertigung und Verkündung
b materielle Anforderungen
aa Anforderungen des 80 I GG (bzw. der entsprechenden Vorschrift der Landesverfassung); insbesondere:
(1) zulässiger Ermächtigungsadressat (80 I 1 GG)
(2) zulässiger Ermächtigungsinhalt (keine Delegation wesentlicher Entscheidungen; Parlamentsvorbehalt)
(3) Bestimmtheit der Ermächtigung bzgl. Zweck, Inhalt und Ausmaß (80 I 2 GG)
bb Vereinbarkeit mit sonstigem höherrangigem Recht (insbesondere: Grundrechte, allgemeine Verfassungsprinzipien)

II Rechtmäßigkeit der Verordnung
1 formelle Rechtmäßigkeit (hier: nach Bundesrecht)
a Zuständigkeit des erlassenden Organs (ggf. 80 I 4 GG)
b Verfahren, insbesondere:
aa ggf. Zustimmung des Bundesrats (80 II GG)
bb ggf. Zustimmung des Bundestags (lt. ermächtigendem Gesetz)
c Form, z.B. Zitiergebot (80 I 3 GG)
d Ausfertigung und Verkündung (82 I 2 GG)
e Heilung von Form- oder Verfahrensverstößen
2 materielle Rechtmäßigkeit
a Vereinbarkeit mit dem ermächtigenden Gesetz
b Vereinbarkeit mit sonstigem höherrangigem Recht (insbesondere: Grundrechte, Verhältnismäßigkeit und andere allgemeine Verfassungsprinzipien, Gesetze)

bb Satzung

0 Vorprüfung: begriffliches Vorliegen einer Satzung (lt. Spezialvorschrift, z.B. 10 BauGB; sonst: öffentlich-rechtliche Norm, die von einem selbständigen Verwaltungsträger aufgrund einer ihm vom Staat verliehenen Satzungsautonomie zur Regelung eigener Angelegenheiten erlassen wurde)

I Ermächtigungsgrundlage (spezialgesetzlich; sonst: Satzungsautonomie)

II ggf.: Rechtmäßigkeit der spezialgesetzlichen Ermächtigungsgrundlage (formelle und materielle Vereinbarkeit mit höherrangigem Recht)

III Rechtmäßigkeit der Satzung
1 formelle Rechtmäßigkeit (spezialgesetzlich)
a Zuständigkeit
b Verfahren, insbesondere:
aa ordnungsgemäßes Beschlußverfahren
bb ggf. Beteiligung von Bürgern und/oder anderer Behörden
cc ggf. Genehmigung durch die Aufsichtsbehörde
c Form, Verkündung

d Heilung von Form- oder Verfahrensverstößen
2 materielle Rechtmäßigkeit
a Vereinbarkeit mit der Ermächtigungsgrundlage
aa spezialgesetzliche Voraussetzungen
bb generelle Voraussetzungen
(1) sachlich: die Regelung beschränkt sich auf den Aufgaben- und Zuständigkeitsbereich des satzunggebenden Verwaltungsträgers
(2) persönlich: die Regelung beschränkt sich auf die Mitglieder (bei Körperschaften) bzw. Benutzer (bei Anstalten)
b Vereinbarkeit mit sonstigem höherrangigem Recht (insbesondere: Grundrechte, Verhältnismäßigkeit und andere allgemeine Verfassungsprinzipien)
c fehlerfreie Ermessensausübung, 40 VwVfG analog
d bei Rechtswidrigkeit: ausnahmsweise Unbeachtlichkeit eines Fehlers (z.B. 214 BauGB)

d Rechtmäßigkeit eines Realakts

Die Prüfung entspricht in ihrem Aufbau der beim Verwaltungsakt; Grundraster:
0 Vorprüfung: Rechtsnatur der Maßnahme
I formelle Rechtmäßigkeit
1 Zuständigkeit der Behörde
2 Anhörung analog 28 VwVfG bei grundrechtsrelevanten Maßnahmen
II materielle Rechtmäßigkeit
1 bei Belastungen: gesetzliche Ermächtigungsgrundlage
2 ggf: Vorliegen der tatbestandlichen Voraussetzungen der Ermächtigungsgrundlage
3 Verhältnismäßigkeit
4 fehlerfreie Ermessensausübung
5 Vereinbarkeit mit Schranken aus (sonstigen) Gesetzen, insbesondere: Grundrechte, allgemeine Rechtsgrundsätze

e Rechtmäßigkeit eines öffentlich–rechtlichen Vertrags

0 Vorprüfung: begriffliches Vorliegen eines öffentlich–rechtlichen Vertrags (vertragliche Regelung auf dem Gebiet des öffentlichen Verwaltungsrechts; d.h. Regelung, deren Gegenstand nach öffentlich–rechtlichen Vorschriften zu beurteilen ist)

I Zustandekommen: 62 S. 2 VwVfG i.V.m. 145ff BGB
II Rechtmäßigkeit
1 Zulässigkeit des Vertrags als Handlungsform (spezialgesetzlich, 54 VwVfG)
2 formelle Rechtmäßigkeit
a Zuständigkeit der vertragschließenden Behörde
b Verfahren (58 VwVfG)
c Form (57 VwVfG)
3 materielle Rechtmäßigkeit des Vertragsinhalts
a Vereinbarkeit mit spezialgesetzlichen Regeln für den Vertragsgegenstand
b bei Vergleichs- und Austauschverträgen: 55, 56 VwVfG
c Vereinbarkeit mit sonstigem höherrangigem Recht (insbesondere: Grundrechte, Verhältnismäßigkeit und andere allgemeine Verfassungsprinzipien)
d fehlerfreie Ermessensausübung

Hinweis:

- ❑ Eine Zusammenstellung der wichtigen Prüfungsschemata zum Allgemeinen wie Besonderen Verwaltungsrecht, die Definitionen, Fallgruppen, Normzusammenhänge und weiteres klausurrelevantes Wissen einbezieht, finden Sie in Band II der SCHEMATA.

- ❑ Fallbeispiele mit Lösungen können Sie den verfügbaren Fall- und Entscheidungssammlungen entnehmen und die dargelegten Regeln an ihnen übungshalber nachvollziehen. Exemplarisch seien genannt:
  - Achterberg, Norbert, Fälle und Lösungen nach höchstrichterlichen Entscheidungen, Allgemeines Verwaltungsrecht, 6. Aufl., 1986
  - Broß, Siegfried/Ronellenfitsch, Michael, Fälle und Lösungen nach höchstrichterlichen Entscheidungen, Besonderes Verwaltungsrecht und Verwaltungsprozeßrecht, 4. Aufl., 1991
  - Erbel, Günter, Öffentlich–rechtliche Klausurenlehre mit Fallrepetitorium, Bd. II: Verwaltungsrecht, 2. Aufl., 1983
  - Jaworsky, Nikolaus/Müller–Uri, Rolf, Basisklausuren im Verwaltungsrecht, 1992
  - Schmalz, Dieter, Verwaltungsrecht und Verwaltungsrechtsschutz, Fälle und Lösungen, 1992
  - Schmidt–Jortzig, Edzard/Ipsen, Jörn/Heyen, Erk, 40 Klausuren aus dem Verwaltungsrecht, 4. Aufl., 1993
  - Stender–Vorwachs, Jutta, Prüfungstraining Staats- und Verwaltungsrecht, Bd. 2, Fälle mit Musterlösungen, 2. Aufl., 1993
  - Teubner, Ernst, Die Examensklausur im bürgerlichen, Straf- und öffentlichen Recht, 3. Aufl., 1991
  - Wagner, Fritjof, Die Verwaltungsrechtsklausur, 2. Ausl., 1991
  - Wahrendorf, Volker/Lemke, Volker, Besonderes Verwaltungsrecht, Fälle mit Lösungen, 1993
  - Zuleeg, Manfred, Fälle zum Allgemeinen Verwaltungsrecht, 2. Aufl., 1991

II Staatsrecht

1 Besonderheiten staatsrechtlicher Fälle und Problemstellungen

Staatsrechtliche Fälle sind wenig beliebt. Das liegt im wesentlichen wohl daran, daß sich staatsrechtliche Problemstellungen signifikant von denen unterscheiden, die zivil-, straf- und verwaltungsrechtlichen Fällen zugrundeliegen.

Im Zentrum staatsrechtlicher Klausuren und Hausarbeiten stehen weniger methodische Fragen der Subsumtion eines konkreten Sachverhalts unter ein kompliziertes Geflecht gesetzlicher Vorschriften. Meist besteht das **Kernproblem** vielmehr in der **Norminterpretation**. Verfassungsbestimmungen sind daraufhin auszulegen, ob sie auf einen konkreten Sachverhalt anwendbar sind, und gegebenenfalls, welche Folgerungen sich daraus für den zu lösenden Einzelfall ergeben. Das erfordert, Rechtsgrundsätze zu entwickeln, die die typischerweise sehr allgemein gefaßten Verfassungsnormen oder die nicht minder abstrakten ungeschriebenen verfassungsrechtlichen Grundsätze soweit konkretisieren, daß sie auf den zu lösenden Fall anzuwenden sind. Zumindest setzt es voraus, schon vorhandene, von Rechtsprechung und Literatur entwickelte Fallgruppen und Grundsätze zu kennen und richtig anzuwenden.

Bezüglich der erforderlichen Beherrschung der Methoden der Auslegung von Gesetzen ist auf den entsprechenden Exkurs in Teil B zu verweisen (siehe oben B III 3 c).

Methodisches Wissen allein führt jedoch im Verfassungsrecht weniger weit als in den anderen Rechtsgebieten. Und auch der Verfassungstext trägt im Regelfall erheblich weniger zur Fallösung bei als etwa VwVfG und VwGO im Verwaltungsrecht. Das erforderliche materiell verfassungsrechtliche Wissen läßt sich nur bei Hausarbeiten in Kommentaren oder Lehrbüchern nachlesen. Meist aber ist die zur Verfügung stehende Zeit auch hier so knapp bemessen, daß Sie sich nicht noch während der Fallbearbeitung alles aneignen können, was Sie an Grundlagen- und Detailwissen benötigen, um die Dimensionen eines verfassungsrechtlich zu beurteilenden Falles richtig und vollständig erfassen und die Ansatzpunkte für die Lösung der rechtlichen Probleme aus dem abstrakten Normsystem der Verfassung herauskristallisieren zu können.

Im folgenden werden daher zunächst diejenigen Kernbereiche des Staatsrechts zusammengestellt, die häufig Gegenstand von Übungsfällen im Rahmen der Universitätsausbildung sind und für die Sie sich ein fundiertes Wissen erarbeiten sollten. Danach wird auf die Besonderheiten eingegangen, die Fragestellung und Prüfungsaufbau bei staatsrechtlichen Fällen aufweisen.

a Wichtige staatsrechtliche Themenbereiche

- Grundrechte

  Den Kernbestand der Grundrechte, deren Inhalt und Auslegung (vor allem durch das Bundesverfassungsgericht) Sie in den Grundstrukturen verfügbar haben müssen, bilden die

  - Art. 1, 2, 3, 4, 5, 6, 8, 9, 12 und 14 GG.

  Elementare Voraussetzung der Interpretation einzelner Grundrechte und der Prüfung von Grundrechtsverletzungen ist die Beherrschung einiger Problemkreise aus dem Bereich der allgemeinen Grundrechtslehre:

  - In welchem Verhältnis stehen die Grundrechte zueinander (Grundrechtskonkurrenzen)?
  - Wer kann Träger von Grundrechten sein und wer ist an sie gebunden?
  - Welche Schranken bestehen für den Schutz durch Grundrechte (Schranken und Schranken–Schranken)?

- Strukturprinzipien und Zielbestimmungen des Art. 20 GG

  Demokratie, Bundesstaat und Sozialstaat als allgemeine staatliche Strukturprinzipien und Zielbestimmungen sowie das in Art. 20 III GG verankerte Rechtsstaatsprinzip sind von vielfältiger Bedeutung. Das Rechtsstaatsprinzip etwa, zu dessen Ausprägungen die Grundsätze der Verhältnismäßigkeit und des Vertrauensschutzes bezüglich der Rückwirkung von Gesetzen und anderen staatlichen Akten gehören, ist als Teilaspekt bei allen Eingriffen in Grundrechte zu beachten.

- Stellung und Funktion der obersten Bundesorgane

  insbesondere:

  - Bundestag

    Wahl, Stellung von Abgeordneten und Fraktionen, Verteilung der Gesetzgebungskompetenzen auf Bund und Länder, Gesetzgebungsverfahren, parlamentarische Kontrolle der Exekutive

- ❏ Bundesrat

  Mitwirkung bei Gesetzgebung und Verwaltung

- ❏ Bundesregierung

  Regierungsbildung, Mißtrauensvotum und Vertrauensfrage, Kompetenzverteilung innerhalb des Kabinetts, Verhältnis von Bundesregierung und Bundestag

- ❏ Bundespräsident

  Prüfungsbefugnisse im Zusammenhang mit Minister- und Beamtenernennungen sowie der Ausfertigung von Gesetzen, völkerrechtliche Vertretungsmacht, Gegenzeichnung

❏ Stellung und Funktion der politischen Parteien

❏ Verfassungsprozeßrecht

Verfahrensarten und deren Voraussetzungen, insbesondere: Verfassungsbeschwerde, Organstreitigkeit und Normenkontrollverfahren

b Fragestellungen

Beim Herausarbeiten der Fragestellung setzen Sie an wie in verwaltungsrechtlichen Fällen. Wenn die Fallfrage allgemein gehalten ist, überlegen Sie zunächst, woran die Beteiligten vernünftigerweise interessiert sind. Danach prüfen Sie, ob die so konkretisierten Zielsetzungen Rechtsfolgen ansprechen, die das Verfassungsrecht vorsieht, und beschränken die rechtliche Prüfung auf die Frage, welche der gefundenen Interessen nach verfassungsrechtlichen Maßstäben durchsetzbar sind.

Auch die Frageebenen Zulässigkeit und Begründetheit, formelle und materielle Rechtmäßigkeit können von Bedeutung sein.

Für einige typische Konstellationen soll wiederum **der Einstieg in die Auslegung und Aufgliederung der Fragestellung** skizziert werden.

❏ Für ausdrücklich beschränkte Fragestellungen gelten die allgemeinen Regeln (siehe oben B II 2 sowie F I 1 a).

- ❏ Unproblematisch ist die Auslegung von Fragen wie "Ist das Gesetz mit

Art. 12 und 14 GG vereinbar?" Prüfungsgegenstand ist ausschließlich die Verletzung der angesprochenen Grundrechte.

- ❑ Bei der Fragestellung "Ist das Gesetz verfassungsgemäß?" ist die formelle und materielle Verfassungsmäßigkeit des fraglichen Gesetzes zu untersuchen.

- ❑ Entsprechendes gilt, wenn Maßnahmen oberster Bundesbehörden umstritten sind, z.B. "Durfte der Bundespräsident ... ?". Hier sind die von der Verfassung geforderten formellen und materiellen Voraussetzungen des jeweiligen Aktes Gegenstand der Prüfung.

❑ Ein bestimmtes Verfahren ist laut Sachverhalt schon anhängig, im Regelfall vor dem Bundesverfassungsgericht, oder wird erwogen; die Fallfrage lautet z.B.:

"Wie wird das Bundesverfassungsgericht entscheiden?"
"Hat die Verfassungsbeschwerde/der Antrag Aussicht auf Erfolg?"
"Könnte A mit Erfolg Verfassungsbeschwerde erheben?"

Diese Fragen zielen auf die Prüfung von Zulässigkeit und Begründetheit des konkreten Rechtsbehelfs ab.

❑ Die Einlegung eines Rechtsbehelfs kommt nach dem Sachverhalt in Betracht, ein bestimmtes Verfahren ist jedoch noch nicht eingeleitet oder ins Auge gefaßt; die Fallfrage lautet z.B.:

"Was kann A unternehmen und wird er dabei Erfolg haben?"
"Was ist A zu raten?"

Bei diesen Fragestellungen ist die vernünftigerweise zu verfolgende Zielsetzung zu bestimmen und zu prüfen, welcher der verfassungsrechtlichen Rechtsbehelfe zu ihrer Erreichung geeignet ist. Gegenstand der rechtlichen Prüfung sind Zulässigkeit und Begründetheit eines entsprechenden Antrags.

❑ Bei der Frage "Wie ist die Rechtslage?" ist der Sachverhalt mit Blick u.a. auf die vorstehenden Konstellationen auszulegen und der Prüfungsgegenstand entsprechend zu konkretisieren.

Das Herausarbeiten der Fragestellung nach diesen Regeln wird wegen der Bedeutung der unter a skizzierten Themenbereiche häufig zu einer von wenigen **spezifischen Problemkonstellationen** führen. Diese werden daher im folgenden kurz gekennzeichnet, der bzw. die einschlägigen Rechtsbehelfe zugeordnet und der Prüfungsansatz skizziert.

- ❑ Verfassungsmäßigkeit von Rechtsnormen

  Zur Überprüfung der Frage, ob ein Gesetz, eine Verordnung oder Satzung mit dem Grundgesetz vereinbar ist, stehen – mit jeweils spezifischen Voraussetzungen für ihre Zulässigkeit – verschiedene Rechtsbehelfe zur Verfügung: Verfassungsbeschwerde, Art. 93 I Nr. 4a GG, Abstrakte Normenkontrolle, Art. 93 I Nr. 2 GG, Konkrete Normenkontrolle, Art. 100 I GG, sowie die Normenkontrollklage gemäß § 47 VwGO (hierzu siehe F I 2 a aa).

  Die rechtliche Prüfung muß, wie dargelegt, die Zulässigkeit und Begründetheit des eingelegten oder erwogenen Rechtsbehelfs umfassen. Im Rahmen der Begründetheit sind die formelle Verfassungsmäßigkeit der Norm (Zuständigkeit zur Normsetzung, verfassungsgemäßes Normsetzungsverfahren) sowie ihre materielle Vereinbarkeit mit dem höherrangigen Recht zu prüfen. Weiterführende Einzelheiten entnehmen Sie bitte den Schemata unten 2 a und c.

- ❑ Konflikte um Rechte und Pflichten von Staatsorganen untereinander,

  etwa um die Kompetenzabgrenzungen der obersten Bundesorgane, werden im Wege des Organstreitverfahrens vor dem Bundesverfassungsgericht ausgetragen, Art. 93 I Nr. 1 GG. Soweit dieses zulässig ist, muß die materiell–rechtliche Prüfung der Begründetheit eines gestellten oder erwogenen Antrags zunächst die Rechtsnatur der streitigen Maßnahme (bzw. Unterlassung) bestimmen. Anschließend sind die im konkreten Fall maßgeblichen Funktionen, Rechte und Pflichten der beteiligten Organe, wie sie im GG begründet liegen, herauszuarbeiten (Anhaltspunkte zur Interpretation können dabei auch einfachgesetzliche Vorschriften und Geschäftsordnungen der Organe ergeben, weil diese die abstrakten Bestimmungen des Grundgesetzes konkretisieren; z.B. das Bundeswahlgesetz, die Wahlordnung sowie die Geschäftsordnungen von Bundestag, Bundesrat und Bundesregierung). Auf dieser Grundlage kann dann geprüft werden, ob in dem streitigen Handeln des Antragsgegners ein Verstoß zu sehen ist, der die verfassungsrechtlich begründeten Rechte oder Pflichten des Antragstellers verletzt. Einzelheiten zur Zulässigkeitsprüfung siehe unten 2 a.

- ❑ Für Konflikte um Rechte und Pflichten innerhalb von Staatsorganen,

  beispielsweise um die Abgrenzung der Rechte von Fraktionen, einzelnen Bundestagsabgeordneten sowie ihre Handhabung seitens der Leitungsgremien des Bundestags (Präsidium, Ältestenrat), ist gleichfalls das Organstreitverfahren vorgesehen. Die rechtliche Prüfung ist entsprechend anzulegen.

- ❑ Konflikte zwischen Bund und Ländern

können sich entzünden an Meinungsverschiedenheiten über verfassungsrechtlich begründete Rechte und Pflichten des Bundes gegenüber den Ländern oder eines Landes gegenüber dem Bund. Gegenstände können insbesondere sein: Streitigkeiten bzgl. Pflichten der Länder bei der Ausführung von Bundesgesetzen, Streitigkeiten bzgl. Rechtsansprüche der Länder gegenüber dem Bund oder die Abgrenzung der Gesetzgebungszuständigkeiten und Mitwirkungsbefugnisse bei der Gesetzgebung des Bundes. Sie sind prozessual im Wege der sog. Bund–Länder–Streitigkeit auszutragen, Art. 93 I Nr. 3 GG. Wenn deren Zulässigkeit vorliegt, ist im Rahmen der Begründetheitsprüfung zu untersuchen, ob das umstrittene Handeln des Antragsgegners (Maßnahme, Unterlassung) verfassungsrechtlich begründete Rechte oder Pflichten des Antragstellers verletzt oder unmittelbar gefährdet. Einzelheiten zur Zulässigkeitsprüfung siehe unten 2 a.

- ❑ Die Verletzung von Grundrechten

spielt bereits bei dem Problemkomplex Verfassungsmäßigkeit von Rechtsnormen eine Rolle, kann aber ebenso bei Konflikten um Verwaltungsakte, Realakte von Verwaltungsbehörden oder Entscheidungen von Gerichten einen Schwerpunkt bilden. Der dem Bürger – nach Erschöpfung des Rechtswegs – insoweit zur Verfügung stehende Rechtsbehelf ist die Verfassungsbeschwerde. Einzelheiten zur Prüfung der Zulässigkeit und Begründetheit siehe sogleich c sowie unten 2 a und b.

c Verfassungsrechtliche Probleme in verwaltungsrechtlichen Fällen

Nicht selten haben Fälle, deren Ansatzpunkt im Verwaltungsrecht liegt, weil ein Bürger sich gegen die Maßnahme einer Verwaltungsbehörde wendet, auch verfassungsrechtliche Problemschwerpunkte. Insbesondere zwei Konstellationen sind von Bedeutung:

- ❑ Zum einen kann zweifelhaft sein, ob die Vorschrift, die die Ermächtigungs- bzw. Rechtsgrundlage für das Handeln der Verwaltung darstellt bzw. darstellen soll, verfassungsgemäß ist.

Anlaß zu einer Prüfung ist (im Regelfall) aber nur gegeben, wenn der Sachverhalt Zweifel an der Verfassungsmäßigkeit nahelegt, z.B. wenn ein Beteiligter eine entsprechende Ansicht äußert.

- Zum anderen kann zweifelhaft sein, ob die Anwendung der Ermächtigungsgrundlage durch die handelnde Behörde verfassungsgemäß ist, insbesondere ob die umstrittene Maßnahme oder Entscheidung gegen Grundrechte verstößt. Bei polizei- und ordnungsrechtlichen Verfügungen kommen derartige Problemstellungen häufig vor.

Die Differenzierung der Fragestellung erfolgt in solchen Fällen mit Hilfe einer Kombination der Regeln, die oben für Verwaltungs- und Verfassungsrecht dargestellt wurden. Die Prüfung wird nach den für verwaltungsrechtliche Fälle geltenden Regeln aufgebaut. Die verfassungsrechtliche Problematik wird dort eingefügt, wo es im Rahmen des verwaltungsrechtlichen Aufbaus auf sie ankommt: die Prüfung der Verfassungsmäßigkeit eines zugrundeliegenden Gesetzes dort, wo es zum erstenmal anzuwenden ist; die Prüfung der Verfassungsmäßigkeit der Gesetzesanwendung im Zusammenhang mit der Überprüfung der Ermessensausübung. Vgl. die Schemata zur Prüfung der Rechtmäßigkeit von Verwaltungsakten und Realakten in F I 2.

Entsprechendes gilt für verfassungsrechtliche Problemstellungen im Rahmen der Überprüfung der Gültigkeit verwaltungsrechtlicher Verordnungen und Satzungen. Vgl. die Schemata zur Prüfung untergesetzlicher Normen in F I 2.

2 Aufbauhinweise und Prüfungsschemata

a Erfolgsaussichten von Rechtsbehelfen

Wenn der Sachverhalt ergibt, daß ein zu prüfender Rechtsbehelf schon eingelegt worden ist, muß mit der Prüfung der Zulässigkeit begonnen werden, an die sich die materiell–rechtliche Prüfung anschließt. Grundsätzlich empfiehlt sich diese Reihenfolge auch bei der Prüfung noch nicht eingelegter Rechtsbehelfe. Allerdings kann es in diesem Fall auch sinnvoll sein, mit der materiellen Prüfung zu beginnen, z.B. wenn es von deren Ergebnis abhängt, welche Rechtsbehelfe möglich sind.

Verfassungsbeschwerde, Art. 93 I Nr. 4a GG, §§ 13 Nr. 8a, 90, 92 ff BVerfGG

I Zulässigkeit
  1 Beschwerdegegenstand ist ein hoheitlicher Akt der öffentlichen Gewalt (Gesetz, Verordnung, Satzung, Verwaltungsakt, Realakt, Gerichtsentscheidung)
  2 Beschwerdebefugnis: substantiierte Behauptung (90 I BVerfGG) des Beschwerdeführers
    a in einem Grundrecht oder in einem der in Art. 20 IV, 33, 38, 101, 103 und 104 GG geschützten Rechte verletzt zu sein
    b selbst, unmittelbar und gegenwärtig
  3 Erschöpfung des Rechtswegs, 90 II BVerfGG (mit Ausnahmen!)
  4 Subsidiarität (Ausschöpfung aller verfügbaren und zumutbaren Einwendungen und Antragsmöglichkeiten i.R.d. Rechtswegs
  5 Zuständigkeit: Bundesverfassungsgericht, 93 I Nr. 4a GG, 13 Nr. 8a BVerfGG
  6 Beschwerdefähigkeit (natürliche oder juristische Person, 19 III GG)
  7 Prozeßfähigkeit (51 ZPO, 62 VwGO/aber: Minderjährige, soweit sie konkret einsichtsfähig, d.h. grundrechtsmündig sind) bzw. gesetzliche Vertretung
  8 Postulationsfähigkeit, Legitimation des gewillkürten Prozeßvertreters, 22 BVerfGG
  9 ordnungsgemäße Beschwerdeerhebung
    a Form, 23 I, 92 BVerfGG
    b Frist, 93 BVerfGG

II Begründetheit
  1 bei Gesetzen:
    a Verletzung eines oder mehrerer Grundrechte oder anderer in Art. 93 I Nr. 4a GG genannter Rechte des Beschwerdeführers (unter Berücksichtigung des gesetzgeberischen Ermessensspielraums)
    b durch Eingriff oder pflichtwidrige Unterlassung des Hoheitsträgers
  2 bei Verwaltungsakten:
    a Verletzung der Verfassung wegen
      aa Anwendung eines verfassungswidrigen Gesetzes
      bb oder grundrechtswidriger Anwendung eines verfassungsmäßigen Gesetzes
    b durch Eingriff oder pflichtwidrige Unterlassung des Hoheitsträgers
  3 bei Gerichtsentscheidungen:
    a Verletzung von Verfassungsrechten des Beschwerdeführers
    b durch die angegriffene Entscheidung

Organstreitverfahren, Art. 93 I Nr. 1 GG, §§ 13 Nr. 5, 63–67 BVerfGG

I Zulässigkeit
  1 Gegenstand: Streitigkeit über Auslegung des Grundgesetzes hinsichtlich des Umfangs der Rechte oder Pflichten eines Beteiligten
  2 Beteiligtenfähigkeit von Antragsteller und -gegner, 63 BVerfGG (auch Parteien, soweit es um ihren Status nach Art. 21 GG geht)
  3 Antragsbefugnis, 64 I BVerfGG: Geltendmachung (substantiierte Behauptung) der Verletzung oder unmittelbaren Gefährdung verfassungsrechtlicher Rechte oder Pflichten des Antragstellers oder des Organs, dem dieser angehört, durch eine Maßnahme oder Unterlassung des Antragsgegners
  4 Antragsgegner, 64 I BVerfGG: das möglicherweise übergreifende Organ oder Organteil

5 Zuständigkeit: Bundesverfassungsgericht, 93 I Nr. 1 GG, 13 Nr. 5 BVerfGG
6 ordnungsgemäße Vertretung, 22 BVerfGG
7 Ordnungsmäßigkeit des Antrags
  a Form, 23 I, 64 I, II BVerfGG
  b Frist, 64 III, IV BVerfGG

II Begründetheit:
bei tatsächlicher Verletzung oder unmittelbarer Gefährdung der verfassungsrechtlichen Rechte/Pflichten des Antragstellers oder des Organs, dem dieser angehört, durch einen Verfassungsverstoß des Antragsgegners

Abstrakte Normenkontrolle, Art. 93 I Nr. 2 GG, §§ 13 Nr. 6, 76 ff BVerfGG

I Zulässigkeit
1 Gegenstand: Meinungsverschiedenheit oder Zweifel über die Vereinbarkeit von Bundes- oder Landesrecht mit dem Grundgesetz oder von Landesrecht mit sonstigem Bundesrecht
2 Antragsberechtigung, Art. 93 I Nr. 2 GG, 13 Nr. 6 BVerfGG: Bundesregierung, Landesregierung, Drittel der Mitglieder des Bundestags
3 Antragsbefugnis, 76 BVerfGG
4 Zuständigkeit: Bundesverfassungsgericht, 93 I Nr. 2 GG, 13 Nr. 6 BVerfGG
5 ordnungsgemäße Vertretung, 22 BVerfGG
6 Ordnungsmäßigkeit des Antrags, 23 I BVerfGG

II Begründetheit:
bei tatsächlicher Unvereinbarkeit des nachrangigen mit vorrangigem Recht wegen
1 formeller
2 oder materieller Rechtswidrigkeit

Konkrete Normenkontrolle, Art. 100 I GG, §§ 13 Nr. 11, 80 ff BVerfGG

I Zulässigkeit
1 Vorlageberechtigung, 100 I GG, 80 I BVerfGG: Gerichte
2 Vorlagegrund, 100 I GG, 13 Nr. 11 BVerfGG
  a Anhängigkeit eines konkreten Gerichtsverfahrens
  b die Anwendung eines formellen und nachkonstitutionellen Gesetzes ist im Rahmen dieses Verfahrens relevant
  c das Gesetz ist nach Überzeugung des Gerichts verfassungswidrig
  d das Gesetz ist entscheidungserheblich
3 Zuständigkeit: Bundesverfassungsgericht, 100 I GG, 13 Nr. 11 BVerfGG
4 Ordnungsmäßigkeit der Vorlage: Beschluß gemäß 23 I, 80 II BVerfGG

II Begründetheit:
bei tatsächlicher Verfassungswidrigkeit des Gesetzes (Unvereinbarkeit eines Bundes- oder Landesgesetzes mit dem Grundgesetz, Unvereinbarkeit eines Landesgesetzes mit sonstigem Bundesrecht, 13 Nr. 11, 78 BVerfGG)

Kommunalverfassungsbeschwerde, Art. 93 I Nr. 4b GG, §§ 13 Nr. 8a, 91 ff BVerfGG

I Zulässigkeit
  1 Beschwerdegegenstand: förmliches Gesetz oder Verordnung, 91 S. 1 BVerfGG
  2 Beschwerdefähigkeit, 91 I BVerfGG: Gemeinde, Gemeindeverband
  3 Beschwerdebefugnis: substantiierte Behauptung des Beschwerdeführers
    a in dem Selbstverwaltungsrecht der Gemeinde (28 GG) verletzt zu sein
    b unmittelbar durch das angegriffene Gesetz
  4 Subsidiarität, 91 S. 2 BVerfGG
  5 Zuständigkeit: Bundesverfassungsgericht, 93 I Nr. 4b GG, 13 Nr. 8a BVerfGG
  6 ordnungsgemäße Vertretung, 22 BVerfGG
  7 ordnungsgemäße Beschwerdeerhebung, 23 I, 92 BVerfGG
    a Form, 23 I, 92 BVerfGG
    b Frist, 93 III BVerfGG

II Begründetheit: bei tatsächlicher Verletzung des Selbstverwaltungsrechts der Gemeinde

Bund–Länder–Streitigkeit, Art. 93 I Nr.3 GG, §§ 13 Nr.7, 68 ff BVerfGG

I Zulässigkeit
  1 Gegenstand: Meinungsverschiedenheit über eine Verletzung oder unmittelbare Gefährdung von verfassungsrechtlich begründeten Rechten oder Pflichten des Bundes oder eines Landes
  2 Beteiligtenfähigkeit von Antragsteller und -gegner, 68 BVerfGG: Bundesregierung, Landesregierung
  3 Antragsbefugnis, 69, 64 I BVerfGG: Geltendmachung (substantiierte Behauptung) der Verletzung oder unmittelbaren Gefährdung verfassungsrechtlich begründeter Rechte oder Pflichten des Antragstellers durch eine Maßnahme oder Unterlassung des Antragsgegners
  4 Vorverfahren im Falle des 84 IV 1 GG
  5 Zuständigkeit: Bundesverfassungsgericht, 93 I Nr. 3, 84 IV 2 GG, 13 Nr. 7 BVerfGG
  6 ordnungsgemäße Vertretung, 22 BVerfGG
  7 Ordnungsmäßigkeit des Antrags
    a Form, 23 I, 69, 64 I, II BVerfGG
    b Frist, 69, 64 III, IV, 70 BVerfGG

II Begründetheit:
bei tatsächlicher Verletzung oder unmittelbarer Gefährdung der umstrittenen Rechte/Pflichten durch eine Maßnahme oder Unterlassung des Antragsgegners

b Verletzung von Grundrechten

Wenn die Verletzung mehrerer Grundrechte in Betracht kommt, empfiehlt es sich, zunächst die Verletzung von Freiheitsrechten zu prüfen und erst dann gegebenenfalls auf den allgemeinen Gleichheitssatz einzugehen. Dies jedenfalls dann, wenn die Prüfung von Art. 3 I GG ein Eingehen auf Freiheitsrechte erforderlich macht.

Im übrigen darf wegen des Vorrangs spezieller Normen das allgemeine Freiheitsrecht des Art. 2 I GG erst dann geprüft werden, wenn festgestellt wurde, daß besondere Freiheitsrechte nicht eingreifen, weil deren Regelungsbereiche die fragliche Problematik nicht umfassen. Entsprechendes gilt für das Verhältnis der besonderen zum allgemeinen Gleichheitsrecht des Art. 3 I GG.

Für den Aufbau der Prüfung einzelner Grundrechte ist zwischen Freiheits- und Gleichheitsrechten zu unterscheiden. Als Orientierungspunkte können die folgenden Schemata dienen.

Verletzung eines Freiheitsrechts

1 Subjektive Voraussetzungen
- a Ist der Betroffene Träger des Grundrechts?
  (persönlicher Schutzbereich; 19 III GG)
- b Ist der Gegner an das Grundrecht gebunden?
  (Staat: 1 III GG/Drittwirkung in der Regel nur mittelbar, d.h. über eine Ausstrahlung in unbestimmte Rechtsbegriffe und Generalklauseln des Privatrechts; Ausnahme: 9 III 2 GG)

2 Eingriff in den sachlichen Schutzbereich des Grundrechts
- a Bestimmung des sachlichen Schutzbereichs (geschützter Lebensbereich)
  - aa Schutzobjekt, geschütztes Verhalten (was wird geschützt)?
  - bb Schutzrichtung und -zweck (wogegen, wofür)?
- b Eingriff in den Schutzbereich

3 ohne verfassungsrechtliche Rechtfertigung
(das ist der Fall, wenn der Eingriff durch äußere Schranken des Grundrechts nicht gerechtfertigt ist:)
- a Voraussetzungen einer verfassungsunmittelbaren Schranke (9 II , 13 III Hs. 1 GG)
- b Voraussetzungen eines Gesetzesvorbehalts
  - aa Existenz eines beschränkenden Gesetzes
  - bb formelle Rechtmäßigkeit des beschränkenden Gesetzes
  - cc Anforderungen an die Beschränkung
    - (1) bei Zulässigkeit einer Einschränkung durch Gesetz (einfacher Gesetzesvorbehalt): Zweck des Gesetzes muß eine Einschränkung des Grundrechts aus ordnungsrechtlichen Gründen sein
    - (2) bei Zulässigkeit einer Einschränkung durch allgemeines Gesetz: es muß ein Gesetz sein, das sich nicht gegen das Grundrecht als solches (Ob und Inhalt der Grundrechtsausübung) richtet, sondern das Wie seiner Ausübung unter dem Blickwinkel anderer Rechtsgüter und Gefahren betrifft
    - (3) bei Zulässigkeit einer Einschränkung durch ein inhaltlich qualifiziertes Gesetz: Vorliegen der geforderten inhaltlichen Qualifikation
  - dd Vereinbarkeit mit
    - (1) Verbot des Einzelfallgesetzes, 19 I 1 GG
    - (2) Zitiergebot, 19 I 2 GG
    - (3) Wesensgehaltsgarantie, 19 II GG

ee Verhältnismäßigkeit (Eignung, Erforderlichkeit, Angemessenheit)

c Voraussetzungen einer verfassungsimmanenten Schranke (bei Fehlen eines Gesetzesvorbehalts)

aa Grundrechte Dritter, andere Grundrechte oder andere in der Verfassung geschützte Werte sind betroffen

bb Einschränkung durch oder aufgrund eines Gesetzes

cc die einschränkende Norm dient dem Schutz des betroffenen Grundrechts bzw. von Verfassungswerten

dd weitere Prüfung: wie beim Gesetzesvorbehalt (insbes: Erforderlichkeit und Angemessenheit der Einschränkung, Wesensgehaltsgarantie)

Verletzung des allgemeinen Gleichheitsrechts, Art. 3 I GG

1 Subjektive Voraussetzungen

a Ist der Betroffene Grundrechtsträger? (persönlicher Schutzbereich; 19 III GG)

b Ist der Gegner grundrechtsgebunden (s.o.)?

2 Schutzobjekt: Gleichheit

a Schutzinhalt: Gleichbehandlung

– Gebot wesentlich Gleiches gleich und wesentlich Ungleiches ungleich zu behandeln

– Verbot wesentlich Gleiches ungleich und wesentlich Ungleiches gleich zu behandeln

b Schutzrichtung: Abwehr und Schutzverpflichtung (Staat)

3 Verletzung

a Ungleichbehandlung ohne sachlichen Grund (Willkür);

aa vergleichbare Sachverhalte

bb unterschiedliche Behandlung

cc ohne sachlichen Grund

das Bestehen eines sachlichen Grundes für eine Ungleichbehandlung setzt voraus:

(1) ein zulässiges (verfassungsgemäßes) Differenzierungsziel

(2) das mit zulässigen Differenzierungskriterien verfolgt wird

(3) wobei diese für die Erreichung des Differenzierungsziels geeignet, notwendig und sachlich angemessen sind

b oder Gleichbehandlung trotz wesentlicher Ungleichheit

aa Sachverhalte mit voneinander abweichenden Merkmalen

bb werden gleich behandelt

cc obwohl die Verschiedenheit so bedeutsam ist, daß eine Gleichbehandlung unter dem Blickwinkel einer an der Gerechtigkeit orientierten Behandlung unerträglich ist

c Verfassungsmäßigkeit eines Gesetzes

I formelle Anforderungen

1 Gesetzgebungszuständigkeit

a Zuständigkeit der erlassenden Körperschaft (Bund oder Land), 70 ff GG

b Zuständigkeit des erlassenden Organs (Bundestag,Landtag)

2 ordnungsgemäßes Verfahren (hier: bei Bundesgesetzen)

a Initiativberechtigung (76 GG)

b ordnungsgemäßer Beschluß (77 I 1 GG)

aa Beratungsverfahren (78–86 GO Bundestag)

bb Beschlußfähigkeit (45 GO Bundestag)
cc Beschluß mit erforderlicher Mehrheit (42, 79 GG)
c ordnungsgemäße Mitwirkung des Bundesrats (77 GG)
3 Ausfertigung und Verkündung (82 GG)

II materielle Anforderungen; Vereinbarkeit mit
1 einschlägigen speziellen Verfassungsnormen
2 Grundrechten
3 Prinzipien des Art. 20 GG, insbesondere:
a Bestimmtheit
b Verhältnismäßigkeit
4 Bundesrecht bei landesrechtlichen Gesetzen

Hinweis:

- ❑ Eine detailliertere Zusammenstellung der wichtigen verfassungsrechtlichen Prüfungsschemata, die Definitionen, Fallgruppen, Normzusammenhänge und weiteres klausurrelevantes Wissen einbezieht, finden Sie in Band II der SCHEMATA.

- ❑ Fallbeispiele mit Lösungen können Sie den verfügbaren Fall- und Entscheidungssammlungen entnehmen und die dargelegten Regeln an ihnen übungshalber nachvollziehen. Exemplarisch seien genannt:
  - Erbel, Günter, Öffentlich–rechtliche Klausurenlehre mit Fallrepetitorium, Bd. I: Staatsrecht, 2. Aufl., 1983
  - Kisker, Gunter, Fälle zum Staatsorganisationsrecht, 1985
  - Schmalz, Dieter, Verfassungsrecht, 27 Fälle mit Musterlösungen, 1992
  - Schmidt–Jortzig, Edzard, 40 Klausuren aus dem Staats– und Völkerrecht, 4. Aufl., 1992
  - Scholler, Heinrich/Birk, Dieter, Fälle und Lösungen nach höchstrichterlichen Entscheidungen, Verfassungsrecht und Verfassungsgerichtsbarkeit, 6. Aufl., 1988
  - Schramm, Theodor/Strunk, Gert Peter, Staatsrechtliche Klausuren und Hausarbeiten, 6. Aufl., 1992
  - Teubner, Ernst, Die Examensklausur im bürgerlichen, Straf– und öffentlichen Recht, 3. Aufl., 1991

Stichwortverzeichnis

E

F

G

H

I

J

K

Q

R

S

T

U

V

W

Z

Absender

Verlag Juristische Studienhilfen
Postfach 10 05 12
35335 Gießen
Telefax: 0641/31577

__________________, den ____________

Die Schemata, Band ____

1. Druckfehlerberichtigung zu Seite ______:

Statt: ____

muß die Stelle lauten: ____

____

2. Änderungs-/Verbesserungsvorschläge, Kritik: